U0586670

《实践论》《矛盾论》解说

李达 著

汪信砚◎编

人民出版社

责任编辑:洪　琼
版式设计:顾杰珍

图书在版编目(CIP)数据

《实践论》《矛盾论》解说/李　达　著;汪信砚　编. —北京:人民出版社,2019.5
　(2025.10 重印)
ISBN 978－7－01－020625－7

Ⅰ.①实…　Ⅱ.①李…②汪…　Ⅲ.①《实践论》-毛泽东著作研究
　②《矛盾论》-毛泽东著作研究　Ⅳ.①A841.24

中国版本图书馆 CIP 数据核字(2019)第 057601 号

《实践论》《矛盾论》解说
SHIJIANLUN MAODUNLUN JIESHUO

李　达 著　汪信砚 编

人民出版社 出版发行
(100706　北京市东城区隆福寺街 99 号)

北京中科印刷有限公司印刷　新华书店经销

2019 年 5 月第 1 版　2025 年 10 月北京第 18 次印刷
开本:710 毫米×1000 毫米 1/16　印张:17
字数:270 千字　印数:85,001－90,000 册

ISBN 978－7－01－020625－7　定价:65.00 元

邮购地址 100706　北京市东城区隆福寺街 99 号
人民东方图书销售中心　电话 (010)65250042　65289539

版权所有·侵权必究
凡购买本社图书,如有印制质量问题,我社负责调换。
服务电话:(010)65250042

毛泽东给李达的三封信

鹤鸣①兄：

两次来信及附来实践论解说第二部分，均收到了，谢谢您！解说的第一部分也在刊物②上看到了。这个解说极好，对于用通俗的言语宣传唯物论有很大的作用。待你的第三部分写完并发表之后，应当出一单行本，以广流传。第二部分中论帝国主义和教条主义经验主义的那两页上有一点小的修改，请加斟酌。如已发表，则在印单行本时修改好了。

关于辩证唯物论的通俗宣传，过去做得太少，而这是广大工作干部和青年学生的迫切需要，希望你多多写些文章。

顺致敬意！

毛 泽 东

三月二十七日③

实践论中将太平天国放在排外主义一起说不妥，出选集时拟加修改，此处暂仍照原。

---

① 鹤鸣是李达的号。
② 刊物指《新建设》杂志一九五一年第三卷第六期。
③ 系一九五一年三月廿七日。

鹤鸣兄:

　　九月十一日的信收到。以前几信也都收到了。爱晚亭①三字已照写如另纸。

　　矛盾论第四章第十段第三行"无论什么矛盾,也无论在什么时候,矛盾着的诸方面,其发展是不平衡的",这里"也无论在什么时候"八字应删,在选集第一卷第二版时,已将这八个字删去。你写解说时,请加注意为盼!

　　顺候教安

毛　泽　东

一九五二年九月十七日

---

　　①　爱晚亭是长沙岳麓山风景之一,一九五二年修复一新。李达当时任湖南大学校长,毛泽东应李达之请,亲笔题了"爱晚亭"三字。

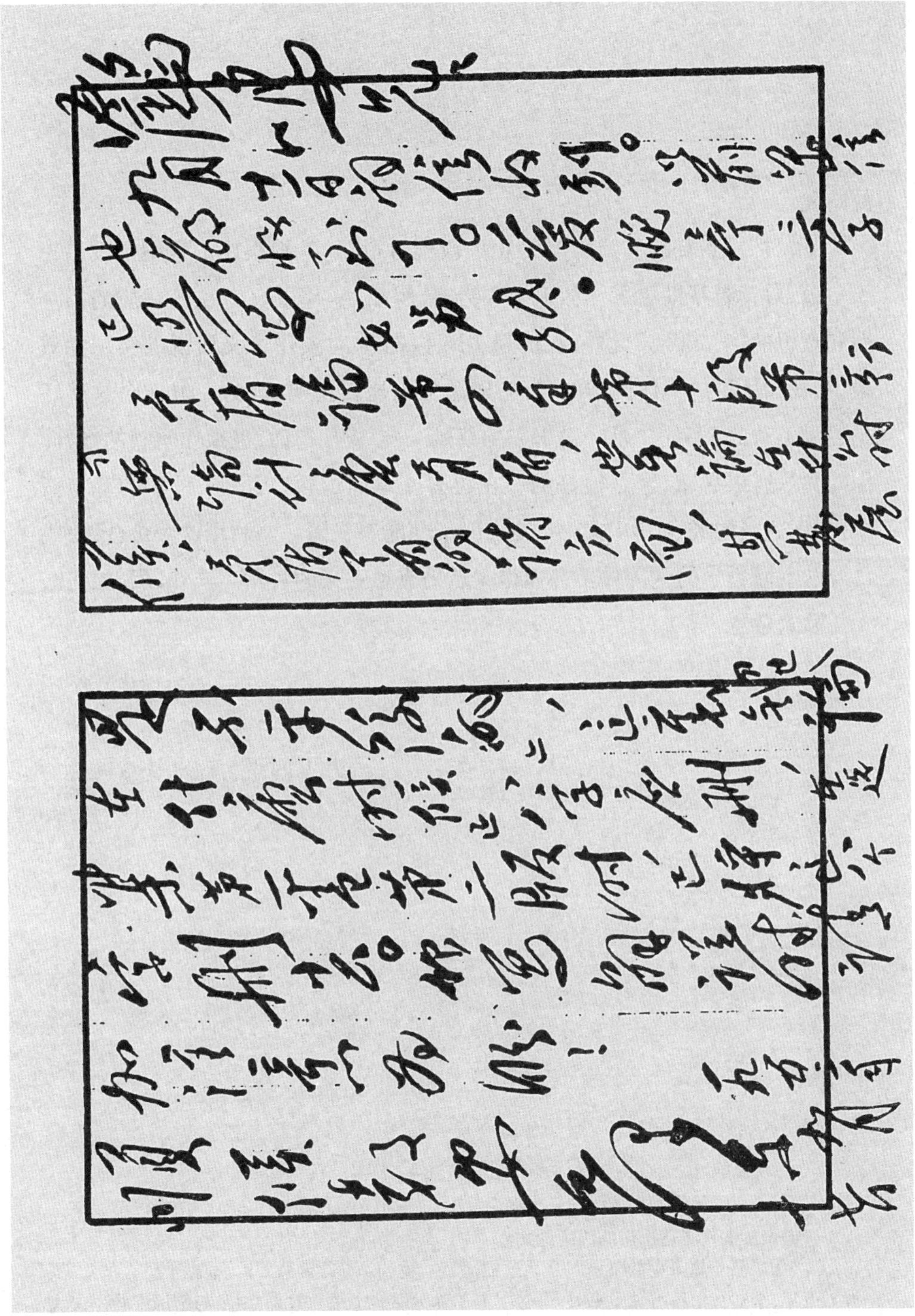

鹤鸣兄：

　　十二月二十日的信及两篇文章①，收到看过了，觉得很好。特别是政治思想一篇，对读者帮助更大。似乎有些错字，例如"实用主义者主张物质的第一性和意识的第二性"。此外，在批判实用主义时，对实用主义所说的实用和效果，和我们所说的大体同样的名词，还需加以比较说明，因为一般人对这些还是混淆不清的。宇宙"是一篇未完的草稿……"②几句话，也须作明确的批判。你的文章通俗易懂，这是很好的。在再写文章时，建议对一些哲学的基本概念，利用适当的场合，加以说明，使一般干部能够看懂。要利用这个机会，使成百万的不懂哲学的党内外干部懂得一点马克思主义的哲学。未知以为如何？

　　顺致敬意

毛　泽　东

一九五四年十二月廿八日

---

　　① 指李达批判胡适思想的两篇论文。

　　② 宇宙"是一篇未完的草稿"，是胡适的原话。见胡适《实验主义》。根据毛泽东的意见，一九五五年，李达在汇编有关图书时，将实用主义者所说的实用和效果，以及与辩证唯物主义大体同样的名词都作了比较说明；对"宇宙'是一篇未完的草稿……'"也作了明确的批判。

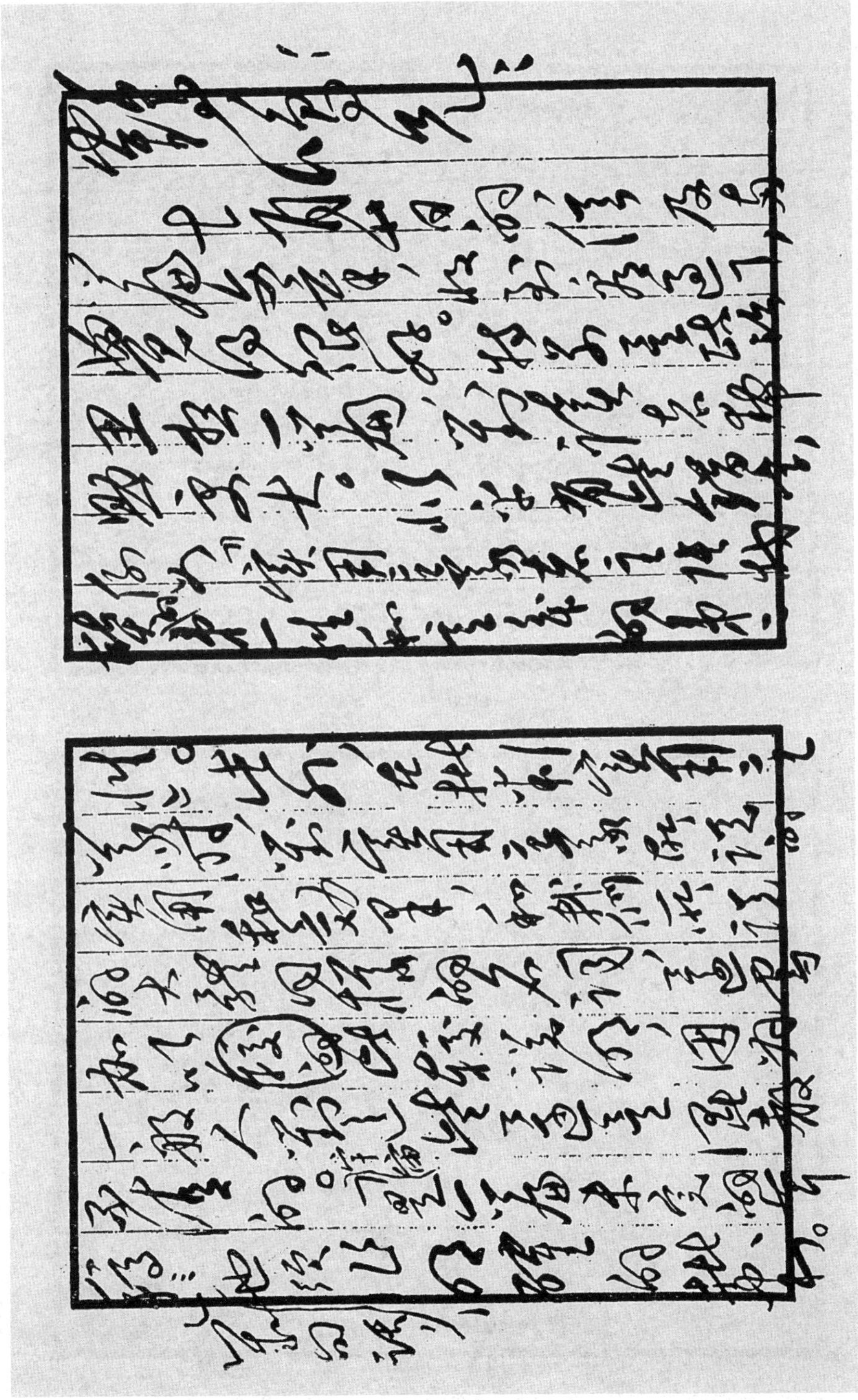

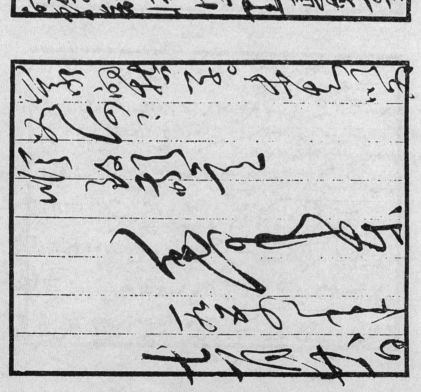

出 版 说 明

　　《实践论》和《矛盾论》是毛泽东哲学思想的代表性著作,为中国共产党人提供了科学的世界观和方法论,具有极高的理论价值和重要的现实意义。习近平总书记在哲学社会科学工作座谈会上的讲话中指出:"毛泽东同志就是一位伟大的哲学家、思想家、社会科学家,他撰写的《矛盾论》、《实践论》等哲学名篇至今仍具有重要指导意义,他的许多调查研究名篇对我国社会作出了鞭辟入里的分析,是社会科学的经典之作。"

　　20 世纪 50 年代初,《实践论》《矛盾论》经毛泽东修订重新发表后。为配合全国对"两论"的学习活动,李达写作了《〈实践论〉解说》、《〈矛盾论〉解说》以及相关系列文章。在撰写《〈实践论〉解说》和《〈矛盾论〉解说》的过程中,李达曾将部分文稿寄给毛泽东审阅。毛泽东在看完《〈实践论〉解说》第一、二部分后写信给李达说:"这个解说极好,对于用通俗的言语宣传唯物论有很大的作用。待你的三部分写完并发表之后,应当出一单行本,以广流传。""关于辩证唯物论的通俗宣传,过去做得太少,而这是广大工作干部和青年学生的迫切需要,希望你多多写些文章。"

　　本书收入了《〈实践论〉解说》《〈矛盾论〉解说》,以及李达研究《实践论》《矛盾论》的 6 篇重要理论文章。这些著作和文章在当时对于帮助人们学习毛泽东哲学思想,提高广大干部群众的马克思主义哲学理论水平起到了极其重要的作用,产生了深远影响。在新时代,将它们重新结集出版,对于帮助广大干部掌握马克思主义哲学这一"看家本领"、在马克思主义的世界观和方法论指导下做好各项工作也具有极其重要的意义。

目　　录

《实践论》解说*

（1951.7）

马克思以前的唯物论，离开人的社会性，离开人的历史发展，去观察认识问题，因此不能了解认识对社会实践的依赖关系，即认识对生产和阶级斗争的依赖关系。

[说明]马克思的唯物论，是辩证法的唯物论；马克思以前的唯物论，例如法国机械唯物论和费尔巴哈的唯物论，是没有辩证观点的唯物论，即是形而上学的，或抽象的唯物论。前者是由自然领域扩张到社会领域的唯物论，后者只是适用于自然领域的唯物论。前者是无产阶级的哲学，后者是资产阶级的哲学。两种哲学的基本差异的分歧点，是在认识论的基础之上。

哲学是世界观。辩证唯物论这一科学的世界观，是人们对于世界（包括自然、社会与思维）的一般发展法则的认识。认识是主体与客体（主观与客

---

　　* 《〈实践论〉解说》最初分四部分先后在《新建设》1951 年第 3 卷第 6 期和第 4 卷第 1、2、3 期发表，后与作者所撰写的《〈实践论〉——毛泽东思想的哲学基础》和《怎样学习〈实践论〉》汇集在一起，于 1951 年 7 月由生活·读书·新知三联书店仍以《〈实践论〉解说》的书名出版，署名李达，至 1978 年 4 月共印行 6 版。其中，1978 年 4 月版的《〈实践论〉解说》将作者原发表于《新建设》1951 年第 3 卷第 5 期的《〈实践论〉——毛泽东思想的哲学基础》一文更换为作者原发表于 1951 年 2 月 1 日《人民日报》的《〈实践论〉——毛泽东思想的一个基础》，并对书中的文字做了一些必要的删节，对有关引文做了校订。1979 年 3 月，生活·读书·新知三联书店将 1978 年 4 月版的《〈实践论〉解说》与该社 1978 年 4 月版的《〈矛盾论〉解说》合编在一起，以《〈实践论〉〈矛盾论〉解说》的书名出版。1978 年 4 月版的《〈实践论〉解说》曾被收入人民出版社 1988 年 8 月出版的《李达文集》第四卷。李达在撰写《〈实践论〉解说》的过程中，曾将部分文稿寄给毛泽东审阅，毛泽东复信说"这个解说极好"并提出了修改意见，李达后来在该书再版时根据毛泽东的意见做了适当修改。现收入经生活·读书·新知三联书店做过文字删节和引文校订的《〈实践论〉解说》。——编者注

观)的统一。认识的主体是人,认识的客体是外部世界、外界事物。但是作为认识主体的人,究竟是怎样性质的人?对于这一问题,抽象唯物论与辩证唯物论,各有不同的解答,因而形成两种不同的认识论、不同的唯物论。

在抽象唯物论一方面,作为认识主体的人,只是自然界的生物,是生物学上的人,是人类学上的人,是超越时间空间的人。不论是原始社会的人,奴隶制社会的人,封建社会的人,资本主义社会的人,甚至共产主义社会的人,在其为人的一点是同一的。这样的人,是抽象的人,是一般的人,没有社会性,也没有历史的发展。这样的人,虽好像是超阶级的人,而实际上却隐藏了阶级的真相。所以抽象唯物论的认识主体,实际上是属于资产阶级的人,是资产阶级的代表。抽象唯物论从抽象的人、一般的人去了解认识客体时,只把外部世界或外界事物,看作是可以感觉到的东西,看作是感觉的来源,却不看作是人的行动的对象,可被改造的对象。因而这样的哲学的任务,至多只是说明世界,而不是改造世界。

在辩证唯物论一方面,作为认识主体的人,不单是自然界的生物,而主要的是社会的动物,是政治的动物,是在社会中制造并使用工具以改造自然物为生活资料的高等动物;是一定历史发展阶段上的一定社会中的人,是属于特定阶级的人。他在原始无阶级社会中,是与其他一切人平等的人,他在奴隶制社会中属于奴隶主或奴隶的阶级,在封建社会中属于地主或农民的阶级,在资本主义社会中属于资产阶级或无产阶级,在社会主义社会中是属于工人阶级。这样的人,是实在的人,是具体的人。因而在阶级社会中,作为认识主体的人,是属于特定阶级的人,是特定阶级的代表,所以辩证唯物论的认识主体,是属于无产阶级的人,是无产阶级的代表。辩证唯物论从上述实在的人、具体的人去了解认识客体,就不单把外部世界或外界事物,看作是感觉的源泉,并且看作是人的行动的对象,可被改造的对象。因而,辩证唯物论这一哲学的任务,不单是说明世界,而最重要的是改造世界。

世界—客体,认识—主体,认识了的世界(世界观)——主体与客体的统一。主体与客体如何能够统一?辩证唯物论者的答复是:由于实践。实践是劳动,是生产,是阶级斗争,是"革命的批判的行动"。社会的人,只有在他们结成一定的社会关系,共同向外部世界采取自然物并改造为生活资料的过程中,即在社会的生产过程中,才能认识外部世界,并把所得的认识(知识)来指导并组织社会的生产。特定社会中被压迫阶级的人们,只有在组织为一个阶级共同对敌对阶级斗争的过程中,才能认识那阶级社会的真相,并根据所得的认识来指导并组织革命,所以主体与客体的统一,是在社会实践的基础上统一的。一架机器是知识与劳动的统一,其统一的基础是劳动。中华人民共和国,是中国革命理论和中国人民革命实践的统一,其统一的基础是人民革命的实践。所以人们对于自然和社会的认识,必须依赖于社会实践,依赖于生产与阶级斗争。毛泽东同志在《整顿党的作风》中说过:"什么是知识?自从有阶级的社会存在以来,世界上的知识只有两门:一门叫作生产斗争知识,一门叫作阶级斗争知识。自然科学、社会科学,就是这两门知识的结晶,哲学则是关于自然知识和社会知识的概括和总结。此外还有什么知识呢?没有了。"知识(即认识)之依赖于生产与阶级斗争,是非常明显的。

抽象唯物论者费尔巴哈,虽然也曾经要把实践作为认识的基础,但他把实践只解释为人与自然的斗争。这是抽象的自然主义的实践观。因为人若离开社会,是决不能与自然斗争的。所以,在费尔巴哈说来,认识主体的人是抽象的自然科学上的人,认识客体的世界只是可以感觉的对象,不是可被改造的对象,因而这样的主体与客体的统一,是在消极的、被动的感觉过程中实现的,而不是在实践的基础上实现的。他不能理解人的社会实践之历史的阶级的性质,因而他和马克思以前其他一切唯物论者一样,是离开人的历史发展,离开人的社会性去观察认识问题,因此不能了解认识对社会实践的依赖关系,即认识对生产与阶级斗争的依赖关系。

首先,马克思主义者认为人类的生产活动是最基本的实践活动,是决定其他一切活动的东西。人的认识,主要地依赖于物质的生产活动,逐渐地了解自然的现象、自然的性质、自然的规律性、人和自然的关系;而且经过生产活动,也在各种不同程度上逐渐地认识了人和人的一定的相互关系。一切这些知识,离开生产活动是不能得到的。在没有阶级的社会中,每个人以社会一员的资格,同其他社会成员协力,结成一定的生产关系,从事生产活动,以解决人类物质生活问题。在各种阶级的社会中,各阶级的社会成员,则又以各种不同的方式,结成一定的生产关系,从事生产活动,以解决人类物质生活问题。这是人的认识发展的基本来源。

[说明]辩证唯物论由自然领域扩张于社会领域,就成为历史唯物论,历史唯物论的总论点是:我们人类生活在社会之中,第一件重要的根本工作,是取得物质生活资料来维持自身的存在。所以人们在从事政治活动及其他各种精神文化的活动之前,必先从事生产的活动,满足衣食住等生活资料的需要。人们为要取得生活资料,必须参加社会的生产。在社会的生产过程中,他们相互间就发生一定的、必然的、不依他们本身意志为转移的关系,即与他们当时的物质生产力发展程度相适合的生产关系。这些生产关系的总和,就组成为社会的基础。社会对于政治法律、宗教、艺术、哲学的观点,以及适合于这些观点的政治法律等制度,则是受基础所规定的上层建筑。所以社会实践虽有很多种类,而马克思主义者却认为人类的生产活动是最基本的实践活动,是决定其他一切活动的东西。

人类由高级人猿进化而来以后,就结成原始人群,共同向自然界采取生活资料以维持生存。他们在采取生活资料的过程中,接触到自然界的无数自然物,首先就知道他们自己是和那些自然物有区别的。他们在长期的生产活动中,逐渐认识水、火、风、雷、云、雨、动、植、飞、潜等自然现象,看到日月的运行、昼夜的交替、植物一年一度的生长和成熟等,于是就了解这些自然物的性质及其规律性,并且顺应它们的性质和规律性,经常地利用自然、克服自然、改造自然,实行和自然界交换其物质,即人类运用其劳动力来作用于自然物,而自然界便把人类所需要的东西交给他们。照这样,人们便知道他们自己是栖息于自然之中,并与自然发生经常的相互关系。并且,在生产活动中,人们知道他们自己必须结成一定的关系,互相交换他们的劳动,才能向自然界取得生活资料。这样的相互关系,是生产关系。基于这生产关系,更发生其他各种社会关系。在长期的生产活动中,人们就能在各种不同的程度上,逐渐地认识了人与人的一定的相互关系,即认识了生产关系以及在生产关系上发展起来的其他各种社会关系。这一切关于人与自然、人与人的关系的知识,都是在生产过程中得到,并用来指导生产活动,促进生产。

在原始无阶级社会中,人人都是劳动者,各人都是自己的主人。他们最初知道按照年龄与性别,分任采集和狩猎工作,取得生活资料。往后由流动生活转入定居生活,由采集经济转入生产经济,知道结成氏族团体,按照一定分工方法,互相交换其劳动,结成平等的生产关系。经营农业与畜牧业,往后又经营手工业,因而生产力逐渐发展,物质生活也比较以前丰富了。但是,随着劳动的分工与私有财产的发生,社会开始发生了奴隶主与奴隶的阶级的分裂,社会便转变为最初的阶级社会,即奴隶制社会了。

阶级社会,经历了奴隶制、封建制和资本主义制的 3 种形态。这 3 种阶级社会,都分裂为两大对立的阶级。在这样的社会里的生产关系,基本上都是当作阶级的诸关系而存在的。在奴隶制社会,奴隶主与奴隶结成的生产关系,是奴隶主不仅占有生产手段,而且占有奴隶;在封建制社会,封建主占有土地,农民固定在土地上而为封建主劳动;在资本主义社会,资本家占有机器、工厂、原料,工人们出卖劳动力。像这样的各种阶级社会中,所结成的生产关系,方式虽有不同,但都显示着是剥削关系与被剥削关系。一方是剥削阶级,即奴隶主阶级、地主阶级和资产阶级。他们都独占着社会的生产手段,并不参加生产的劳动,专靠剥削其对立的阶级,过着富裕的生活。他方是被剥削阶级,即奴隶阶级、农民阶级和无产阶级。他们因为被剥夺了生产手段,迫不得已为剥削阶级劳动,取得极少的生活资料,过着非人的生活。剥削阶级,知道对方被剥削阶级占据绝大多数,为了镇压被剥削大众的反抗,便组织国家权力,作为压迫敌对阶级的机关,以维护其赋予法律形式的生产关系——剥削制度。被剥削阶级在其非人生活条件下,也逐渐地认识了那剥削制度,认识了那巩固剥削制度的国家机关,他们就知道团结起来,去推翻那剥削与压迫的阶级,爆发了奴隶革命、农民革命与无产阶级革命。被剥削阶级这样由于认识剥削制度而实行阶级斗争的知识,都是在生产过程中得到的。

人的社会实践,不限于生产活动一种形式,还有多种其他的形式,阶级斗争,政治生活,科学和艺术的活动,总之社会实际生活的一切领域都是社会的人所参加的。因此,人的认识,在物质生活以外,还从政治生活文化生活中(与物质生活密切联系),在各种不同程度上,知道人和人的各种关系。其中,尤以各种形式的阶级斗争，给予人的认识发展以深刻的影响。在阶级社会中，每一个人都在一定的阶级地位中生活，各种思想无不打上阶级的烙印。

[说明]在阶级社会中，特别是在资本主义社会中，社会生活的方面很多，人参加于这些实际生活的活动也很多。大概说来，除了生产活动这一基本形式之外，还有政治生活、科学和艺术的活动等形式，这些活动形式都是阶级斗争的一种形式。阶级关系，原是生产关系，阶级斗争是在生产过程中发生和发展的。无产阶级因为被剥夺了生产手段，不能不在工资制度之下，出卖劳动力于资本家，为资本家生产剩余价值。但他们在生产过程中认识了资本主义的剥削制度之后，就知道团结起来，对资产阶级进行斗争。这种斗争，首先是经济斗争，即为争取较有利的劳动条件的斗争，更进一步，就进行政治斗争，组织革命。革命必须掌握正确的革命理论。于是阶级斗争的精神，就必须贯穿于一切精神文化的领域，于学说，于艺术，于哲学，形成理论斗争。因为在这些领域中，资产阶级的反动思想，一向独占着支配地位，资产阶级用整套的反动的学说、艺术和哲学，作为统治无产阶级的精神武器，正和他们凭借经济权力和国家权力作为统治无产阶级的物质武器一样。无产阶级为要推翻资本主义社会，建立社会主义社会，就必须建立自己阶级的整套的学说、艺术和哲学，清洗资产阶级的反动思想，扫除敌人伪装的、有害的毒素。所以，在阶级社会中，对立的阶级，各自生活在一定的阶级地位之中，各自有其一套的阶级思想。

中国人民，100多年来，受着封建主义、官僚资本主义、帝国主义的思想毒害，以致革命的人民，在长时期内不能建立正确的革命思想。直到近30年来，人民领袖毛泽东的思想，才在革命的实践中，逐渐锻炼出来，成为全国人民革命的指导思想，并贯穿于政治的、经济的及文化的领域，这就是毛泽东思想。现在我们必须根据毛泽东思想，从科学、艺术和哲学的领域中，彻底"肃清封建的、买办的、法西斯主义的思想，发展为人民服务的思想"。尤其是要热爱祖国，热爱人民，树立新爱国主义思想，清除帝国主义者对中国文化侵略的影响，克服民族自卑感，加强民族的自尊心和自信心，表现出中国人民在思想战线上，也同样地站了起来。

马克思主义者认为人类社会的生产活动,是一步又一步地由低级向高级发展,因此,人们的认识,不论对于自然界方面,对于社会方面,也都是一步又一步地由低级向高级发展,即由浅入深,由片面到更多的方面。在很长的历史时期内,大家对于社会的历史只能限于片面的了解,这一方面是由于剥削阶级的偏见经常歪曲社会的历史;另一方面,则由于生产规模的狭小,限制了人们的眼界。人们能够对于社会历史的发展作全面的历史的了解,把对于社会的认识变成了科学,这只是到了伴随巨大生产力——大工业而出现近代无产阶级的时候,这就是马克思主义的科学。

[说明]认识依赖于社会实践,依赖于生产与阶级斗争,这在上文已经说明了。但社会的生产活动是一个发展过程,因而人们的认识也是一个发展过程。认识的历史,伴随于实践的历史。社会的生产活动是一步又一步地由低级向高级发展,因此,人们的认识,也是一步又一步地由低级向高级发展。这个道理,可以从自然科学、社会科学和哲学三方面加以说明。

先从自然科学的知识来说。我中华民族,从传说中的氏族社会以来,劳动人民的祖先,在生产活动中,逐渐地认识了自然的性质、自然的规律性,有过无数的科学上的发明和发现。数千年来,我民族就主要地从事于农业生产,直到现在。在数千年的农业生产过程中,一代一代地,由低级向高级,由浅入深,由片面到更多的方面,都有着很丰富的科学的创造,来为生产服务。在数学上,早就发明了“十进法”和“九九乘法”。春秋秦汉之间,进而有了《周髀算经》和《九章算术》,汉代以来,许多算学家更创造了代数、几何,还有“数书九章”“四元玉鉴”等算学著作。在历法及天文学方面,在夏代氏族社会,即已发明了太阴历。星象的观测,也有许多优秀的天文家努力过。在工程方面,水利灌溉工程学说,自传说中的夏禹治水以后,历代出现了许多伟大的水利工程专家,而且技术一代比一代的提高,一代比一代的优秀。在机械工程方面,春秋时代公输般就以能造机器著名;三国时,诸葛亮做木牛流马;隋代更造出了能容800人的大船,明代更提高了,那时能造出多艘能容4000多人的大海船,做远程的海洋航行。在纺织业方面,4000多年前,便有了缫车和机杼,汉代一个女纺织师,进而发明提花机。在军事工业方面,1900年前,开始发明了火药,以后接着就发明了火炮。在燃料工业方面，汉代就有用煤的记载，宋代四川人更知道用煤气。在造纸及印刷术方面，东汉蔡伦发明了造纸术，接着隋代就发明雕版印刷术，宋代更发明了活字印刷术。这一些伟大的科学的知识，都是从生产活动中一步一步地由低级向高级发展得来，并服务于生产的。但在封建社会里，科学技术的进步是很慢的，最近一两百年来，资本主义的西方就跑在我们前面去了。

其次，说到社会科学的知识。这和自然科学的知识不同。社会科学的领域，完全是涉及社会关系、阶级关系的。在奴隶制、封建制社会中，关于社会方面的各种学说，完全是奴隶主阶级和封建主阶级的人所创造的。这两种社会中的阶级关系和剥削关系，非常单纯而透明。奴隶做工养活奴隶主，农"民出粟米麻丝以事其上"（封建主），这是剥削的定律。反之，奴隶如不做工养活奴隶主就格杀勿论，农"民如不出粟米麻丝以事其上，则诛"，这是压迫的定律。所以在很长的历史时期内，关于社会方面的知识，是以上述剥削定律与压迫定律为依据的。中国自周秦以迄鸦片战争的 2000 余年之间，有不少关于社会方面的学说。在经济领域中，有《管子书》、《商鞅书》、《货殖传》、《平准书》、《盐铁论》、《田赋论》、《租税论》、《理财论》等的著作，这些著作主要的是为封建主讲求剥削术的。在政治的领域中，主要的有儒家的伦理的政治学说和帝王统治术等的著作，这些著作，是巩固专制政治，讲求对农民镇压与欺骗的方法的。在法学领域中，有不少法家学说和历代的法典，规定了很细致的保障封建财产的章程。在历史学的领域中，有不少史学方法论和史论的著作，但大部分是说明如何叙述帝王卿相等封建剥削阶级与统治的事实。在这一类的知识中，虽然也有过一些积极的东西，但也只是对于社会历史的片面了解。这是由于剥削阶级的偏见，经常歪曲社会的历史；另外则由于生产规模的狭小，限制了人们的眼界。在欧洲方面，希腊、罗马奴隶社会时代，奴隶主阶级也曾有一套剥削和压迫奴隶的社会学说，最主要的是罗马法。中世纪黑暗时代，一切知识都受神学所支配，直到资本主义的曙光期，资产阶级的社会科学才逐渐萌芽。随着资本主义商品生产的发展，大工业的出现，阶级与阶级斗争（最初是资产阶级对封建阶级，其后是无产阶级对资产阶级）的发展，社会生活的日趋复杂，于是研究社会现象的政治学、经济学、法律学、历史学，就如雨后春笋一般地出现了。但资产阶级的社会科学,贯穿着资产阶级的偏见,却又伪装超阶级的态度,借以巩固其阶级的剥削与统治,所以资产阶级的社会科学,除了古典经济学较有突出的成就外,其余在实际上并不能称为科学。但是到了19世纪初期,与资产阶级社会科学并行的,有空想社会主义出现了。

最后,再就哲学方面来说。哲学从古就分裂为唯物论与唯心论两个阵营。唯物论常是代表革命的进步的阶级,唯心论常是代表反动的保守的阶级。最初的哲学是唯物论,接着有唯心论出现,往后又有新唯物论起而代之。哲学的历史是唯物论与唯心论斗争的历史。但哲学是世界观,是自然科学与社会科学的概括与总结,在自然科学与社会科学还未发达的时代,哲学所能概括所能总结的那种世界观,必然是片面的,是直观的,是抽象的。18世纪法国机械唯物论,虽然是复活了古代唯物论,形成资产阶级革命的世界观,但当时自然科学除了数学、物理学、力学以外,还不发达,这一唯物论,主要地是综合当时数学、物理学、力学的知识而成的世界观,带有力学的机械的性质,所以成为机械唯物论。这一机械唯物论,当作资产阶级对封建阶级斗争的精神武器来看,是起过很大的作用的,但当作哲学的科学来看,却是形而上学的、抽象的唯物论。当资产阶级爬上了统治阶级地位以后,就放弃了这种唯物论,而采用唯心论了。他们所采取的唯心论,就是德意志唯心的古典哲学,其最高峰是黑格尔的辩证唯心论。

19世纪30、40年代,巨大的生产力——大工业出现,资本主义社会已发展到自我批判的时代。它的内在矛盾,已经充分暴露了出来,其第一个矛盾就是工钱劳动与资本的矛盾。无产者已形成为一个阶级登上政治革命的战场。无产阶级第一个最伟大的领袖马克思,在其领导无产阶级的革命斗争中,锻炼出无产阶级革命的理论,批判地摄取了过去知识的成果,综合了当时自然科学与社会科学的结论,他扬弃了德国古典哲学辩证唯心论,创造了辩证唯物论;扬弃了英国古典经济学,创造了资本论;扬弃了法国空想的社会主义,创造了科学的共产主义。辩证唯物论、资本论和科学共产主义三个构成部分,辩证地综合为一体,构成了马克思主义的体系,所以马克思主义是在资本主义生产方式的矛盾已经暴露而无产阶级出现于世界革命战场的时候,才发生、才形成的。

《实践论》《矛盾论》解说

马克思主义者认为，只有人们的社会实践，才是人们对于外界认识的真理性的标准。实际的情形是这样的，只有在社会实践过程中（物质生产过程中，阶级斗争过程中，科学实验过程中），人们达到了思想中所预想的结果时，人们的认识才被证实了。人们要想得到工作的胜利即得到预想的结果，一定要使自己的思想合于客观外界的规律性，如果不合，就会在实践中失败。人们经过失败之后，也就从失败取得教训，改正自己的思想使之适合于外界的规律性，人们就能变失败为胜利，所谓"失败者成功之母"，"吃一堑长一智"，就是这个道理。辩证唯物论的认识论把实践提到第一的地位，认为人的认识一点也不能离开实践，排斥一切否认实践重要性、使认识离开实践的错误理论。列宁这样说过："实践高于（理论的）认识，因为它不但有普遍性的品格，而且还有直接现实性的品格。"①马克思主义的哲学辩证唯物论有两个最显著的特点：一个是它的阶级性，公然申明辩证唯物论是为无产阶级服务的；再一个是它的实践性，强调理论对于实践的依赖关系，理论的基础是实践，又转过来为实践服务。判定认识或理论之是否真理，不是依主观上觉得如何而定，而是依客观上社会实践的结果如何而定。真理的标准只能是社会的实践。实践的观点是辩证唯物论的认识论之第一的和基本的观点。②

[说明]现在我们来谈认识的真理性的标准问题。所谓真理，是说人们的认识，正确地反映了客观世界的规律性，即是说，主观符合于客观。反之，认识如果不能正确地反映客观世界的规律性，或者歪曲了客观世界的规律性，便是谬误，即是说，主观不符合于客观。这真理与谬误的鉴定的标准是什么？这标准只能是社会实践。我们在生产建设过程中，常就每一产业部门，估计工人们的数目，他们的劳动能力和工作的积极性，调查技术的设备，原料的供给情况，及其他一切的条件，订出一定期间的生产计划，付之实行。到期如果计划完成或者超额完成，这计划便符合该一产业部门发展的规律性，便是真理。"马恒昌生产小组"成功的范例，不消说，完全是这样的。另在农业生产部门，劳动

① 此段引自列宁：《黑格尔〈逻辑学〉一书摘要》。
② 参看马克思：《费尔巴哈论纲》；列宁：《唯物论与经验批判论》第二章第六节。

模范李顺达领导西沟村的农业生产,他计划改良技术以增加产额,该村过去农民没有犁地的习惯,李顺达便首先在自己的一块草地,三年没收成的七分土地上进行实验,他把这块地犁了三遍,做到草尽土松,结果收粮一石七斗。另在推广温汤浸种时,群众不相信,怕烫死种子,经过他两年的钻研实验,证明温汤浸种可以减轻作物病害。像李顺达这些计划实验成功的范例,也正是符合了农业生产的发展规律,便是真理。又如在革命战争的过程中,指导者如果善于了解敌我双方的情况和政治、经济、地理、气候等一切战争环境,"构成判断,定下决心,作出计划",来进行作战,结果取得了胜利。这个作战计划便把握住了客观的战争规律,即主观与客观相融洽,即是真理。所以人们的工作如要达到预想的结果,必须要使主观的思想与客观的规律性相符合,否则必然招致失败。人在社会中的行动,失败原是常事,只要能够吸取失败的教训,正确地再认识行动的对象的规律性,就容易得到成功。科学上的发明者,经过了多少次实验的失败,终于在最后一次得到成功。中国共产党领导的人民革命,也曾遭受过大小若干次的失败,人民领袖毛泽东同志善于吸取这些次失败的教训,应用马克思列宁主义的普遍真理,结合了中国革命的具体实践,锻炼出毛泽东思想作为革命的指针,所以中国的人民革命取得了伟大的胜利。所谓"失败者成功之母"、"吃一堑长一智",正是这个道理。

辩证唯物论的认识论,是建立在社会实践的基础之上的。它认为实践是认识的出发点和源泉,是认识的真理性的标准。人若是离开了实践,就不能得到任何一点的知识。所以实践对于认识,占居第一位,凡属否认实践的重要性,使认识离开实践的理论,都是错误的理论,是辩证唯物论所排斥的。列宁说:"实践高于(理论的)认识,因为它不但有普遍性的品格,而且还有直接现实性的品格。"实践为什么高于认识?这是因为实践是认识的基础,而认识只是实践的要素,并且成为认识的真理性的标准的实践,是社会的实际之综合,对于认识具有普遍性的品格。不单如此,人的实践是直接作用于行动的对象,所以具有直接现实性。至于认识是通过实践的活动去认识对象,并且再通过实践去证明的,它只有媒介的现实性。正因为实践比较认识具有普遍性和直接现实性的品格,所以实践高于认识。

辩证唯物论有两个最显著的特点,即阶级性与实践性。这两者具有有机的不可分离的关系。本来辩证唯物论这一哲学，是作为无产阶级阶级斗争的精神武器，在无产阶级的阶级斗争中，由马克思、恩格斯所创造、所锻炼而又由列宁、斯大林所发展起来的哲学，它是为着无产阶级，并专属于无产阶级。只有无产阶级敢于面向真理，因为他们不怕被别人推翻。马克思当年创造这一哲学时曾经说过："哲学把无产阶级当作自己的物质武器，同样地，无产阶级也把哲学当作自己的精神武器。"由此可见，辩证唯物论这一哲学，在它被创造的时候，就和无产阶级分不开的。辩证唯物论所以是战斗的哲学，所以在论战中总是所向无敌，就在于它是和无产阶级的根本利益永远结合着的，它成了无产阶级利益的科学的表现。它是最科学的。因为事实上在现代阶级社会中，根本不可能有所谓超阶级的客观真理，只有无产阶级的哲学，辩证唯物论，才是具有科学性的客观真理。所以马克思主义者公开宣称辩证唯物论是为无产阶级和他们的党服务的，不但公开宣告这一哲学的阶级性、党性，并且还揭露敌对阶级哲学的阶级本质，扯去它的"超阶级性"、"超党性"的虚伪面目；同时，还对于伪装混入无产阶级阵营的敌人（资产阶级走狗）毁损或歪曲辩证唯物论的任何理论，做坚决无情的斗争，把它们清洗出去。其次，辩证唯物论是革命的哲学、行动的哲学，坚持哲学的实践性、革命性和政治性，并且揭露敌对阶级哲学的欺骗的本质，撕去它的"纯学术性"、"纯客观性"的神秘外壳；同时，还对潜入无产阶级阵营的敌人企图阉割马克思主义的实践性、革命性、政治性的有毒理论，予以无情的打击和扫荡。所以辩证唯物论强调革命理论对于革命斗争的依赖关系。革命理论从革命斗争锻炼出来，又转过来为革命斗争服务。革命的阶级是为革命而要哲学，不是为哲学而要哲学。

还有，作为真理之标准的社会实践，完全是客观的。我们依据对于某一自然物的认识去改造它的时候，若能达到预想的结果，这认识便是真理，反之便是谬误。真理与谬误，由实践来鉴定，完全是客观的，绝不杂有主观的成分。真理的标准，只能是社会实践，此外别无标准。所以，"实践的观点是辩证唯物论的认识论之第一的和基本的观点"。

然而人的认识究竟怎样从实践发生，而又服务于实践呢？这只要看一看认识的发展过程就会明了的。

原来人在实践过程中,开始只是看到过程中各个事物的现象方面,看到各个事物的片面,看到各个事物之间的外部联系。例如有些外面的人们到延安来考察,头一两天,他们看到了延安的地形、街道、屋宇,接触了许多的人,参加了宴会、晚会和群众大会,听到了各种说话,看到了各种文件,这些就是事物的现象,事物的各个片面以及这些事物的外部联系。这叫作认识的感性阶段,就是感觉和印象的阶段。也就是延安这些个别的事物作用于考察团先生们的感官,引起了他们的感觉,在他们的脑子中生起了许多的印象,以及这些印象间的大概的外部的联系,这是认识的第一个阶段。在这个阶段中,人们还不能造成深刻的概念,做出合乎论理(即合乎逻辑)的结论。

[说明]前面已经说明了认识对社会实践的依赖关系,即认识对生产与阶级斗争的依赖关系,现在进而说明人的认识究竟怎样从实践发生,而又服务于实践的问题。要理解这个问题,必须分析认识过程。

在分析认识过程之前,必须说明辩证唯物论的反映论。这一反映论,是辩证唯物论的认识论的核心。我们分析认识过程时,如不能彻底展开这一反映论,就会背离于辩证唯物论,而陷于唯心的不可知论的泥沼。这一反映论,是由马克思、恩格斯所创造,而由列宁发展起来的。马克思说:"观念的东西不外是移入人的头脑并在人的头脑中改造过的物质的东西而已";恩格斯说:"我们头脑中的概念"是"现实事物的反映"。这些命题,是唯物论的反映论的古典见解。列宁发展了这一反映论,把认识看作反映,认识就是反映自然。关于客观的认识,即是客观世界的反映,即映象或肖像。凡属认识过程中一系列的因素,如感觉、省悟、印象、概念、判断、推理、思想、法则、结论等,都是客观世界的反映。依据这一反映论,人们是能够完全地认识客观世界的。虽然人们的认识不能一次地完全地反映出客观世界一切的方面、联系和属性,但那些还不曾被反映的方面、联系和属性,人们都能够在认识过程中把它们反映于感觉和概念之中,变为人们所认识的东西。照这样,由于社会实践的发展,人们就能够在认识运动过程中,一步又一步地接近于客观世界之完全的认识。所以,辩证唯物论的反映论,表明了客观世界是可以完全认识的,因而揭破了不可知论之唯心的虚构。还有,反映是一个过程,并且是一个矛盾的运动过程。反映过程中的内在矛盾,是客观世界内在矛盾的反映。如同客体与主体的矛盾、现象与本质的矛盾、感觉与概念的矛盾等,都是反映过程中的矛盾。由于这些矛盾的运动,引起反映过程中的突变,如由现象到本质、由感觉到概念,都是突变。我们必须懂得这种突变,才能理解唯物论的反映论的本质。

关于认识过程的分析,列宁给了辉煌的指示。他说:"从生动的直观到抽象的思维,并从抽象的思维到实践,这就是认识真理、认识客观实在的辩证的途径。"这一认识的总过程,可分为两段的过程:一是"从生动的直观到抽象的思维",即由感觉到思维的过程;一是"从抽象的思维到实践",即由认识到实践的过程。这两段过程,具有有机的联系,因为在实践中认识外界事物的规律性以后,立即要把这认识通过实践来验证,并用以指导实践。在说明的顺序上,我们先说明由感觉到思维的过程。

由感觉到思维的过程,可分为感觉与思维两个阶段。感觉是初级阶段,思维是高级阶段。前者是感性认识,后者是理性认识或论理认识。感性认识必须以理性认识为归宿,理性认识必须以感性认识为前提。认识必须从感性发展到理性,才能告一段落。所以感性认识与理性认识,不是独立的认识,也不是独立的认识阶段,两者互相渗透,互为条件,其间绝没有不可逾越的界限。

我们认识外界事物,必先通过感觉,我们的思维,把感觉作为材料,抽象出外界事物的规律性。感觉中所有的东西,就是思维的全部内容。感觉中所没有的东西,思维中也是没有的。所以我们认识外界事物,必须从感觉出发。从古以来,一切科学都是从反映外界事物的感觉出发的。外界事物是感觉的源泉,感觉是认识的源泉。

在实践过程中,我们接触于外界事物,外界事物反映于我们的感官,便发生感觉。许多感觉合流在一起之时,我们就得到关于外界事物的知觉。当离开外界事物时,那感性知觉就在我们脑海中记忆下来,我们就感性知觉记忆中所留存的外界事物的各方面、联系和属性等,以一个形象概括起来,就造出了关于外界事物的印象。至于经验,则是感觉的重复和积累。感觉、印象、经验等,都是外界事物的反映或映象。印象之反映外界事物,比较感觉要深刻些、明晰些,这感觉、印象和经验等,都只是感性的认识,是思维的材料。哲学上所说的直观、直感或直觉,都是指这个阶段的认识说的。延安考察团的人们,最初在延安考察所得的感觉和印象,就属于这个认识阶段。在这个阶段上,人们只能认识事物的现象的外部联系,不能认识其本质的内部联系,即是说:还不能造出深刻的概念,做出合乎论理的结论。

毛泽东同志指示我们"从实际出发",即是从感性认识的阶段出发。担任某一任务的工作者,为要正确地掌握政策,不出偏差,就必须善于了解情况。"要了解情况,唯一的方法是向社会做调查,调查社会各阶级的生动情况"①,搜集有关各方面的资料,听取群众的意见和经验,用一句话说,即"详细占有材料",作为了解情况的依据。

社会实践的继续,使人们在实践中引起感觉和印象的东西反复了多次,于是在人们的脑子里生起了一个认识过程中的突变(即飞跃),产生了概念。概念这种东西已经不是事物的现象,不是事物的各个片面,不是它们的外部联系,而是抓着了事物的本质、事物的全体、事物的内部联系了。概念同感觉,不但是数量上的差别,而且有了性质上的差别。循此继进,使用判断和推理的方法,就可产生出合乎论理的结论来。《三国演义》上所谓"眉头一皱计上心来",我们普通说话所谓"让我想一想",就是人在脑子中运用概念以做判断和推理的功夫。这是认识的第二个阶段。外来的考察团先生们在他们集合了各种材料,加上他们"想了一想"之后,他们就能够作出"共产党的抗日民族统一战线的政策是彻底的、诚恳的和真实的"这样一个判断了。在他们作出这个判断之后,如果他们对于团结救国也是真实的话,那么他们就能够进一步作出这样的结论:"抗日民族统一战线是能够成功的。"这个概念、判断和推理的阶段,在人们对于一个事物的整个认识过程中是更重要的阶段,也就是理性认识的阶段。认识的真正任务在于经过感觉而到达于思维,到达于逐步了解客观事物的内部矛盾,了解它的规律性,了解这一过程和那一过程间的内部联系,即到达于论理的认识。重复地说,论理的认识所以和感性的认识不同,是因为感性的认识是属于事物之片面的、现象的、外部联系的东西,论理的认识则推进了一大步,到达了事物的全体的、本质的、内部联系的东西,到达了暴露周围

---

① 《〈农村调查〉的"序言"和"跋"》。

世界的内在的矛盾,因而能在周围世界的总体上,在周围世界一切方面的内部联系上去把握周围世界的发展。

[说明]现在进而说明认识的运动过程,即感觉到思维的推移过程,我们说认识是外界事物的反映,正和镜子中的映象是某种对象的反映一样。但人的认识,并不像镜子的反映那样,完全是受动的、不变的。人是积极地能动地改造自然以维持其生存的动物,是从事于物质生产的动物。人们实践的物质的能动性,在观念的形式上反映出来,就成为认识的能动性。所以人在认识上反映外界事物的那种反映,是能动的反映。那认识的能动性,在认识过程中,表现为主体的创造能力,能够把感觉和印象实行论理的加工,把感性的认识提高到论理的认识。认识的这种能动性,是社会的、历史的、实践的因素;认识的深化运动,也是在实践的基础上显现的。在物质的生产过程中,人们经常把各种物质的物体分解又结合,这就促进认识的分析与综合的能力;人们又经常看到各种商品的互相交换,这就促进认识的普遍化的能力;人们经常看到各种现象的反复、各种现象在实践上的再现,一种现象之后接着有他种现象发生,这就促进认识的推理能力(例如由履霜而推论到坚冰至,由月晕而推知将有风,由础润而推知将有雨,由美帝国主义侵略朝鲜而推论到它准备进攻中国等)。所以人们在实践中所得的感觉和印象反复了多次,就"在人们脑子里生起了一个认识过程中的突变(即飞跃),产生了概念"。概念的构成,是人们运用头脑的创造力,就感觉与印象实行论理的加工的结果,即是把感觉普遍化的结果。感觉反映事物的个别性、事物的现象、事物的外部联系,概念反映事物的普遍性、事物的本质、事物的内部联系。像这样由个别到普遍、由现象到本质、由外部联系到内部联系的推移,就是认识运动过程中的突变(即飞跃)。

就哲学上物质这一概念的构成过程举例来说:世界是物质的统一体,物质的种类,千差万别,混沌变动,有物理学领域中的物质,有化学领域中的物质,有生物学领域中的物质,还有社会领域中的物质,即关系(人与人之间的生产关系、阶级关系、政治关系、文化活动的关系等)。辩证唯物论这一哲学,却就感觉上所反映的千差万别而又混沌变动的物质的物体的外部关联中,抽出其最普遍的规定:即他们都是离开我们意识而独立存在的客观实在,而又为我们意识所反映,我们从一切物质的物体中,单把这一方面的属性抽象出来,把其他一切质与量的区别舍象出去,由此就可以到达关于这一切物质的物体之最单纯、最普遍的规定,构成哲学上的物质的概念,即物质是离开我们感觉独立存在,并在感觉上给予我们而又为我们感觉所反映的客观实在性的哲学的范畴。这样看来,关于物质的概念与关于物质的感觉,在数量上、在性质上,都是有差别的。感觉反映物质的个别性、现象、外部联系,概念反映物质的普遍性、本质、内部联系。感觉的内容非常丰富,概念的内容比较贫弱,这是两者在数量上的差别。但概念比较感觉却更深刻地反映了物质,这是两者在性质上的差别。

概念构成以后,我们就开始思维,即进行判断与推理。概念是反映客观事物的思维形式,判断和推理是反映客观事物与人类认识的一般规律的思维形式。判断与推理必须运用概念才能进行,否则便不能思维。延安考察团的人们,把延安考察所得的感觉和印象,实行普遍化的概括,就能得出"共产党的抗日民族统一战线"的概念,因而作出如下判断:"共产党的抗日民族统一战线的政策是彻底的、诚恳的和真实的。"他们在下了这个判断之后,如果当时他们真有团结救国的决心,就能够引出这样的结论:"抗日民族统一战线是能够成功的。"像这样造概念、下判断、进行推理的阶段,是认识过程中更重要的阶段,也就是理性认识或论理认识的阶段。认识的真正任务,在于经过感觉而到达于思维,引出论理的结论,付之实践。例如,毛泽东同志认识中国半封建半殖民地社会,首先了解这一社会的内部矛盾,指出帝国主义,封建主义和官僚资本主义是革命的对象,工人阶级、农民阶级、小资产阶级、民族资产阶级是革命的阶级。必须结成以工人阶级为领导,以工农联盟为基础的革命统一战线,去战胜那三大敌人。他又指出,中国人民从半殖民地半封建社会走向社会主义社会,必须经过人民民主专政即指出这一社会的发展规律。同时他还指出,中国人民革命是世界无产阶级社会主义革命的一部分,说明这两个革命过程的本质的内部关系。照这样,他创造了新民主主义的革命理论,作为中国革命的指针。这是从感性认识发展到理性认识的辉煌范例。所以我们对于周围世界事物的认识,必须从感性阶段推移到理性阶段,从感觉上所反映的事物之片面的、现象的、外部联系,转变为在理性上所反映的事物之全体的、本质的、内部联系,暴露那些事物的内在矛盾。因而就能在周围世界的总体上、在周围世界一切方面的内部联系上去把握周围世界的发展。

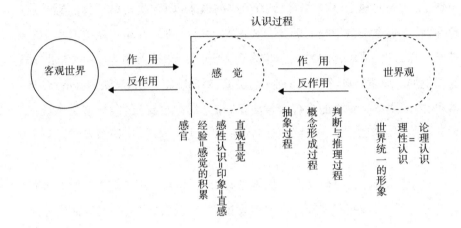

这种基于实践的由浅入深的辩证唯物论的关于认识发展过程的理论,在马克思主义以前,是没有一个人这样解决过的。马克思主义的唯物论,第一次正确地解决了这个问题,唯物地而且辩证地指出了认识的深化的运动,指出了社会的人在他们的生产和阶级斗争的复杂的、经常反复的实践中,由感性认识到论理认识的推移的运动。列宁说过:"物质的抽象,自然规律的抽象,价值的抽象以及其他等等,一句话,一切科学的(正确的,郑重的,非瞎说的)抽象,都更深刻,更正确,更完全地反映着自然。"①马克思列宁主义认为:认识过程中两个阶段的特性,在低级阶段,认识表现为感性的,在高级阶段,认识表现为论理的,但任何阶段,都是统一的认识过程中的阶段。感性和理性两者的性质不同,但又不是互相分离的,它们在实践的基础上统一起来了。我们的实践证明:感觉到了的东西,我们不能立刻理解它,只有理解了的东西才更深刻地感觉它。感觉只解决现象问题,理论才解决本质问题。这些问题的解决,一点也不能离开实践。无论何人要认识什么事物,除了同那个事物接触,即生活于(实践于)那个事物的环境中,是没有法子解决的。不能在封建社会就预先认识资本主义社会的规律,因为资本主义还未出现,还无这种实践。马克思主义

---

① 此段引自列宁:《黑格尔〈逻辑学〉一书摘要》。

只能是资本主义社会的产物。马克思不能在自由资本主义时代就预先具体地认识帝国主义时代的某些特异的规律，因为帝国主义这个资本主义最后阶段还未到来，还无这种实践，只有列宁和斯大林才能担当此项任务。马克思、恩格斯、列宁、斯大林之所以能够作出他们的理论，除了他们的天才条件之外，主要地是他们亲自参加了当时的阶级斗争和科学实验的实践，没有这后一个条件，任何天才也是不能成功的。"秀才不出门，全知天下事"，在技术不发达的古代只是一句空话，在技术发达的现代虽然可以实现这句话，然而真正亲知的是天下实践着的人，那些人在他们的实践中取得了"知"，经过文字和技术的传达而到达于"秀才"之手，秀才乃能间接地"知天下事"。如果要直接地认识某种或某些事物，便只有亲身参加于变革现实、变革某种或某些事物的实践的斗争中，才能触到那种或那些事物的现象，也只有在亲身参加变革现实的斗争中，才能暴露那种或那些事物的本质而理解它们。这是任何人实际上走着的认识路程，不过有些人故意歪曲地说些反对的话罢了。世上最可笑的是那些"知识里手①"，有了道听途说的一知半解，便自封为"天下第一"，适足见其不自量而已。知识的问题是一个科学问题，来不得半点的虚伪和骄傲，决定地需要的倒是其反面——诚实和谦逊的态度。你要有知识，你就得参加变革现实的实践。你要知道梨子的滋味，你就得变革梨子，亲口吃一吃。你要知道原子的组织同性质，你就得实行物理学和化学的实验，变革原子的情况。你要知道革命的理论和方法，你就得参加革命。一切真知都是从直接经验发源的。但人不能事事直接经验，事实上多数的知识都是间接经验的东西，这就是一切古代的和外域的知识。这些知识在古人在外人是直接经验的东西，如果在古人外人直接经验时是符合于列宁所说的条件："科学的抽象"，是科学地反映了客观的事物，那么这些知识是可靠的，否则就是不可靠的。所以，一个人的知识，不外直接经验的和间接经验的两部分。而且在我为间接经验者，在人则仍为直接经验。因此，就知识的总体说来，无论何种知识都是不能离开直接经验的。任何知识的来源，在于人的肉体感官对客观外界的感觉，否认了这个感觉，否认了直接经验，否认亲自参加变革现实的实践，他就不是唯物论者。

———————————

① 里手，湖南方言，内行的意思。

"知识里手"之所以可笑,原因就是在这个地方。中国人有一句老话:"不入虎穴,焉得虎子。"这句话对于人们的实践是真理,对于认识论也是真理。离开实践的认识是不可能的。

[说明]如上所述,在社会实践的过程中,外界事物作用于人们的感官,便引起感觉,人们就用感觉的材料进行思维,引出论理的结论。像这样由外物到感觉到思维的认识过程之科学的说明,是马克思所首创的伟大的业绩。在马克思以前,关于感性与理性的关系如何的问题,总没有一个哲学家曾经正确地解决它。

首先,就一切唯心论哲学家来看,他们有一个共通的原则,就是主张精神是本源的东西,物质世界及其规律性,都是精神的产物。他们根本否认精神以外还有物质世界存在,因而否认认识是外界事物及其规律性的反映。他们主张认识的各种因素,如感觉、经验、印象、概念等,都是主观意识中所固有的东西。他们以为认识的任务,是在于把那些感觉、经验、印象、概念等加以组织,臆造出物质的事物及其规律性,这样来说明世界。所以这种哲学是否认了物质世界的世界观。他们把认识过程,封锁于纯主观领域中,与外界事物完全隔离,他们把认识当作纯主观的意识的活动,对于感觉与思维的关系如何的问题,各凭自己的主观来解答。有的唯心论者,例如贝克莱,把主观的、内省的、感性的经验,作为认识的唯一对象,否定论理的概念对于认识所具有的意义。有的唯心论者,例如莱卜尼兹,主张只有思维能给人们以正确的知识,而感觉则不能相信。直到黑格尔,才在唯心辩证法上企图解决这一问题,他主张认识的运动是由感性到理性。但他虽然承认感性是认识的始点,却否认感觉是外界事物的反映,不能改造感觉的丰富材料,以到达于论理的认识,他以为认识越是上升到高级阶段,就越发远离于感性,逐渐与感觉的具体性相分离,因而思维与感性就不能保持联系。所以黑格尔对于论理的认识这一阶段,虽然发表过很可贵的思想,但在全体的方向上完全是唯心论的。

其次,就旧唯物论的哲学家来说,他们虽然都主张物质规定精神,承认认识过程中各种因素都是外界事物的映象,却都没有理解感觉与思维的正确关系。有些旧唯物论者,认定感性经验是认识的真实源泉,却轻视思维的意义。

例如洛克认为思维过程中所发生的复杂概念,不反映真实的事物。有的旧唯物论者,例如斯宾诺莎,认为真实的认识由理性所发掘,不需要感性的帮助。直到费尔巴哈,才正确地提起感觉与思维关系的问题。他主张思维依存于感觉,思维的法则依存于感觉的真理性;感觉不单对思维提供材料,并且是对于外界事物的论理认识的基础;思维是在感觉中去发现联系,不是自己去创造联系,这种主张是正确的。可惜他缺乏实践的观点不能理解认识对于社会实践的依赖关系,只知道认识是受动的反映,不知道认识还是能动的反映,所以他虽正确地提起这一问题,却不能现实地解决这一问题。

只有马克思主义的唯物论才第一次正确地解决了这个问题,唯物地而且辩证地说明了人的认识过程是在实践中由感性认识推移到理性认识的过程。感性的认识是属于事物之片面的、现象的、外部联系的东西,为要从感性认识推移于论理认识,就必须就那感性的材料,进行具体的分析,实行抽象。这样抽象出来的东西(论理认识),和感性材料比较起来,其内容是好像比较空虚了,并且距离外界事物也比较远了,但它却"更深刻,更正确,更完全地反映着"事物。例如我们就感性上所反映的千差万别的物质的东西(自然的和社会的),抽象其共通的"物质"这一普遍性(离人类意识独立的客观实在),舍弃其千差万别的个别性,构成"物质的抽象"。又如就感性上所反映的各种个别的自然现象,抽象其共通的规律性(即由一种形态发展到另一种形态的规律性),舍弃其他各种个别的属性,构成"自然规律的抽象"。又如就感性上所反映的商品的现象,抽象一切商品所共通的本质及价值,舍弃其各种物理学的、化学的、生物学的属性,构成"价值的抽象"。这一类的抽象,是"科学的抽象",即"正确的,郑重的"抽象,不是"瞎说的"任意的抽象,"都更深刻,更正确,更完全地反映着自然"。

感性认识和论理认识,是统一的认识过程中的两个阶段。在感性的阶段,人们只能认识事物之片面的、现象的、外部联系;到论理的阶段,人们才能认识事物之全体的、本质的、内部联系。这两种认识,形成一个统一,即片面与全体、现象与本质、外部联系与内部联系形成一个统一。这就是感性认识与论理认识的统一。所以这两种认识,绝不是各自独立的认识阶段,两者完全是一脉相通的。我们说,在感性的阶段只能认识事物之片面的、现象的、外部联系,却不是说我们的感觉只反映事物之片面的、现象的、外部联系,而不反映其全体的、本质的、内部联系(若果这样说,他就会成为不可知论者)。实际上,事物之片面的、现象的、外部联系与其全体的、本质的、内部联系,是同时在感觉上完全给予着的,不过我们在没有实行抽象的思维之前,我们只能有直觉的认识,即只能认识其片面的、现象的、外部联系;而那些全体的、本质的、内部联系,是被片面的、现象的、外部联系隐藏着,必须要我们运用抽象的思维才能发现它(譬如商品中隐藏的价值,要靠抽象才能发现它,不是肉眼所能看出的)。在思维中所有的东西,已在感觉中给予着;感觉中所没有的东西,思维中是不能有的。思维只在感觉中发现本质,发现内部联系,绝不是自己于感觉之外去创造本质,创造内部联系(只有唯心论者才这样做)。所以感性与理性两者的性质虽然不同,却不是互相分离的,它们都是统一的认识过程中的阶段。

感性认识与理性认识的统一的基础,是实践。在实践过程中,人们感触到新的事物时,就开始来理解它。在理解它时,还是要感触它(即实践)。这样,对一种新事物,在实践中感觉了才去理解,在理解时仍要到实践中去感觉,直到完全理解为止。所以感性认识与理性认识两者,是在实践的基础上统一起来的。

感性与理性,互相渗透,互为条件。实践证明:我们对于事物的认识,总是先感觉到它,然后才去理解它,并不能先理解了它,然后才去感觉它。这便是说,理性认识必须以感性认识为前提。只有我们对于事物的感觉随着实践的发展而发展了,我们才能更深刻地理解它。在另一方面,我们对于事物有了理解,才能更正确、更深刻地感觉它。譬如某种自然现象或社会事变发生时,在没有科学知识的人,只能有浅薄的直观的认识,但在科学家看来,却能深刻地感觉到它。1950 年 6 月,美帝国主义侵略朝鲜的事变发生时,在理解了美帝国主义本质的人看来,立刻知道美帝国主义的目的是要占领全朝鲜,作为进攻中国和苏联的基地。但在对美帝国主义本质全无理解的人看来,就说美帝国主义之进攻北朝鲜,只是偶发的事件,实际上做了美帝国主义侵略的辩护人。所以感觉只能认识事物的现象,理性才能认识事物的本质。但现象是本质的现象,本质是现象的本质。在实践过程中,感觉与思维互相发展、互相渗透,本质浮现于现象之上,而现象也转变为本质。于是认识便由感性推移于理性。

由现象的认识进到本质的认识了。在天文学没有发达的时代,人们看到月球是一个发光体(这是现象),但由于科学的研究,就知道月球并非发光体(这是本质),它的光是由于反射的日光。于是现象与本质统一了。又如中了美帝国主义的毒素的人,看到美帝国主义有钱有势,海陆空军,非常强大,还有原子弹,就认美帝国主义是个真老虎(这是现象)。但是,人民领袖毛泽东,多年以前,早就认识了美帝国主义在经济上的腐朽性、寄生性和垂死性,认识了美帝国主义内部无产阶级与资产阶级之尖锐的对立,以及美帝国主义与英法等仆从国家的利害冲突,并且估计了世界人民与中国人民力量之压倒的优势等,就断定美帝国主义是个纸老虎(这是本质)。这个纸老虎,在朝鲜遭受了朝鲜人民军与中国人民志愿军的痛击,已经现出了原形,即本质浮现于现象,而现象转变为本质(表面上的强都只能证明它是纸老虎)。

认识依赖于生产与阶级的斗争,如果没有一定时代的生产与阶级斗争的实况,就不能产生关于那个时代的阶级斗争的革命理论。马克思主义是在资本主义大工业发生而无产阶级对资产阶级斗争的时候才形成的。若在封建社会,既没有资本主义的大工业,无产阶级也没有出现,就不能预先认识资本主义社会的规律,创造出无产阶级革命的理论——马克思主义。马克思所处的时代,是自由资本主义时代,资本主义的最后阶段帝国主义还没有到来,独占资本主义的各种特征还不发达,资本主义发展的不平衡性、单独一国建成社会主义的可能性还不显著,所以还是处在"准备无产者去进行革命的时期,无产阶级革命还没有成为必不可免的直接实践问题的时期"①,他当然不能预先具体地认识帝国主义时代的某些特异的规律,提出世界无产阶级革命的具体指示。只有列宁和斯大林才能担当此项任务,因为他们"在帝国主义充分发展的时期,无产阶级革命开展起来的时期,无产阶级革命已经在一个国家内获得了胜利、打破了资产阶级民主制、开辟了无产阶级民主制纪元即苏维埃纪元的时期"。② 马克思和恩格斯所以创造了马克思主义,列宁和斯大林所以创造了"帝国主义与无产阶级世界革命时代的马克思主义""列宁主义",一方面固然

---

① 斯大林:《论列宁主义基础》。
② 斯大林:《论列宁主义基础》。

是由于他们的天才条件,而主要的是他们亲自参加了当时的阶级斗争与科学研究的实践。另一方面,中国在第一次世界大战与俄国十月革命以前,也不可能有毛泽东思想。"灾难深重的中华民族,一百年来,其优秀人物奋斗牺牲,前仆后继,摸索救国救民的真理,是可歌可泣的。但是直到第一次世界大战和俄国十月革命之后,才找到马克思列宁主义这个最好的真理,作为解放我们民族的最好的武器,而中国共产党则是拿起这个武器的倡导者、宣传者和组织者。马克思列宁主义的普遍真理一经和中国革命的具体实践相结合,就使中国革命的面目为之一新。"①而马克思列宁主义的普遍真理与中国革命的具体实践之结合,正是毛泽东思想。毛泽东思想之所以锻炼成功,除了毛泽东同志的天才条件之外,主要的是从中华民族与中国人民长期革命斗争中生长和发展起来的。所以伟大的革命领袖的革命理论,都是在长期的革命斗争中创造与发展的。

可是,中国有句古话:"秀才不出门,全知天下事。"这岂不是说,知识与实践没有关系了么?"秀才"不参加于社会实践也可以得到知识么?那句古话,在交通和技术不发达,文化传播不便利的时代,只是一句空话。"秀才"只不过从一些古书上"知"道一点天文、地理和人事,至于当时的新事变与新知识,却不一定能够知道。到了近代,交通发达,技术进步,文化传播也很便利,"不出门"的"秀才"当然可以多读一点书,多"知"一些"天下事",但那些知识,是天下真正实践着的人在实践中取得的"知"识,不过经由文字与通信工具的传达,"秀才"才能间接地"知天下事"。"秀才"从书本上得到的知识,原是别人在实践中得到的知识。知识仍是离不开实践。所以人们要直接认识某种自然物,只有在改造自然的过程中,亲自接触那自然物,才能认识它的规律性;人们要认识某一社会事变,只有在社会斗争过程中,亲自接触那一事变,才能认识那事变的真相。这是任何人实际上走着的认识路程。可是有些"知识里手",却故意歪曲地说些反对的话,以为知识与实践无关。他们从别人那里得到一知半解,便自以为无所不知。或者从马克思列宁主义书籍中,摘取片言只语,拿来吓唬人们,自以为是百分之百的马克思主义者。这样的人,否认了参加变

---

① 《改造我们的学习》。

革现实的实践,正是十足的教条主义者。"马克思列宁主义是科学,科学是老老实实的学问,任何一点调皮都是不行的,我们还是老实一点吧!"①

一切真知都是从直接经验发源的。人要求得知识,就必须参加变革现实的实践。只有在实践中才能接触到外界事物,发生感觉,积累经验,然后依据经验来思维,才能认识外界事物的性质和规律,并且还要通过实践证明了这一认识的正确,才算是真实的知识。所以人们要知道自然物之物理学和化学的性质和规律,就必须实行物理学和化学的实验;要知道革命的理论和方法,就必须到革命工作岗位上去锻炼。日常生活中也有"眼过千遍,不如手过一遍"的说法。

所说知识发源于直接经验,这是就认识与实践的历史性说的。事实上,我们不能事事都是直接经验,我们的知识多半是间接的东西。我们学习马克思列宁主义、毛泽东思想,就要阅读马克思、恩格斯、列宁、斯大林和毛泽东的著作。这些革命领袖的著作,都是他们革命经验的科学总结,都是无产阶级世界革命的正确理论,都是由革命的实践证明了的真理。我们从他们的著作中学得的知识,是完全可靠的,问题是在于我们能不能把这些知识实际应用到革命建设的工作罢了。所以我们的知识,不外乎直接经验的和间接经验的两部分。马、恩、列、斯和毛主席的革命经验,在我们是间接经验,在他们却是直接经验。归结起来,一切知识,都不能离开直接经验的。依辩证唯物论的认识说来,一切知识的来源,都在于外界事物所引起的感觉,而感觉的积累便是经验。人们如果否认感觉,否认经验,否认亲自参加生产与阶级斗争的实践,他就不是唯物论者,而是唯心论者,是教条主义者。"知识里手"(即教条主义者)之所以可笑,原因就在这个地方。中国有句老话:"不入虎穴,焉得虎子?""虎子"是在"虎穴"之中的,你"不入虎穴",当然不能得到"虎子"。同样,革命的知识是从革命的实践得到的,你不去参加革命,当然不能得到革命的知识。纵然你从书本上学的马克思列宁主义知识,如果不拿到革命工作中去应用,或应用不得当,就将成为一个教条主义者。

---

① 《改造我们的学习》。

为了明了基于变革现实的实践而产生的辩证唯物论的认识运动——认识的逐渐深化的运动,下面再举出几个具体的例子。

无产阶级对于资本主义社会的认识,在其实践的初期——破坏机器和自发斗争时期,他们还只是在感性认识的阶段,只认识资本主义各个现象的片面及其外部的联系。这时,他们还是一个所谓"自在的阶级"。但是到了他们实践的第二个时期——有意识有组织的经济斗争和政治斗争的时期,由于实践,由于长期斗争的经验,经过马克思、恩格斯用科学的方法把这种种经验总结起来,产生了马克思主义的理论,用以教育无产阶级,这样就使无产阶级理解了资本主义社会的本质,理解了社会阶级的剥削关系,理解了无产阶级的历史任务,这时他们就变成了一个"自为的阶级"。

[说明]现在举出几个具体的实例,说明基于实践而产生的辩证唯物论的认识运动——认识的深化运动。

无产阶级在其实践的初期,对于资本主义的认识,还是感性认识。他们看到了多少手工业工场,都依次采用了机器生产;看到了采用机器的工场,一方面解雇了大批男工,一方面又添雇了一些女工和童工;看到已被解雇了的工人失了业,未被解雇的工人的工资降低了。他们所感受的压迫和剥削日益加重,他们的生活水平都被降低到饥饿线上。但他们不知道在资本主义的生产关系当中去寻找自己贫困的原因,只知道在工场的机器当中寻找那个原因。他们不能把机器和机器之资本主义的利用分别开来,只知道恼恨自己的工场企业家,不知道那企业家原是剥削者阶级的代表。他们基于在奴隶生活条件下所得的体验和知觉,被迫起来向个别企业家做斗争。"最初是个别的工人,然后是某一工厂的工人,然后是某一个地方(的)某一劳动部门的工人,同直接剥削他们的个别资产者做斗争。他们不仅仅攻击资产阶级的生产关系,他们攻击生产工具本身;他们毁坏那些来竞争的外国商品,捣毁机器,烧毁工厂,力图恢复已经失去的中世纪工人的地位。"①这样的自发的斗争,是初期无产阶级斗争史上所常见的。他们因为还不曾理解资本主义的本质,所以还不能对资

---

① 《共产党宣言》。

产阶级做有意识的斗争。他们还是"自在的阶级",即还是没有阶级意识的阶级。他们还不能了解自己整个阶级的任务,不能把那些企业家当作一个阶级来斗争。

"但是,随着工业的发展,无产阶级不仅人数增加了,而且它结合成更大的集体,它的力量日益增长,它愈来愈感觉到自己的力量。机器使劳动的差别愈来愈小,使工资几乎到处都降到同样低的水平,因而无产阶级的利益和生活状况也愈来愈趋于一致。资产者彼此间日益加剧的竞争以及由此引起的商业危机,使工人的工资愈来愈不稳定;机器的日益迅速的和继续不断的改良,使工人的整个生活地位愈来愈没有保障;个别工人和个别资产者之间的冲突愈来愈具有两个阶级的冲突的性质。工人开始成立反对资产者的同盟;他们联合起来保卫自己的工资。他们甚至建立了经常性的团体,以便一旦发生冲突在生活上有所保障。有些地方,斗争转变为起义。"①

"工人有时也得到胜利,但这种胜利只是暂时的。他们斗争的真正成果并不是直接取得的成功,而是工人的愈来愈扩大的团结。这种团结由于大工业所造成的日益发达的交通工具而得到发展,这种交通工具把各地的工人彼此联系起来。只要有了这种联系,就能把许多性质相同的地方性的斗争汇合成全国性的斗争,汇合成阶级斗争。而一切阶级斗争都是政治斗争。"②

从这个时候起,马克思和恩格斯,用科学方法综合了无产阶级的阶级斗争经验,创造了马克思主义理论,作为无产阶级革命的指导。无产阶级基于斗争的经验,接受了马克思主义的教育,把自己组织成为一个阶级,组成革命的政党,去准备推翻资产阶级的国家机关,企图建设共产主义的社会了。无产阶级就由"自在的阶级"转变为"自为的阶级"了。这是无产阶级对于资本主义社会的认识过程,即由感性到理性到实践的过程。

中国人民对于帝国主义的认识也是这样。第一阶段是表面的、感性的认识阶段,表现在太平天国运动和义和团运动等笼统的排外主义的斗争上。第

---

① 《共产党宣言》。
② 《共产党宣言》。

二阶段才进到理性的认识阶段，看出了帝国主义内部和外部的各种矛盾，并看出了帝国主义联合中国买办阶级和封建阶级以压榨中国人民大众的实质，这种认识是从一九一九年，五四运动前后才开始的。

[说明]就中国人民对于帝国主义的认识过程举例来说。中国自从1840年鸦片战争失败以后，就陷入了殖民地化的过程，但中国人民对于帝国主义的认识，直到"五四"运动以前(或俄国十月革命以前)，还停顿在感性认识的阶段。历年来，他们亲眼看到外国人夺取我国的领土，在中国境内设置租借地，开辟租界，增开商埠，驻扎军队，把持海关，行使领事裁判权，夺取内河航行权、筑路权和开矿权，划分势力范围，以及洋货充斥国内，利权外溢，国内农业、手工业因而破产。此外，外国人还在中国传教，办学校，作为侵略工具。这一连串的事实，使得我国人民感受到列强的侵略和剥削，觉得中国要被瓜分豆剖，国亡无日了。中国人民基于这样的认识，就起来做救亡运动了。但是救亡运动如何进行？靠政府的力量么？当时的清王朝被列强征服以后，已向列强投降，做了列强的仗鬼，帮助列强压迫着人民。于是只有对列强做自发的斗争。这斗争的方式，就是排外主义，即排斥外国人，排斥外国货。中国人民那时还不知道应当把外国的政府和人民、资本家和工人、地主和农民加以区别，还不知道应当反对侵略中国的外国大资本家及其政府，他们是帝国主义者，但另一方面要争取外国人民，并不是一切外国人都是坏人，都要排斥。这即是说，那时的中国人不知道帝国主义的本质，以为只要洋人和洋货排斥了，中国就可以得救。所以每逢某国对中国加紧侵略时，就往往排斥那个国家的一切。基于这种自发斗争的经验，我国人民就认为所有来到中国的洋人都是虎狼，都是侵略者，要把它们斩尽杀绝，中国才能免于灭亡。义和团运动，就是依照这种认识才发动的。这一类排外主义运动，无疑的是反帝的民族斗争，只因为当时不能理解帝国主义的本质，更理解不到帝国主义与中国封建主义互相勾结压迫中国人民的连锁性，所以采用了错误的斗争方法，致使像义和团那样轰轰烈烈的民族革命运动终于失败。但在这一类运动中，可以看出一个特点，就是参加这一类斗争的人，主要的是农民群众和小资产阶级知识分子，而当时的大资产阶级却不曾参加过。孙中山当初所倡导的民族主义，也单纯以清王朝为革命

对象,从未把反对帝国主义作为自己的任务。虽然辛亥革命实际上起了反对帝国主义的作用,因为推翻了帝国主义走狗——清政府,当然就带着反帝的作用,因而引起了帝国主义对于辛亥革命的不满,不帮助孙中山而帮助袁世凯,但是当时的革命党人并没有认识这一点,单纯认为清政府一经推倒,民族主义已经实现了(直到1924年孙中山改组中国国民党之时,接受了中国共产党的主张,才在民族主义里加上了反帝国主义的内容)。

1914年第一次世界大战发生以后,欧美帝国主义者忙着在欧洲打仗去了,中国在当时有被日本帝国主义者独吞的危险,它首先夺去了山东,还夺取了许多特权。从这个时候起,中国人民在首先是反日的斗争中,民族意识增强了。直到十月革命给了我们启示,中国人民才在革命斗争中,学习了马克思列宁主义,知道反帝反封建的斗争是中华民族求解放的唯一道路。五四运动,正是反帝反封建的斗争的序幕。从这个时候起,中国人民对帝国主义的认识,就从感性阶段进到了理性的阶段。革命的先驱者已经知道了:帝国主义是最后阶段的资本主义,是垂死的资本主义,是社会主义革命的前夜;帝国主义国家内部的无产阶级革命的危机已经尖锐化;第一次世界大战是帝国主义者相互间重新分割殖民地的战争,而中国正是它们宰割的对象;世界殖民地半殖民地十数亿人民与少数帝国主义者和反动统治者的斗争已经开始了,而中国人民已经到了与帝国主义者短兵相接的地步了。依据这些基本的认识,中国人民就从一次一次的反帝和反封建的实践运动当中,逐渐地认识了帝国主义勾结封建阶级及买办资本家压迫和剥削中国人民大众的实质,于是就得到了一个结论:中国人民只有打倒帝国主义与封建主义,才能获得解放。中国共产党就是在这种形势之下诞生和成长的。

我们再来看战争。战争的领导者,如果他们是一些没有战争经验的人,对于一个具体的战争(例如我们过去十年的土地革命战争)的深刻的指导规律,在开始阶段是不了解的。他们在开始阶段只是身历了许多作战的经验,而且败仗是打得很多的。然而由于这些经验(胜仗,特别是败仗的经验),使他们能够理解贯穿整个战争的内部的东西,即那个具体战争的规律性,懂得了战略和战术,因而能够有把握地去指导战争。此时,如果改换一个无经验的人去指导,又会要在吃了一些败仗之后(有了经验之后)才能理会战争的正确的规律。

[说明]再就军事规律的认识过程举例来说。战争的领导者,必须学习军事规律,以便应用这规律于战争。

"军事的规律,和其他事物的规律一样,是客观实际对于我们头脑的反映,除了我们的头脑以外,一切都是客观实际的东西。因此,学习和认识的对象,包括敌我两方面,这两方面都应该看成研究的对象,只有我们的头脑(思想)才是研究的主体。"①战争的领导者,如果他们是初出茅庐临阵作战的人,他们对于敌我双方的情况和当时的战争环境,只能有感性的认识,还不能理解一个具体战争的深刻的指导规律。他们根据感性的认识,拟订作战计划,一定是胜战打得很少,败仗打得很多。但他们在战争中学习战争,经历多次败仗和胜仗的经验以后,就从那些经验中吸取教训。他们知道"使用一切可能的和必要的侦察手段",侦察敌方的情况,"将侦察得来的敌方情况的各种材料加以去粗取精、去伪存真、由此及彼、由表及里的思索,然后将自己方面的情况加上去,研究双方的对比和相互的关系,因而构成判断,定下决心,作出计划"。像这样去"指导战争或作战,就比较地有把握,比较地能打胜仗。这是在长时间内认识了敌我双方的情况,找出了行动的规律,解决了主观和客观的矛盾的结果。这一认识过程是非常重要的,没有这一种长时间的经验,要了解和把握整个战争的规律是困难的"。②

中国人民在过去十年土地革命战争中,是有过这样的经验的。"我们的战争是从一九二七年秋天开始的,当时根本没有经验。南昌起义、广州起义是失败了,秋收起义在湘鄂赣边界地区的红军,也打了几个败仗,转移到湘赣边界的井冈山地区。第二年四月,南昌起义失败后保存的部队,经过湘南也转到了井冈山。然而从一九二八年五月开始,适应当时情况的带着朴素性质的游击战争基本原则,已经产生出来了,那就是所谓'敌进我退,敌驻我扰,敌疲我

---

① 《中国革命战争的战略问题》。
② 以上引号中的语句均见《中国革命战争的战略问题》。

打,敌退我追’的十六字诀"①。这十六字诀的原则,在敌强我弱的十年土地革命战争中,是合乎军事规律的。但从1932年1月开始,那十六字诀的原则被错误的"新原则"所代替,"反'游击主义'的空气,统治了整整的三个年头。其第一阶段是军事冒险主义,第二阶段转到军事保守主义,第三阶段,变成了逃跑主义。直到党中央1935年1月在贵州的遵义召开扩大的政治局会议的时候,才宣告这个错误路线的破产,重新承认过去路线的正确性。这是费了何等大的代价才得来的呵!"②

所以战争的领导者,必须理解那个具体战争的规律性,懂得了战略与战术,才能有把握地去指导战争。在这种时候,如果又改换一个初出茅庐的领导者去指导战争,又必须在战争中历练一番,学习一番,才能理解战争的正确规律。

常常听到一些同志在不能勇敢接受工作任务时说出来的一句话:没有把握。为什么没有把握呢?因为他对于这项工作的内容和环境没有规律性的了解,或者他从来就没有接触过这类工作,或者接触得不多,因而无从谈到这类工作的规律性。及至把工作的情况和环境给以详细分析之后,他就觉得比较地有了把握,愿意去做这项工作。如果这个人在这项工作中经过了一个时期,他有了这项工作的经验了,而他又是一个肯虚心体察情况的人,不是一个主观地、片面地、表面地看问题的人,他就能够自己作出应该怎样进行工作的结论,他的工作勇气也就可以大大地提高了。只有那些主观地、片面地和表面地看问题的人,跑到一个地方,不问环境的情况,不看事情的全体(事情的历史和全部现状),也不触到事情的本质(事情的性质及此一事情和其他事情的内部联系),就自以为是地发号施令起来,这样的人是没有不跌跤子的。

[说明]再就工作同志对于新工作任务的认识过程举例来说。某些工作同志们,当他们接受新的工作任务时,总觉得没有把握。因为他们对于这一新

① 《中国革命战争的战略问题》。
② 《中国革命战争的战略问题》。

的工作,没有经验,或者经验不多,不能懂得这一工作的规律性。等到有人把这一工作的情况和环境给以分析之后,他就觉得比较有把握,接受这一工作了。他在这一工作中,积累了经验以后,如果能够虚心学习,善于体察工作的情况,能够客观地、全面地、深入地去看问题,他就能理解这一工作的规律性,完成这一工作的任务。例如湖南大学的学生,在报名参加土地改革工作之时,他们对于这一工作是全无把握的。后来进行土地改革学习,学习土地改革法令和政策,学习《关于划分农村阶级成分的决定》,又听取了老干部、同志们关于土地改革工作的报告,从他们学习土地改革工作的经验。经过了这一番学习之后,他们就觉得有了一些把握。他们下乡参加工作以后,多数都能坚决地站在农民的立场,端正工作的态度,虚心地向老干部学习,向农民学习。他们在工作中积累了一些经验,能够分清敌、友、我三方面。他们体会了下述的步骤,即首先访问贫雇农,实行同吃、同住、同劳动,在日常生活上和他们打成一片,然后进行"扎根"、"串联",在思想上把他们发动起来,接着成立贫雇农主席团,进行反霸斗争,组织或整理农民协会,团结中农,中立富农,打垮地主当权派,再进一步是划分阶级成分,没收和征收土地,然后分土地,分果实,最后是帮助农民组织政权,实行对地主专政。如果他们虚心学习,善于体察工作情况,不是主观地、片面地、表面地去看问题,是能够理解土地改革工作的规律性的。

犯有主观主义毛病的人,跑到一个工作岗位,常是主观地、片面地、表面地去看问题,不肯虚心体察客观的情况,看不到工作的全体,不触到那一工作的性质,以及这一工作和别一工作的联系,用一句话说,就是不懂得那一工作的规律性,便自以为是地发号施令起来,结果一定要招致失败。例如有个别参加土地改革工作的新干部,跑到一个乡村去,也不个别地访问贫雇农,就召开贫雇农大会,以致地主的狗腿子都混了进去。于是他对那些群众讲一些土地改革政策和法令,也不在群众的思想已被发动起来的基础上去进行反霸斗争,便出一个划阶级成分的榜,实行分田。像这样实行土地改革,在农民看来,和没有实行土地改革一样,他们并不曾翻身,封建势力并不曾推翻。像这样"和平分田",正是土地改革工作的失败。所以"和平分田"的乡村,还得重新再来一次土地改革,彻底消灭封建势力,农民才得翻身,土地改革的目的才能实现

（湖南有几个乡在最初是这样实行"和平分田"的,后来已经改正过来了）。

由此看来,认识的过程,第一步,是开始接触外界事情,属于感觉的阶段。第二步,是综合感觉的材料加以整理和改造,属于概念、判断和推理的阶段。只有感觉的材料十分丰富(不是零碎不全)和合于实际(不是错觉),才能根据这样的材料造出正确的概念和论理来。

[说明]从上文看来,可以知道,认识过程的第一步,属于感觉的阶段。我们的认识是从感觉开始的。即是说,在生产与阶级斗争中,外界事情引起我们的感觉,因而发生知觉,构成印象。这感觉、知觉、印象等,都是感觉的材料,是思维的源泉。于是认识就进到第二步,即进到论理的阶段。我们就感觉的材料,实行分析与综合,抽象与概括,就造出反映外界事情的普遍性的概念。概念是思维形式,有了概念之后,我们就可以进行思维,就概念进行判断,表现外界事情的性质,于是就从一个判断或几个判断,引出新的判断,作成论理的结论。所以感觉的材料,必须是完全可靠的东西,然后才能作出正确的论理的结论。因为论理的东西,完全是从感觉的东西抽象出来的,绝不能在感觉的东西以外,任意添加什么东西进去(如果这样做,便是唯心论者)。感觉的东西如果是不完全的,或者是不正确的,是错觉的,不合于实际的,那就不能从这样的感觉材料抽象出科学的结论。我们考察任何一个问题,必须尽量搜集对于这一问题的材料,并且还要辨别其中某些不正确的材料,把它剔除出去,然后才能从这些完全而正确的材料,运用唯物的辩证的思维方法,正确地解决这一问题。

这里有两个要点必须着重指明。第一个,在前面已经说过的,这里再重复说一说,就是理性认识依赖于感性认识的问题。如果以为理性认识可以不从感性认识得来,他就是一个唯心论者。哲学史上有所谓"唯理论"一派,就是只承认理性的实在性,不承认经验的实在性,以为只有理性靠得住,而感觉的经验是靠不住的,这一派的错误在于颠倒了事实。理性的东西所以靠得住,正是由于它来源于感性,否则理性的东西就成了无源之水,无本之木,而只是主观自生的靠不住的东西了。从认识过程的秩序说来,感觉经验是第一的东西,我们强调社会实践在认识过程中的意义,就在于只有社会实践才能使人的认识开始发生,开始从客观外界得到感觉经验。一个闭目塞听、同客观外界根本绝缘的人,是无所谓认识的。认识开始于经验——这就是认识论的唯物论。

[说明]前面说过,认识过程,是在实践基础上从感性认识到理性认识的统一过程,感性认识以理性认识为归结,理性认识以感性认识为前提。两者互为条件,互相补充,互相发展,互相丰富其内容。两者具有有机的、不可分离的关系,绝不是各自独立的认识阶段,其间绝没有不可逾越的界限。用一句话说,感性认识有待于发展到理性认识,理性认识依赖于感性认识。人们如果割裂感性认识与理性认识,把两者分离开来,或者专重理性认识而无视或轻视感性认识,或者专重感性认识而无视或轻视理性认识,就背离于辩证唯物论的认识论,而陷入于主观主义,陷入于"唯理论"或"经验论"。这里先指出"唯理论"的错误。

哲学上的"唯理论"有唯心论与唯物论的两派。这两派的错误有两个共通点:其一是切断认识过程的两个阶段,只承认理性的实在性,不承认经验的实在性,以为只有理性靠得住,而感觉的经验是靠不住的。其二是切断认识与实践的关系,只有认识,没有实践,因为感性的东西是从实践发源的。唯心论的唯理论,例如前面所述的莱卜尼兹的唯理论,主张认识是主观的心理活动,根本否认外界事物的存在,他主张只有思维能给人们以正确的知识,而感觉是不能相信的。唯物论的唯理论,例如斯宾诺莎的唯理论,虽然主张精神是从物质发生的,但他认为真实的知识由理性所发掘,不需要感性的帮助。这两种"唯理论",从认识过程中,割去感性的阶段,只采取理性的阶段,虽然有唯心的与唯物的区别,却都是主观主义的。理性认识是从感性认识发源的,如果否认了感性的东西,就等于否认了理性认识的来源,这理性的东西,就变为无源之水,无本之木,而只是主观的自生的靠不住的东西了。唯心论的唯理论,是辩证唯物论的死敌,我们固然要坚决地打击它;就是唯物论的唯理论,也是辩证唯物论的大敌,我们也绝不能轻易放过。因为唯物论的唯理论虽是唯物论的,却又是唯理论的,它轻视感性认识,就等于轻视认识是外界事物的反映,等于轻视社会实践的重要性。因为感性认识是在社会实践中用五官四肢感触到外界事物的结果,否认感性认识的人,就是不参加社会实践的人,是闭着眼睛塞着耳朵不接触外界事物的人,这样的人,正是教条主义者,他与唯物论的唯理论者有血统的关系。

教条主义者因为否认了感性认识即否认了经验,脱离了社会实践,所以他们谈学习,谈问题,做文章,做工作,总是从主观的见解出发,从定义出发,从教条出发。谈学习,他们是为学习而学习,"抽象地无目的地去研究马克思列宁主义的理论,不是为了要解决中国革命的理论问题、策略问题而到马克思、恩格斯、列宁、斯大林那里找立场,找观点,找方法,而是为了单纯地学理论而去学理论"①。谈问题,他们总是主观地看问题,他们的思想,"不根据和不符合于客观事实,是空想,是假道理,如果照了做去,就要失败"。② 做文章,他们总是向马、恩、列、斯的著作,寻章摘句,夸夸其谈。"下笔千言,离题万里。"做工作,他们自以为是,"老子天下第一,钦差大臣满天飞",他们"'下车伊始',就哇啦哇啦地发议论,提意见,这也批评,那也指责,其实这种人十个有十个要失败。因为这种议论或批评,没有经过周密调查,不过是无知妄说"。③ 总起来说,教条主义者脱离了实践,所以没有感性认识,没有经验,因而也不能有理性认识。

认识开始于经验——这是认识论的唯物论。人们要求得革命的知识,必须参加于革命的实践,取得革命的经验,然后用科学的方法,把革命的经验总结为革命的知识。所以革命的知识,依存于革命的实践,从革命的经验出发。教条主义者的认识,从教条出发,其必然的归结,是陷于认识论的唯心论,即是主观主义。

第二是认识有待于深化,认识的感性阶段有待于发展到理性阶段——这

---

① 《改造我们的学习》。
② 《论持久战》。
③ 《〈农村调查〉的序言和跋》。

就是认识论的辩证法①。如果以为认识可以停顿在低级的感性阶段，以为只有感性认识可靠，而理性认识是靠不住的，这便是重复了历史上的"经验论"的错误。这种理论的错误，在于不知道感觉材料固然是客观外界某些真实性的反映（我这里不来说经验只是所谓内省体验的那种唯心的经验论），但它们仅是片面的和表面的东西，这种反映是不完全的，是没有反映事物本质的。要完全地反映整个的事物，反映事物的本质，反映事物的内部规律性，就必须经过思考作用，将丰富的感觉材料加以去粗取精、去伪存真、由此及彼、由表及里的改造制作功夫，造成概念及理论的系统，就必须从感性认识跃进到理性认识。这种改造过的认识，不是更空虚了更不可靠了的认识，相反，只要是在认识过程中根据于实践基础而科学地改造过的东西，正如列宁所说乃是更深刻、更正确、更完全地反映客观事物的东西。庸俗的事务主义家不是这样，他们尊重经验而看轻理论，因而不能通观客观过程的全体，缺乏明确的方针，没有远大的前途，沾沾自喜于一得之功和一孔之见。这种人如果指导革命，就会引导革命走上碰壁的地步。

[说明]列宁在《黑格尔〈逻辑学〉一书摘要》中说："为了理解，必须在经验上开始理解、研究，从经验升高到一般。"这便是说，我们为要认识一个对象或一个问题，必先就关于那对象或问题所得的一切感性的经验，用科学的方法加以分析，作出总结，"然后才可以使经验带上条理性、综合性，上升成为理论"（即一般）。所以认识有待于深化，认识的感性阶段有待于发展到理性阶段——这就是认识论的辩证法。如果以为认识可以停顿在低级的感性阶段，以为只有感性认识可靠，而理性认识是靠不住的，这便是重复了历史上的"经验论"的错误。

哲学史上的经验论，有唯心论的与唯物论的两种。唯心论的经验论和唯物论的经验论不同，它根本否认经验是客观事物的反映，反而主张客观事物是精神所创造的东西。它主张经验是主观意识中所固有的东西，是主观的内省

---

① 参看列宁在《黑格尔〈逻辑学〉一书摘要》所说："为了理解，必须在经验上开始理解、研究，从经验升高到一般。"

的东西,它把这种主观的经验,作为认识的唯一对象,并否定理性的认识。例如巴克莱、休谟、马赫与波格达诺夫等,都是唯心论的经验论者,他们都否定论理的概念对于认识所具有的意义。至于唯物论的经验论,例如培根、洛克等的经验论,都主张感性的认识是外界事物的映象,是人类知识的来源,这是正确的。但在它重视感性的经验而轻视理性认识这一点,却是片面的认识。唯心论的经验论,是唯物论的死敌,我们应对它做无情的斗争。唯物论的经验论,在其对感性经验作唯物论的说明这一点是正确的,但它从整个认识过程中分割感性与理性两个阶段,重视感性经验而轻视理性认识这一点,却是辩证唯物论所排斥的。因为感性的经验虽然是客观事物的反映,但只是直观阶段的反映,人们所能认识的只是片面的、现象的、外部联系。而事物之全面的、本质的、内部联系,仍然是隐藏着,不是感性所能发现的。为要认识事物之全面的、本质的、内部联系,就必须应用科学的方法,就丰富的感觉材料即感性经验做一番思索的功夫。这就是说,要就那些经验,辨别一番,分析一番,剔除那些不合于实际的东西,保存那些合于实际的东西;除去那些粗糙的东西,取出那些精华的东西,于是从那些完全而合乎实际的材料,分别研究,由一部分进到别一部分,比较对照,发现矛盾,提出问题。为要解决问题,更要做系统的周密的分析,从外部联系进到内部联系,暴露其基本的矛盾。指出矛盾的主导的方面,由此进行综合,实行概括,对于那一事物就能得到明晰的概念与论理的系统,即到达于论理的认识了。

论理的认识是把感性经验改造过了的认识,是关于客观事物的规律性的认识。这种规律性的认识的内容,比较感性阶段上所反映的混沌复杂的现象,好像是贫弱了,空虚了,但是只要它是在认识过程中,在实践基础上,用科学的方法改造过了,它便是可靠的认识,正如列宁所说,乃是更深刻、更正确、更完全地反映客观事物的东西。毛泽东同志研究半殖民地半封建的中国社会,得到一个结论:中国社会在其发展过程中,必须经过新民主主义的革命,才能到达共产主义。这种规律性的认识和感性阶段上所反映的中国社会的复杂现象比较起来,好像是非常空虚了,但它却更深刻、更正确、更完全地反映了中国社会,这是非常明白的。

人在实践过程中,积蓄了一定的经验之后,必须做个科学的总结,使经验上升为理论,然后才能促进实践的向前发展。如果长此停顿在经验的阶段,不去分析经验,总结经验,他做起工作来,只能敷衍了事,甚至坏事,更谈不到使事业发展了。

经验,尤其是革命的经验,原是至可宝贵的。马克思列宁主义、毛泽东思想,都是革命领袖们的无产阶级世界革命的经验的科学总结啊!但是革命的工作者,绝不能仅以经验为满足,不能把认识停滞在经验的阶段而故步自封。如果是这样,他就会变成庸俗的事务主义者、经验主义者。重视经验而看轻理论,对于一种客观事件如何发生?现状怎样?将来如何演变?是不能有通盘的理解的。因此他不能把握这一事件发展的规律,不能有计划、有步骤地完成任务或指导工作。所以犯有经验主义毛病的人,常常满足于局部工作的零细杂多的经验而沾沾自喜,不肯苦心思索,也不肯虚心学习,甚至以为学习马克思列宁主义就会变成教条主义者。他写文章,做报告,常是"甲乙丙丁,开中药铺"。他谈问题时,则常是不假思索,"不去思考事物的本质,而满足于甲乙丙丁的现象罗列"。① 至于担任某一工作时,他不受时间、地点与条件的限制,常把局部的经验套用于全部,把一时一地的经验,套用于异时异地,而不考虑当时当地具体的主观条件和客观条件。例如把游击战争环境中的农村工作方式套用于全国胜利后的城市工作上;把内战时期老解放区土地改革的工作方法,套用于今日的晚解放区。经验主义者像这样只凭经验,轻视理论,若担任工作,必出偏差,若指导革命,必招失败。经验主义者"否认理性认识所必然引出的逻辑的结果,就是限制感性认识,并使感性认识归于无用"②。

理性认识依赖于感性认识,感性认识有待于发展到理性认识,这就是辩证唯物论的认识论。哲学上的"唯理论"和"经验论"都不懂得认识的历史性或辩证性,虽然各有片面的真理(对于唯物的唯理论和经验论而言,非指唯心的唯理论和经验论),但在认识论的全体上则都是错误的。由感性到理性之辩证唯物论的认识运动,对于一个小的认识过程(例如对于一个事物或一件工

---

① 以上引号中的话均见《反对党八股》。
② 《人民日报》社论:《学习毛泽东同志的〈实践论〉》。

作的认识)是如此,对于一个大的认识过程(例如对于一个社会或一个革命的
认识)也是如此。

[说明]概括以上所说,理性认识依赖于感性认识,感性认识有待于发展
到理性认识,这就是辩证唯物论的认识论。哲学上的"唯理论"与"经验论",
有一个共通的缺点,就是它们都不懂得认识的历史性或辩证性。任何事物或
对象,都具有历史性,都有其发生、发展和转变的过程,因而反映那事物或对象
的认识,也有其发生、发展和转变的过程。在实践中,认识从反映外界事物的
感觉发生,随着实践的发展,认识也发展起来,以至于引起突变,由感性阶段跃
进到理性阶段。这种认识的历史性或辩证性,在"唯理论"和"经验论"都是不
能懂得的。

唯心论的"唯理论"与"经验论",如上文所述,都是唯物论的敌人,姑且不
去说它们。在这里,只以唯物论的"唯理论"与"经验论"为问题,因为唯物论
的"唯理论"与今日所说教条主义相像,唯物论的"经验论"与今日所说经验主
义相像。教条主义注重理论而看轻经验,经验主义注重经验而看轻理论;前者
从统一的认识过程剥夺去经验,后者则剥夺去理论。两者虽然各有片面的真
理,但在认识论的全体上则都是错误的。

所以教条主义与经验主义,是两种不完全的知识,"一种是现成书本上的
知识,一种是偏于感性和局部的知识,这两者都有片面性。只有使两者互相结
合,才会产生好的比较完全的知识"。"有书本知识的人向实际方面发展,然
后才可以不停止在书本上,才可以不犯教条主义的错误。有工作经验的人,要
向理论方面学习,要认真读书,然后才可以使经验带上条理性、综合性,上升成
为理论,然后才可以不把局部经验误认为即是普遍真理,才可不犯经验主义的
错误。"①

由感性到理性的辩证唯物论的认识运动,对于一个小的认识过程,例如对
于一个事物或一件工作的认识过程,对于一个大的认识过程,例如对于一个社
会或一个革命的认识过程,都必须由感性认识发展到理性认识。

————————————

① 《整顿党的作风》。

现在就一个事物或一件工作的认识过程举例来说。我志愿军郭忠田英雄排,在朝鲜北部参加对美帝国主义匪军作战一星期以后,积累了一些经验。当他们奉令到龙源里截击向北增援与向南溃退的美帝国主义匪军时,他们从经验上知道了美帝国主义匪军的伎俩(最初是用飞机轰炸,其次用大炮轰击,最后是步兵冲锋),知道了自己部队的战斗能力,于是选择有利地形,修筑工事。匪军到来以后,一经接触,果然旧技重演,我郭忠田英雄排,等匪军冲上山腰时,就给以歼灭性的猛击。如此连续三次,终于把敌人打败,全排无一人伤亡。于是郭忠田英雄排,总结了作战的经验,得到了这样的结论:"以前光听说美国兵是纸老虎,但是心里没有底,现在总算把纸老虎打破了。美国兵飞机多,大炮多,坦克多,汽车多,跑得快,这些算是他们的特点。但是他们缺乏牺牲精神,一个比一个怕死;他们怕近战,怕夜战,怕包围,怕迂回,怕机关枪,怕手榴弹;他们既不能攻,又不能守,是一群怕死鬼。"①

至于大的认识过程,则毛泽东同志在其《中国革命和中国共产党》及其他许多著作中,对于中国社会的研究,对于中国革命的研究,十足地体现了由感性到理性之辩证唯物论的认识运动,给了我们极其辉煌的范例,我们必须认真地去学习,去体会,这里不再撮要复述了。

然而认识运动至此还没有完结。辩证唯物论的认识运动,如果只到理性认识为止,那么还只说到问题的一半。而且对于马克思主义的哲学说来,还只说到非十分重要的那一半。马克思主义的哲学认为十分重要的问题,不在于懂得了客观世界的规律性,因而能够解释世界,而在于拿了这种对于客观规律性的认识去能动地改造世界。在马克思主义看来,理论是重要的,它的重要性充分地表现在列宁说过的一句话:"没有革命的理论,就不会有革命的运动。"②然而马克思主义看重理论,正是,也仅仅是,因为它能够指导行动。如果有了正确的理论,只是把它空谈一阵,束之高阁,并不实行,那么,这种理论再好也是没有意义的。认识从实践始,经过实践得到了理论的认识,还需再回

---

① 见志愿军归国代表柴川若广播词:《郭忠田英雄排》,收集在人民出版社出版的《光荣属于伟大的祖国和人民》一书中。

② 列宁:《做什么?》第一章第四节。

到实践去。认识的能动作用,不但表现于从感性的认识到理性的认识之能动的飞跃,更重要的还须表现于从理性的认识到革命的实践这一个飞跃。抓着了世界的规律性的认识,必须把它再回到改造世界的实践中去,再用到生产的实践、革命的阶级斗争和民族斗争的实践以及科学实验的实践中去。这就是检验理论和发展理论的过程,是整个认识过程的继续。理论的东西之是否符合于客观真理性这个问题,在前面说的由感性到理性之认识运动中是没有完全解决的,也不能完全解决的。要完全地解决这个问题,只有把理性的认识再回到社会实践中去;应用理论于实践,看它是否能够达到预想的目的。许多自然科学理论之所以被称为真理,不但在于自然科学家们创立这些学说的时候,而且在于为尔后的科学实践所证实的时候。马克思列宁主义之所以被称为真理,也不但在于马克思、恩格斯、列宁、斯大林等人科学地构成这些学说的时候,而且在于为尔后革命的阶级斗争和民族斗争的实践所证实的时候。辩证唯物论之所以为普遍真理,在于经过无论什么人的实践都不能逃出它的范围。人类认识的历史告诉我们,许多理论的真理性是不完全的,经过实践的检验而纠正了它们的不完全性。许多理论是错误的,经过实践的检验而纠正其错误。所谓实践是真理的标准,所谓"生活、实践底观点,应该是认识论底首先的和基本的观点"①,理由就在这个地方。斯大林说得好:"理论若不和革命实践联系起来,就会变成无对象的理论,同样,实践若不以革命理论为指南,就会变成盲目的实践。"②

[说明]由感性认识到理性认识的过程,在上面虽然说明过了,但认识的运动,到这里还没有完结。前文中我们曾经引用列宁的指示:"认识客观实在的辩证的途径",是由感觉到思维,由思维到实践。依照这一指示,可以知道,认识的总过程,包括由感觉到思维的过程和由思维到实践的过程。上面所展开的由感性到理性的认识过程,只说到问题的一半,并且对于马克思主义的哲学说来,还只说到非十分重要的那一半。至于十分重要的那一半,则是由思维

① 列宁:《唯物论与经验批判论》,参看该书第二章第六节。
② 斯大林:《论列宁主义基础》,参看该书第三个部分。

到实践的过程。因为认识是从实践发生的,人在实践中,遇到了困难,发生了问题,就要认识那困难,解决那问题,于是就形成了理论(即论理的认识)。然后依据所得的理论,组织实践,指导实践,实践就可以继续发展下去。如果得到了理论而不去组织实践,指导实践,则实践势必停顿了。所以马克思说:"哲学家们只是用不同的方式**解释**世界,而问题在于**改变**世界。"这便是说,马克思主义哲学认为十分重要的问题,不在于懂得了客观世界的规律性,因而能够解释世界,而在于拿了这种对于客观规律性的认识去能动地改造世界。由理论到实践的过程,是一个统一的过程。理论与实践,具有有机的不可分离的联系,实践是理论的基础,理论是实践的因素,由实践证明为真理的理论,能够组织实践,指导实践。所以在马克思主义看来,理论是重要的。列宁说:"没有革命的理论,就不会有革命的运动。"理论对于革命的重要性,由这一句话充分地表现了出来。斯大林发展了这一句话的真理,他说:"理论如果是在和革命实践密切联系中形成的,那么它就能成为工人运动的极伟大的力量;因为理论,而且只有理论,才能使运动具有信心,使它有确定方针的能力,使它能了解周围事变的内部联系;因为理论,而且只有理论,才能使实践不仅了解各阶级在目前如何行进和向哪里行进,而且了解这些阶级在最近的将来会如何行进和向哪里行进。"①灾难深重的中华民族,一百多年来,无数先烈为了民族的解放而流血而奋斗,其英勇事迹是可歌可泣的,但他们不能摸索出救国救民的革命理论。直到十月革命一声炮响,给我们送来了马克思列宁主义以后,毛泽东同志才在领导人民革命的斗争中,应用马克思列宁主义的普遍真理,综合一百多年来中国革命的经验,结合中国革命的具体实践,形成了中国革命的理论——毛泽东思想。毛泽东思想已经指导我国人民得到了胜利和解放,并将使我国民族经由社会主义而到达于共产主义。毛泽东思想——中国革命理论的重要性,已经充分地表现出来了。

毛泽东同志本人非常重视革命的理论。毛泽东思想——中国革命理论的创造,是一件极其伟大而又非常艰巨的劳作。毛主席对于无产阶级的事业、人民的事业,具有百折不挠、移山填海的无限忠心。他对于历史、社会有非常丰

---

① 《论列宁主义基础》。

富的知识;对于领导革命有极其丰富的经验。他善于运用马克思列宁主义的方法,对中国社会和中国革命做精确的科学(的)分析;他善于集中群众的经验、意志和思想,又应用到群众中去。因此,他能依据历史进程中每个特殊时期和中国具体的经济、政治环境及条件,对于马克思列宁主义做独立的、光辉的补充和发挥,并用中国人民通俗语言的形式表达出来,使之适合于新的历史环境和中国的特殊条件,成为中国无产阶级群众与全体劳动人民群众战斗的思想武器。中国民族,由于有了毛泽东思想,不但是能够战斗的民族,而且是一个有近代科学的革命理论的民族了。

毛泽东同志不单自己重视革命理论的创造,还经常劝告党员重视理论,学习理论。他说:"一般地说,一切有相当研究能力的共产党员,都要研究马克思、恩格斯、列宁、斯大林的理论,都要研究我们民族的历史,都要研究当前运动的情况和趋势;并经过他们去教育那些文化水准较低的党员。特殊地说,干部应当着重地研究这些,中央委员和高级干部尤其应当加紧研究。指导一个伟大的革命运动的政党,如果没有革命理论,没有历史知识,没有对于实际运动的深刻的了解,要取得胜利是不可能的。"①在今日革命建设的过程中,一切党与非党的干部,一切工作者,都要重视马克思列宁主义与毛泽东思想的学习,特别是要依据毛泽东思想的立场、观点与方法,"正确地解释历史中和革命中所发生的实际问题,能够在中国的经济、政治、军事、文化种种问题上给予科学的解释,给予理论的说明"②。

然而理论之所以重要,并不是因为它有什么神秘,或因为它好看,而是因为它能够指导行动。毛泽东思想之所以重要,是因为能够知道中国人民的革命取得胜利,使中国能够得到独立、民主、和平与统一,并将由社会主义的阶段而走向共产主义的美好的将来。所以重视理论,学习理论,必须采取"有的放矢"的态度。仿照毛泽东同志的话来说,"的"就是中国革命与建设,"矢"就是马克思列宁主义与毛泽东思想。我们所以寻找这根"矢",就是要射中中国革命与建设之"的"。如果真能运用毛泽东思想的立场、观点与方法去解决实际

① 《中国共产党在民族战争中的地位》。
② 《整顿党的作风》。

问题,得到了正确的理论之后,而只是把它空谈一阵,束之高阁,并不实行,那么,这种理论再好也是没有意义的,正像一个人得到了真箭(不是芦苇),却"把箭拿在手里搓来搓去,连声赞曰:'好箭!好箭!',却老是不愿意放出去。这样的人就是古董鉴赏家,几乎和革命不发生关系"①。革命的理论而不应用到革命的实践中,那种理论就没有什么意义。理论是解答实践中所提起的问题的,解答了问题的理论,必须应用到实践中去,才能使实践继续发展。所以认识从实践始,经过实践得到了理论的认识,必须把它运用到实践中去。

认识有两种作用:一是受动作用,一是能动作用。两者都是物质生产过程中的受动作用与能动作用之反映。人在生产过程中,经常地受到外界物质的事物之刺激,这是受动作用;同时又经常地改造、处理外界事物,使它合乎我们利用的目的,这是能动作用。物质生产上这两种作用在观念的形式上反映出来,就成为认识中的受动作用与能动作用。认识中的这两种作用,形成辩证的统一,但认识的能动作用,比较受动作用占居主导的地位(正如物质生产上的改造物质的能动作用,对接受物质刺激的受动作用占居主导地位一样)。认识的能动作用,表现为思维的创造能力,能够改造感性认识的材料,引起认识过程的突变,即感性认识飞跃到理性认识。认识的能动作用,不但表现于从感性认识到理性认识之能动的飞跃,更重要的还需表现于从理性认识到革命实践的飞跃,即从理论到实践的飞跃。在中国革命历史的过程中,毛泽东思想一经形成,即"马克思列宁主义的普遍真理一经和中国革命的具体实践相结合,就使中国革命的面目为之一新"。② 这就是从理论飞跃到实践的良好例证。马克思所说"理论一经掌握群众,也会变成物质力量",这就是意味着理论到实践的飞跃。我们可以这样说,一切能在实践中正确地解决问题的理论,都可使实践提高一步,这就是飞跃的变化。

理论所以能够飞跃到实践,是因为理论能够指导实践,组织实践。但这样的理论必须经由实践以证明其为正确的理论,不正确的理论,不但不能指导实践,组织实践,反而会引起实践的失败,即经不起实践的检验。所以抓住了世

---

① 《整顿党的作风》。
② 《改造我们的学习》。

界的规律性的认识,必须把它再回到改造世界的实践中去,检验一番。譬如关于生产的规律性的认识,必须用到生产的实践去检验;关于阶级斗争与民族斗争的规律性的认识,必须用到阶级斗争与民族斗争的实践去检验;关于自然物的规律性的认识,必须用到科学实验的实践去检验。通过实践去检验理论,然后才能发展理论,这是认识过程的继续,即是从理论到实践的过程。理论的东西是否符合于客观真理性? 这一问题,在由感性到理性的认识运动中,因为没有经过实践的检验,是没有完全解决的,也不能完全解决的。要完全解决这个问题,只有把理论用到实践中去,看它是否能够达到预想的目的,如果能够达到预想的目的,这理论便合乎客观的真理性,否则便是错误。

任何一种理论,必须通过实践才能证明它的真理性。许多自然科学的理论,之所以被称为真理,不仅是在自然科学家创立那些理论时有充分的无可辩驳的实际根据,而且在经过许多次科学实验和科学实践之后得到了证实。如哥白尼"太阳系"学说,经过多年之后,由天文学的实验证明了它的真理性;物理学家关于原子能放射的学说,多年前已经发明,近年更证明了它的真理性。马克思和恩格斯所创造的马克思主义,列宁在帝国主义和无产阶级世界革命时代发展而为"列宁主义",也是由于后来各国的阶级斗争与民族革命的实践,证明了它们的真理性。又如辩证唯物论这一哲学所以被称为普遍真理,是任何人的实践从正的方面或反的方面所能证明的。无论是谁,只要站在无产阶级立场,正确地应用辩证唯物论的方法,解决实际问题,就能使实践顺利前进。

认识的历史对我们表明了:有许多理论的真理性是不完全的,经过了实践的检验而纠正了它们的不完全性。例如空想的社会主义,虽含有真理的成分,但经过无产阶级阶级斗争的实践,暴露了它的片面性,而为马克思主义所扬弃了。又有许多理论是错误的,经过实践的检验而纠正其错误。例如,共产党阵营中曾经有过的教条主义和经验主义,"左"和右的机会主义,经过无产阶级革命斗争的检验,纠正了它们的错误。由此可知,任何理论、必须通过实践,才能完全证明其真理性,才能纠正其不符合于或不完全符合于变化、发展着的客观世界的缺点或错误。前面所说实践是检验真理的标准,其理由就在这个地方,所以列宁指示我们说:"生活、实践的观点,应该是认识论的首先的和基本的观点。"

理论与实践,有不可分离的联系。理论与实践的联系,是无产阶级的党性的最高表现,马克思列宁主义与毛泽东思想,是革命理论与革命实践之唯物辩证的统一。在马克思列宁主义与毛泽东思想的旗帜下,如果有人分裂理论与实践,那便是党性不纯的表现。斯大林说得对:"离开革命实践的理论是空洞的理论,而不以革命理论为指南的实践是盲目的实践。"这两句话的意思,最好借用斯大林自己在别的地方所说的话来说明。他说:"什么是没有工人运动的科学社会主义呢?——这好像是放在船上不用的罗盘,只会生锈,结果只好把它扔到海里去。什么是没有社会主义的工人运动呢?——这好像一只没有罗盘的大船,虽然也能驶到彼岸,但是有了罗盘,到达彼岸就会快得多,危险也会少一些。把这两件东西(即社会主义的理论与工人运动的实践——引用者)结合起来就会有一只很好的大船,它会一直驶向彼岸,安然靠近码头。"①

说到这里,认识运动就算完成了吗?我们的答复是完成了,又没有完成。社会的人们投身于变革在某一发展阶段内的某一客观过程的实践中(不论是关于变革某一自然过程的实践,或变革某一社会过程的实践),由于客观过程的反映和主观能动性的作用,使得人们的认识由感性的推移到了理性的,造成了大体上相应于该客观过程的法则性的思想、理论、计划或方案,然后再应用这种思想、理论、计划或方案于该同一客观过程的实践,如果能够实现预想的目的,即将预定的思想、理论、计划、方案在该同一过程的实践中变为事实,或者大体上变为事实,那么,对于这一具体过程的认识运动算是完成了。例如,在变革自然的过程中,某一工程计划的实现,某一科学假想的证实,某一器物的制成,某一农产的收获,在变革社会过程中某一罢工的胜利,某一战争的胜利,某一教育计划的实现,都算实现了预想的目的。然而一般地说来,不论在变革自然或变革社会的实践中,人们原定的思想、理论、计划、方案,毫无改变地实现出来的事,是很少的。这是因为从事变革现实的人们,常常受着许多的限制,不但常常受着科学条件和技术条件的限制,而且也受着客观过程的发展及其表现程度的限制(客观过程的方面及本质尚未充分暴露)。在这种情形

① 斯大林:《略论党内的意见分歧》。

46

之下,由于实践中发现前所未料的情况,因而部分地改变思想、理论、计划、方案的事是常有的,全部地改变的事也是有的。即是说,原定的思想、理论、计划、方案、部分地或全部地不合于实际,部分错了或全部错了的事,都是有的。许多时候需反复失败过多次,才能纠正错误的认识,才能到达于和客观过程的规律性相符合,因而才能够变主观的东西为客观的东西,即在实践中得到预想的结果。但是不管怎样,到了这种时候,人们对于在某一发展阶段内的某一客观过程的认识运动,算是完成了。

[说明]由感性认识到理性认识,由理性认识到实践的过程,在前面已经说明了。但是说到这里,认识运动就算完成了么?我们的答复是完成了,又没有完成。

为什么说是完成了呢?这是就变革某一对象的发展阶段内的某一过程得到成功的情形说的。譬如就变革某一自然过程来说,我们要兴办一个工程,要解决一个科学问题,要制造一种器物,要增进农业生产;或者就变革某一社会过程来说,人们要发动一次斗争,要指导一次战役,要改造一种教育。在从事这一类实践时,某一对象的具体过程,就反映于人们意识之中,形成感性的经验,人们的主观的能动性就发挥作用,把那些感性的经验实行论理的加工,能够发现那一对象的具体过程的法则,适应于这一具体的法则,就能够概括那些关于这一对象的意识内容,形成思想,得出有系统的知识(即理论),根据理论,拟订计划或方案,然后应用这种思想、理论、计划或方案,来改造同一对象的同一具体过程。如果这预定的思想、理论、计划或方案,在改造那一具体过程中成为事实,或者大体上成为事实,这就算是实现了预想的目的,对于这一具体过程的认识运动,算是完成了。即是说,某一工程计划的实现,某一科学假想的证实,某一器物的制成,某一农业生产计划的完成;某一斗争的胜利,某一战役的胜利,某一教育计划的实现,都算是实现了预想的目的。但是在实践的过程中,人们原定的思想、理论、计划或方案,常常受着许多的限制,毫无改变地实现出来的事,是很少的。例如在战争中,指挥员的正确的部署来源于正确的决心,正确的决心来源于正确的判断,正确的判断来源于周到的和必要的侦察,和对于各种侦察材料连贯起来的思索。指挥员经过这番思索,加上自己的情况,就研究出军事行动的计划。但在战斗进行之中,"如果计划和情况不符合,或者不完全符合,就必须依照新的认识,构成新的判断,定下新的决心,把已定计划加以改变,使之适合于新的情况。部分地改变的事差不多每一作战都是有的,全部地改变的事也是间或有的。"①所以,在由理论到实践的过程中,依据所得的理论,拟订实践的计划去实践的时候,遇到失败,并不是奇怪的事。人们往往基于失败的教训,去检验所得的理论,改正原来的错误,然后再去实践。有的时候,要经过多次的失败,才能纠正错误的认识,使认识与客观过程的规律性相符合,因而才能变主观的东西为客观的东西,即是说,主观上预想的结果,变为客观的事实。这便是理论与实践的统一。但不管怎样,到了在实践中得到预想的结果时,人们对于某一发展阶段内的某一客观过程的认识运动,算是完成了。

然而对于过程的推移而言,人们的认识运动是没有完成的。任何过程,不论是属于自然界的和属于社会的,由于内部的矛盾和斗争,都是向前推移向前发展的,人们的认识运动也应跟着推移和发展。依社会运动来说,真正的革命的指导者,不但在于当自己的思想、理论、计划、方案有错误时须得善于改正,如同上面已经说到的,而且在于当某一客观过程已经从某一发展阶段向另一发展阶段推移转变的时候,需得善于使自己和参加革命的一切人员在主观认识上也跟着推移转变,即是要使新的革命任务和新的工作方案的提出,适合于新的情况的变化。革命时期情况的变化是很急速的,如果革命党人的认识不能随之而急速变化,就不能引导革命走向胜利。

[说明]根据对于某一过程的认识去改造某一过程,如果实现了预想的目的,人们对于这一过程的认识运动算是完成了。但是当着一个过程在其发展中,推移于另一过程时,人们的认识运动是没有完成的。认识是对于自然过程或社会过程的反映,这反映本身也是一个过程,并且是一个辩证法的过程。任何自然过程或社会过程,都有其内在的矛盾,因矛盾而引起斗争,由于斗争的

---

① 《中国革命战争的战略问题》。

发展,那自然过程或社会过程就从一种形态转变为他种形态,即从一个阶段转变到另一阶段,开始了新的过程。这新的过程又孕育着新的矛盾,开始其新的发展。自然过程和社会过程既然向前推移和发展了,人们对于过程的反映,必然也跟着推移与发展。所以,真正的革命指导者,在指导革命的过程中,当自己的思想、理论、计划或方案,如果发现了有与客观形势不相符合时,固然要随时善于改正,并且在某一客观过程已经从某一发展阶段向另一发展阶段推移转变的时候,须得善于使自己及参加革命的一切人员在主观认识上也跟着推移转变,即是要使新的革命任务与新的工作方案的提出,适合于新的情况的变化。毛泽东同志在指导中国武装革命过程中,最善于适应过程的推移与转变,制订出正确的革命战略。他在 1938 年发表的《战争和战略问题》中,在 1939年发表的《〈共产党人〉发刊词》中,综合了中国共产党 18 年间武装斗争的经验,得出武装斗争是中国革命的特点与优点的正确结论。他指出:对于中国共产党,在帝国主义没有武装进攻之时,或者是联合资产阶级,进行反对军阀(帝国主义走狗)的国内战争,例如 1924—1927 年的广东战争与北伐战争。或者是联合农民与小资产阶级,进行反对地主资产阶级(同样是帝国主义走狗)的国内战争,例如第二次国内革命战争。在帝国主义举行武装进攻时,则是联合国内一切抗敌阶层;同时也即是联合资产阶级,进行对外的民族战争,例如抗日战争。北伐战争是第一阶段,第二次国内革命战争是第二阶段,抗日战争是第三阶段。这三阶段的战争"都是革命战争,战争所反对的对象都是反革命,参加战争的主要成分都是革命的人民。不同的只在或者是国内战争,或者是民族战争,或者是共产党单独进行的战争,或者是国共两党联合进行的战争,当然,这些区别是重要的。这些表示了战争主体有广狭的区别(工农联合或工农资产阶级联合),战争对象有内外的区别(反对国内敌人,或反对国外敌人;国内敌人又分北洋军阀或国民党),表示了中国革命战争在其历史进程的各个时期有不相同的内容。"基于各个时期不同的内容,军事战略也随着转变了。在第二次国内革命战争的前期,主要的是游击战争,在后期主要的是"中国型的正规战争",即提高了的游击战争。在抗日战争的前期,主要的是游击战争,是用正规性的八路军去分散执行的游击战争,在后期主要的是正规战争,是世界型的正规战争。至于 1946 年以后的三年多的解放战争,已进到革命形势的新阶段,革命的对象是帝国主义、封建主义加上官僚资本主义,革命的主体是工人阶级、农民阶级、小资产阶级与民族资产阶级。基于革命的新形势,毛泽东同志决定了十大军事原则①,作为打败蒋介石匪帮的方法,结果果然把蒋介石匪帮打败,中国人民取得了完全的胜利。以上的说明,是随着武装革命战争的过程的推移与转变而改变革命战略的很好的例证。

革命时期情况的变化非常急速,革命党人的认识必须追随于变化了的新形势而急速变化,才能引导革命走向胜利。毛泽东同志对于新鲜事物有敏锐的感觉,每逢革命形势发生变化时,总是依照新的形势,规定新的任务,指示全党去实行。如1947年12月所报告的《目前形势和我们的任务》,就是辉煌的范例。特别是1948年下半年以后,蒋介石匪帮势力在基本上已被击溃,革命势力进入了工商业的大城市,一切事物对于在老解放区工作的许多同志们,都是新鲜的东西。毛泽东同志指示我们要"克服困难,我们必须学会自己不懂的东西,我们必须向一切内行的人们(不管什么人)学经济工作。拜他们做老师,恭恭敬敬地学,老老实实地学。不懂就是不懂,不要装懂。不要摆官僚架子。钻进去,几个月,一年两年,三年五年,总可以学会的"②。这便是说,革命形势起了新的大变化,革命工作者从前在老解放区所"熟习的东西有些快要闲起来了,我们不熟悉的东西正在强迫我们去做",所以必须学习做新的经济建设的工作,使新的工作方案的提出,适合于新的情况的变化,才能从胜利走向胜利。

然而思想落后于实际的事是常有的,这是因为人的认识受了许多社会条件的限制的缘故。我们反对革命队伍中的顽固派,他们的思想不能随变化了的客观情况而前进,在历史上表现为右倾机会主义。这些人看不出矛盾的斗争已将客观过程推向前进了,而他们的认识仍然停止在旧阶段。一切顽固党的思想都有这样的特征。他们的思想离开了社会的实践,他们不能站在社会车轮的前头充任向导的工作,他们只知跟在车子后面怨恨车子走得太快了,企

---

① 《目前形势和我们的任务》。
② 《论人民民主专政》。

图把它向后拉,开倒车。

[说明]说到思想与实际的关系,可能有三种情形。第一种情形,是思想能正确地指导实际。马、恩、列、斯和毛主席这些革命导师,能够总结人民革命的经验,通观革命过程的全体,指出过程的推移与转变的法则,对革命的发展提出科学的预见,指导革命的阶级不仅能了解在目前如何行进和向哪里行进,而且能了解在将来会如何行进和向哪里行进。第二种情形,是思想能与实际相配合,这虽不能像革命导师们那样有远大的科学的预见,但还能正确地针对革命的新形势,提出新的办法来,不致与实际脱节。第三种情形,是思想落后于实际,因为人们的认识,受了许多社会条件的限制,思想落后于实际的事是常有的。最显著的是古今中外的一切顽固党,他们为着保持自己阶级的利益,想把社会拉到过去的时代去,想拉着历史开倒车。毛泽东同志在《新民主主义的宪政》中所说的顽固分子,就是这类人。"什么叫顽固?固者硬也,顽者,今天、明天、后天都不进步之谓也。这样的人,就叫作顽固分子。但是从来的顽固派,所得的结果,总是和他们的愿望相反。他们总是以损人开始,以害己告终。"在我们革命队伍中也有顽固分子。其思想落后于实际,有很多的原因,或者是非无产阶级思想在作祟,或者是没有受过革命的锻炼,或者受了局部工作的限制,以致思想追不上实际。革命队伍中顽固派的思想,不能随变化了的客观情况而前进,在历史上便表现为右倾机会主义。他们看不出矛盾的斗争已将客观过程推向前进了,而他们的认识仍然停止在旧阶段。例如在1924年至1927年革命时,组织起来的农民已有数千万,土地革命的要求已被提了出来,民众武装的需要已是非常迫切,但右倾机会主义者陈独秀,却认为共产党只应帮助资产阶级实行民主革命,公然做了资产阶级的尾巴,不主张实行土地革命,不去认真准备武装斗争,而只是"片面地着重于民众运动,其结果,国民党一旦反动,一切民众运动都塌台了"。① 这是右倾机会主义引导革命走向失败的实例。右倾机会主义者们的思想,总是落后于实际的。他们不但不能站在社会车轮的前头充任向导工作,也不能跟着社会车轮前进,而只怨

---

① 《战争和战略问题》。

恨车子走得太快,想把车子向后拉。革命队伍中的顽固派,虽然和反革命队伍中的顽固派不同,但在思想落后于实际这一点却是相同的。

我们也反对"左"翼空谈主义。他们的思想超过客观过程的一定发展阶段,有些把幻想看作真理,有些则把仅在将来有现实可能性的理想,勉强地放在现时来做,离开了当前大多数人的实践,离开了当前的现实性,在行动上表现为冒险主义。

[说明]思想落后于实际,固然要陷入右倾机会主义,但思想若远远超过于实际,超过于客观过程的一定发展阶段,就会陷入于"左"翼空谈主义。"左"翼空谈主义者,不从中国历史的实际和革命的实际出发,而从主观的愿望或抽象的原则出发。有的人把幻想看作真理,例如,虽有第一次国内革命战争失败及其以后种种事变的教训,在中国共产党的第六次大会以后,党的领导机关仍然设在反革命中心的上海,党的领导仍然没有以红军战争为中心,仍然没有以毛泽东同志为中心。抱着小资产阶级急躁情绪,不了解红军战争的意义和规律、幻想着在反革命白色恐怖下举行城市起义的"左"倾机会主义分子,继续占据着党中央的领导地位。在1930年6月至9月间,党中央以李立三为首,曾经要求组织全国中心城市的总起义和全国红军向中心城市的总进攻。这种从幻想出发的错误计划,在实行时就成为冒险主义,给党的事业造成了严重损失(但在红军中,因毛泽东同志坚持正确的方针而未发生大的影响)。

教条主义者是从抽象的原则出发而不从实际出发的。例如,中国共产党中央在纠正了李立三的错误后,出现了以王明和博古为首的、以教条主义为特征的一个新的"左"倾派别,他们"完全否认由日本侵略所引起的国内政治的重大变化,而认为国民党各派和各中间派别都是一样的反革命,要求党向他们一律进行'决死斗争'。这个'左'倾派别在红军战争的问题上反对毛泽东同志关于游击战运动战的思想,继续要求红军夺取中心城市"①。这一新的

---

① 胡乔木:《中国共产党的三十年》第二版,第34—35页。

"左"倾派别的错误,一直继续到1935年1月的遵义会议时,才在毛泽东同志领导下得到了纠正。

唯心论和机械唯物论,机会主义和冒险主义,都是以主观和客观相分裂,以认识和实践相脱离为特征的。以科学的社会实践为特征的马克思列宁主义的认识论,不能不坚决反对这些错误思想。马克思主义者承认,在绝对的总的宇宙发展过程中,各个具体过程的发展都是相对的,因而在绝对真理的长河中,人们对于在各个一定发展阶段上的具体过程的认识只具有相对的真理性。无数相对的真理之总和,就是绝对的真理①。客观过程的发展是充满着矛盾和斗争的发展。人的认识运动的发展也是充满着矛盾和斗争的发展。一切客观世界的辩证法的运动,都或先或后地能够反映到人的认识中来。社会实践中的发生、发展和消灭的过程是无穷的,人的认识的发生、发展和消灭的过程也是无穷的。根据于一定的思想、理论、计划、方案以从事于变革客观现实的实践,一次又一次地向前,人们对于客观现实的认识也就一次又一次地深化。客观现实世界的变化运动永远没有完结,人们在实践中对于真理的认识也就永远没有完结。马克思列宁主义并没有结束真理,而是在实践中不断地开辟认识真理的道路。我们的结论是主观和客观、理论和实践、知和行的具体的历史的统一,反对一切离开具体历史的"左"的或右的错误思想。

[说明]现在进而说到绝对真理与相对真理的关系的问题。

如前所述,辩证唯物论的认识论,主张认识要从反映客观的感觉出发,由感性认识进到论理认识,再由论理认识进到社会实践——这是认识真理之唯物的辩证的路程。论理的认识,如果反映了客观过程的规律性,就能得到实践的证明,指导实践,组织实践,实现预想的目的。这样的认识,便是客观的真理。所谓客观真理,是指人的认识之客观的内容说的。这客观的内容,就是离开人的意识独立的客观世界的内容。用一句话说,客观的真理,就是人的认识正确地反映了客观世界。

---

① 参看列宁:《唯物论与经验批判论》第二章第五节。

但是,人的知识虽然表现客观真理,而这种表现客观真理的知识,"能否立即地、完全地、无条件地、绝对地表现它,或者只能近似地、相对地表现它?"这一问题,"就是关于绝对真理和相对真理的相互关系问题",①辩证唯物论认定绝对的总的宇宙发展过程,是可以完全认识的,即是说,客观的绝对真理是存在的。但绝对的总的宇宙发展过程,是非常广大、非常复杂的过程,在这绝对的总体的过程中,各个具体过程的发展都是相对的。各个发展阶段上的具体过程,都是绝对的总体的过程中的一部分。若把人类对于绝对的总体的宇宙发展过程的认识,叫作绝对真理,那么,人们对于各个具体过程的认识,只能叫作相对真理。绝对的总体的过程是各个具体过程的总和,绝对真理就是无数相对真理的总和。绝对真理犹如长河,相对真理犹如支流,无数相对真理的支流,汇成为绝对真理的长河。所以相对真理与绝对真理的关系,是一个辩证法的关系,两者之间并没有不可逾越的界限。人类对于客观世界的认识,是从相对真理逐步走向绝对真理去的过程,社会实践的历史、科学与技术发展的历史,都给予了充分的证明。例如自然科学上关于物质构成的认识,最初是分子说,以后由分子说发展到原子说,由原子说又发展到电子说,最近更发展到原子核论。所以"物质"这概念,表现着人类对于客观的物质世界的认识的发展阶段。"物质"这概念发展的历史,概括了关于客观的物质世界的认识的科学史,至于"分子"、"原子"、"电子"、"原子核"等概念,又是表现着"物质"这概念的发展的各个阶段,反映着客观的物质世界各方面的新属性。分子说、原子说、电子说、原子核论(将来还会有新的发现)等,虽然都是相对的认识,但每一个新的学说都比较前一学说进到了高一级的程度,它们表现着一步又一步地接近于物质世界的完全的认识,即逐步接近于客观的绝对真理。所以列宁说:"人类思维按其本性是能够给我们提供并且正在提供由相对真理的总和所构成的绝对真理的。科学发展的每一阶段,都在给这个绝对真理的总和增添新的一粟。"②上述分子、原子、电子、原子核等学说,都是逐步添加于绝对真理那个总和上的各个真理的颗粒。这即是说,它们是顺次汇入绝对真理的长

① 列宁:《唯物论与经验批判论》。
② 《唯物论与经验批判论》。

河中的各个支流。

关于客观真理、相对真理与绝对真理之辩证法的理解,具有重大的科学的和实践的意义。它在对唯心论与机械唯物论的斗争中,在对机会主义与冒险主义的斗争中,是一个强有力的武器。一切流派的唯心论,都否认物质世界离人类意识而独立存在,即否认客观真理,而主张主观真理。其中客观唯心论者黑格尔虽也承认客观真理,但他所说的客观真理乃是由"绝对精神"发生的,结局仍是主观真理。其次,机械唯物论者虽然主张物质世界离开人的意识而存在,却主张物质世界都是机械的构成,其运动都是机械的运动。他们主张人也是一架机器,不过是具有思想的机器;人是禀赋着等于白纸一样的意识而诞生的,这张白纸像照相机里的胶片一样,外物作用于感官而发生感觉,完全是受动的。他们不知道人的意识是在生产与阶级斗争中得来的,也不知道人的意识还具有能动性;他们把机械运动的法则当作全部自然界的法则,所以他们所说的客观真理是与物质世界的内容不符的,结局仍然是主观真理。机械唯物论仍然和唯心论一样,以主观与客观相分裂、认识与实践相脱离为特征的。

对于相对真理与绝对真理的关系的问题,一些流派的唯心论与机械唯物论,各有片面的主张。机械唯物论的代表们是承认绝对真理的。他们主张物质世界和人类意识都是不变的,不变的人类意识能够一次地完全地认识不变的物质世界(即到达于绝对真理)。他们不懂得物质世界发展的历史和人类知识发展的历史,因而把真理看成没有发展的东西。他们认为真理只有绝对性,而不知绝对真理是在人类对于客观世界的认识过程中开辟出来的,绝对的总体的发展过程中每一具体过程的认识,虽然表现着绝对真理的一部分,却仍只具有相对的真理性。

另一个片面的见解,是不可知论与经验批判论。它们对于真理的看法,都主张相对论。相对论一方面主张真理的主观性,一方面只承认知识的相对性,而否认绝对真理。这种见解也是错误的。因为单只主张认识的相对性,还不能区别真理与错误。依据相对论的见解,一切科学的知识都只是相对的真理,因而也只是相对的错误;反之,一切非科学的知识(例如宗教),都只是相对的错误,因而也是相对的真理。照这样,在科学与宗教、真理与错误之间,就没有什么区别了。这种见解显然是诡辩,不过是替那些荒唐无稽之谈做辩护罢了。

认识之是否真理,不是依主观上觉得如何而定,而是依客观上社会实践的结果如何而定。相对论者(例如波格达诺夫)主张真理是人类经验的组织形态,显然否定了真理之客观标准,变成了不可知论者和主观主义者。辩证唯物论虽也承认认识之相对的真理性,却不还原于相对论。"这就是说,它不是在否定客观真理的意义上,而是在我们的知识向客观真理接近的界限受历史条件制约的意义上,承认我们一切知识的相对性。"①但是人的认识之接近于客观的绝对真理的界限虽为历史所决定,而客观的绝对真理之存在却是无条件的,人的认识之接近于绝对真理也是无条件的。科学上的每一发现,都表现着向绝对真理前进了一步,则是无条件的。所以辩证唯物论,在相对的东西中看出绝对的东西,而相对论却在相对的东西中,只承认相对而排除绝对,这就无异于把相对看成绝对,即把相对的认识看成绝对的认识,把科学变成了独断论或化石般的东西。相对论这种见解,显然是反动的。

以上两种极端的见解,都是错误的,都不能解决相对真理与绝对真理的相互关系的问题。只有辩证唯物论,才正确地解决了这个问题。它承认客观的真理,承认绝对真理是由相对真理构成的,随着认识的发展,人们就逐步接近于绝对真理。

绝对的总体的宇宙发展过程,由于人类世代绵延的实践,是可以逐步认识的。但我们现在所处的时代,只是绝对的总体的过程中的一个发展阶段,即处在无产阶级世界革命的时代。我们是在这个大时代中实践着,认识着。

真理的发展过程,在某一具体过程中的各个小阶段,也同样地显现着。例如中国共产党所领导的统一战线的过程,在第一次国内革命战争时期,工、农、小资产阶级与民族资产阶级组成反帝反封建的统一战线;在第二次国内革命战争时期,工人阶级与农民阶级和小资产阶级建立反蒋介石匪帮、反帝反封建的统一战线;在抗日战争时期,工农阶级又与其他的抗日阶层和党派建立抗日的统一战线;在第三次国内革命战争时期,工人阶级领导农民阶级、小资产阶级、民族资产阶级,成立了反帝反封建反官僚资本的最广大的统一战线。这四个时期的统一战线的构成,表现着革命真理的各个顺次发展的阶段,这是中国

---

① 《唯物论与经验批判论》。

人民革命的胜利所证明了的。并且，这统一战线的发展过程，对我们表明了：前一阶段的真理不能无条件地适合于后一阶段，因为各个阶段的革命的形势是各不相同的。

从相对真理顺次接近于绝对真理的过程，真理的发展过程，在机会主义者和冒险主义者也是完全不理解的。机会主义者，思想落后于实际，把前一阶段的真理无条件地移用于新的阶段；冒险主义者，思想超越于实际，把幻想当作真理。他们也和唯心论者或机械唯物论者一样，同是分裂主观与客观，分裂认识与实践。这些错误思想，是马克思列宁主义的认识论所要坚决反对的。

客观世界是充满着矛盾与斗争的发展过程，因而反映客观世界的认识，也是充满着矛盾与斗争的发展过程。一切客观世界的辩证法的运动，都或先或后地能够反映到人的认识中来。因为人的认识随着客观世界的发展而发展，随着社会实践的发展而发展。在社会实践的过程中，人的认识到达了一定发展阶段时，客观世界就把那用当时的知识所不能把握的新矛盾、新联系、新属性和新方面显现出来了。于是客观世界就与主观世界发生矛盾。这个矛盾促起认识的运动，使认识进到反映客观世界发展的新阶段，更深刻地、更完全地、更具体地把握客观世界的新矛盾、新联系、新属性和新方面，因而社会的实践更进一步地、积极地、能动地变革客观世界。在社会的实践中，发生、发展和消灭的过程是无穷的，因而人的认识的发生、发展与消灭的过程也是无穷的，根据一定的思想、理论、计划、方案以从事于变革现实的实践，一次又一次地向前，人们对于客观现实的认识也就一次又一次地深化。就中国人民寻找革命真理的过程来说，中国人民在近百年来的革命实践中，由太平天国的革命理论，到孙中山的革命理论，到毛泽东思想，表现着对于中国革命问题的认识一次又一次地深化的良好例证。毛泽东思想是关于中国历史与中国革命的全部有系统的科学理论，指导着中国人民得到胜利和解放，并将由社会主义时代进到共产主义时代去。

真理是一个发展的过程，人对于客观世界的认识，是由相对真理走向绝对真理的过程，客观现实世界的变化运动永远没有完结，人们在实践中对于真理的认识也就永远没有完结。马克思列宁主义并没有结束真理，而是在实践中不断地开辟真理的道路。世界一切的民族都将到达于共产主义——这是马克思列宁主义的客观真理。但是各个民族发展的水平各不相同,各自有其特殊的革命形势,所以各个民族的无产阶级如何领导人民革命以走向于共产主义,必须经历各种不同的具体过程。马克思列宁主义为世界无产阶级开辟了认识真理的道路,而无产阶级为要应用马克思列宁主义于具体的过程,就必须把马克思列宁主义的立场、观点与方法应用于自己的国家,认真研究自己国家的历史实际与革命实际,才能创造出具体的革命理论,指导革命的实践,取得革命的胜利。毛泽东思想是马克思列宁主义的普遍真理与中国革命具体的实践的结合,所以它是具体的真理,是主观与客观、理论与实践、知与行的具体的统一。

社会的发展到了今天的时代,正确地认识世界和改造世界的责任,已经历史地落在无产阶级及其政党的肩上。这种根据科学认识而定下来的改造世界的实践过程,在世界、在中国均已到达了一个历史的时节——自有历史以来未曾有过的重大时节,这就是整个儿地推翻世界和中国的黑暗面,把它们转变过来成为前所未有的光明世界。无产阶级和革命人民改造世界的斗争,包括实现下述的任务:改造客观世界,也改造自己的主观世界——改造自己的认识能力,改造主观世界同客观世界的关系。地球上已经有一部分实行了这种改造,这就是苏联。他们还正在促进这种改造过程。中国人民和世界人民也都正在或将要通过这样的改造过程。所谓被改造的客观世界,其中包括了一切反对改造的人们,他们的被改造,需要通过强迫的阶段,然后才能进入自觉的阶段。世界到了全人类都自觉地改造自己和改造世界的时候,那就是世界的共产主义时代。

[说明]社会的发展,早已进到了无产阶级世界革命的时代,正确地认识世界与改造世界的责任,是由无产阶级及其政党来担任的。资产阶级世界革命的时代早已过去了,垂死的资本主义——帝国主义,早已踏入它自己的世界的末日。特别是帝国主义国家的资产阶级,在自己的坟墓面前,为了妄图恢复一去不复返的黄金时代,变得像恶魔和野兽一样,到处吮吸人民的膏血,做垂死的挣扎,它们不能也不愿认识这个世界。因为这世界是将要埋葬他们,他们只是希望延缓或阻止无产阶级改造这个世界。但是无产阶级根据马克思列宁

主义来改造世界的实践过程,在世界,在中国,都已到达了一个历史的时节——有史以来未曾有过的重大时节,这就是整个儿地推翻世界的帝国主义,推翻中国人民的三大敌人——帝国主义、封建主义、官僚资本主义,建设社会主义的世界,从黑暗世界进到前所未有的光明世界。无产阶级及革命人民改造世界的斗争,包括实现下述的任务:改造客观世界,也改造自己的主观世界——改造自己的认识能力,改造主观世界同客观世界的关系。中国人民与世界人民一道,都正在或将要通过这样的改造过程。中国人民在中国共产党与毛主席的正确领导之下,取得了革命的胜利,打倒了蒋介石匪帮,于1949年10月1日建立了中华人民共和国,把半殖民地半封建的旧中国,改造为社会主义的新中国。同时,中国人民学习毛泽东思想,要用毛泽东思想来武装自己的头脑,加紧清除封建的、买办的、法西斯主义的思想的毒素,发展为人民服务的思想。思想的改造虽是长期的过程,但由于中国共产党的教育与启发,在很短的时间内,已有显著的进步。首先,工人们采取了主人翁的态度,很快地改变了旧社会中劳动的消极态度,发挥了劳动的积极性与创造性。最前进的分子已能总结多年来的劳动经验,使之上升为理论,用以改造劳动工具,提高劳动的效能,并制订出生产计划,实行爱国主义的生产竞赛,涌现了大批劳动模范和工作模范。其次,农民在土地改革翻身之后,大都能订出爱国增产的计划,涌现了大批的农业劳动模范和广泛地组织了起来。再次,小资产阶级、知识分子,也正在接受毛泽东思想,进行思想改造。全国人民都服膺于毛泽东思想,放弃旧的立场、观点和方法,学习用毛泽东思想的立场、观点与方法,去认识中国与世界,提高自己的认识能力。全国人民都已投入这个改造的过程中,并且有了显著的进步,这是可以断言的。所以说:"人民的国家是保护人民的。有了人民的国家,人民才可能,在全国范围内和全体规模上,用民主的方法,教育自己和改造自己,使自己脱离内外反动派的影响(这个影响现在还是很大的,并将在长时期内存在着,不能很快地消灭),改造自己从旧社会得来的坏习惯和坏思想,不使自己走入反动派指引的错误路上去,并继续前进,向着社会主义社会和共产主义社会前进。"①

———————————

① 《论人民民主专政》。

　　无产阶级改造世界,不单是摧毁资本主义世界的人剥削人、人压迫人的那些制度。改造世界为共产主义的世界,同时还要改造那些反对改造的人们、以剥削和压迫的制度为有利的人们,就我们中国来说,就是要改造那些已经缴械了的帝国主义走狗、地主阶级、官僚资产阶级,以及代表这些阶级的国民党反动派及其帮凶们。"对于反动阶级和反动派的人们,在他们的政权被推翻以后,只要他们不造反,不破坏,不捣乱,也给土地,给工作,让他们活下去,让他们在劳动中改造自己,成为新人。他们如果不愿意劳动,人民的国家就要强迫他们劳动。也对他们做宣传教育工作,并且做得很用心,很充分,像我们对俘虏军官们已经做过的那样。"①

　　世界改造与思想改造,是一个长期的过程。世界到了全人类都自觉地改造主观世界与客观世界的时候,那就是世界的共产主义时代了。

　　通过实践而发现真理,又通过实践而证实真理和发展真理。从感性认识而能动地发展到理性认识,又从理性认识而能动地指导革命实践,改造主观世界和客观世界。实践、认识、再实践、再认识,这种形式,循环往复以至无穷,而实践和认识之每一循环的内容,都比较地进到了高一级的程度。这就是辩证唯物论的全部认识论,这就是辩证唯物论的知行统一观。

　　[说明]总括起来说,在生产活动或阶级斗争的实践中,认识了自然或社会的具体过程的规律性,这便是发现了真理。这真理得到实践的证明,便能促进实践的发展,因而对于真理的认识也随着发展起来。真理的认识过程,首先是从感性认识到理性认识,其次是从理性认识到实践。我们认识客观的革命形势,必先搜集有关的一切资料,吸取各方面的经验,即尽量地占有材料,然后运用科学的思维方法,来推知客观形势发展的法则,就能得到革命的理论。这是从感性认识到理性认识之能动的飞跃。接着就用所得的革命理论,去指导革命的实践,这是从理性认识到革命的实践之能动的飞跃。革命胜利以后,把社会实行根本的改造,因而主观世界的人的思想也一同改造了。所以关于客

---

　　① 《论人民民主专政》。

观世界的认识的形式是：实践、认识、再实践、再认识，循环往复，以至无穷。但实践与认识之每一循环的内容，都比较地进到了高一级的程度。这即是说，实践与认识的循环，并不是平面圆形循环，而是螺旋状的循环，逐步由低级形式进到高级形式，即逐步由相对真理走近于绝对真理。这就是辩证唯物论的全部认识论，这就是辩证唯物论的知行统一观。

《矛盾论》解说*

(1953.7)

　　事物的矛盾法则,即对立统一的法则,是唯物辩证法的最根本的法则。列宁说:"就本来的意义讲,辩证法是研究对象的本质自身中的矛盾。"①列宁常称这个法则为辩证法的本质,又称之为辩证法的核心。② 因此,我们在研究这个法则时,不得不涉及广泛的方面,不得不涉及许多的哲学问题。如果我们将这些问题都弄清楚了,我们就在根本上懂得了唯物辩证法。这些问题是:两种宇宙观;矛盾的普遍性;矛盾的特殊性;主要的矛盾和主要的矛盾方面;矛盾诸方面的同一性和斗争性;对抗在矛盾中的地位。

　　[说明]《矛盾论》是论"事物的矛盾法则"的学说。它是革命行动与科学

　　* 《〈矛盾论〉解说》最初分七部分先后在《新建设》1952 年 7、8、9、10、11、12 月号及 1953 年 1 月号发表,经作者修订后与作者所撰写的《〈矛盾论〉——革命行动和科学研究的指南》汇集在一起,于 1953 年 7 月由生活·读书·新知三联书店仍以《矛盾论〉解说》的书名出版,署名李达,并于 1978 年 4 月再版。1978 年 4 月版的《〈矛盾论〉解说》删除了《〈矛盾论〉——革命行动和科学研究的指南》一文,并对书中的文字作了一些必要的删节,对有关引文作了校订。1979 年 3 月,生活·读书·新知三联书店将 1978 年 4 月版的《矛盾论〉解说》与该社 1978 年 4 月版的《实践论〉解说》合编在一起,以《〈实践论〉〈矛盾论〉解说》的书名出版。1978 年 4 月版的《矛盾论〉解说》曾被收入人民出版社 1988 年 8 月出版的《李达文集》第四卷。李达在撰写《〈矛盾论〉解说》的过程中,曾将部分文稿寄给毛泽东审阅,毛泽东复信提醒李达注意他对《矛盾论》已作的修改,李达在《〈矛盾论〉解说》出版时也对其所解说的《矛盾论》原文作了相应的修改。现收入经生活·读书·新知三联书店作过文字删节和引文校订的《〈矛盾论〉解说》。——编者注
　　① 参见列宁:《哲学笔记》,《黑格尔〈哲学史〉第一卷〈伊里亚学派的哲学〉一节摘要》。
　　② 参见列宁《关于辩证法问题》(即《谈谈辩证法问题》,下同——编者注):"统一物之分而为二以及我们对其各矛盾部分的认识,是辩证法的本质。"又参见列宁《黑格尔〈逻辑学〉一书摘要》:"可以把辩证法简要地规定为关于对立的统一的学说。这样一来,辩证法的核心就被抓住,可是这需要解释和发挥。"

研究的指导,是认识问题与解决问题的关键。

事物的矛盾法则,即是对立统一的法则,是唯物辩证法的最根本的法则。唯物辩证法的创始人——马克思和恩格斯,在他们的著作中,都把这个法则当作唯物辩证法的中心问题发展了。例如马克思的《资本论》,完全地贯彻着这一法则;恩格斯在《反杜林论》和《费尔巴哈论》等著作中,也发挥了这个法则的精神。但是当马克思主义被欧洲的革命事变证明为真理之后,资产阶级就派出它的一部分代言人,以修正派的面目来鱼目混珠,把马克思主义修改成机会主义。当1872年到1914年的"和平"时期,第二国际的"马克思主义者",干的是出卖马克思主义的勾当。那些修正派的党徒,如伯恩斯坦等,用新康德主义来"修正"马克思主义,用新康德主义的认识论代替了马克思主义的辩证法,因而造出了他们的社会法西斯主义的理论,变成了马克思主义的叛徒。第二国际的领袖之一普列哈诺夫,当他还是马克思主义者的时期,曾经写过一些马克思主义哲学的好的著作,但他并不曾了解当作认识论看的辩证法,也不曾了解当作哲理科学看的唯物辩证法。而把对立统一的法则解释为实例的总和。只有列宁(和他的最忠实的学生斯大林)才护卫了和发展了马克思主义的辩证法,把对立统一的法则当作辩证法的**本质**和核心来了解。他说:"就本来的意义讲,辩证法是研究对象的本质自身中的矛盾。"在《谈谈辩证法问题》中,他又说:"统一物之分为两个部分以及对它的矛盾着的部分的认识,是辩证法的本质。"在《黑格尔〈逻辑学〉一书摘要》中,他又说:"可以把辩证法简要地确定为关于对立面的统一的学说。这样就会抓住辩证法的核心,可是这需要说明和发挥。"列宁基于理论与实践的统一的原理,应用对立统一法则于帝国主义的分析,于帝国主义时代世界与俄国的无产阶级革命问题的分析,在其经济学、国家论及许多哲学的著作中,都充分地"说明和发挥"了辩证法的本质、核心,表明了这对立统一法则是辩证法的最基本的、最重要的、最有决定意义的法则。

毛泽东同志师承列宁的遗教,不但根据马克思、恩格斯、列宁、斯大林的文献,研究了世界无产阶级革命的经验,吸收了现代科学上的新成就,充分地、详尽地、明晰地"说明和发挥"了论对立统一法则的学说,而且具体地、灵活地、巧妙地应用了这一学说于中国革命问题,建立了中国革命的理论与政策,并用亲身领导人民革命的经验,丰富了并发展了这一学说。《矛盾论》,如同《实践论》一样,正是马克思列宁主义的普遍真理与中国革命的具体实践相结合的宝贵的理论收获。

正因为矛盾法则即对立统一法则是辩证法的实质和核心,所以我们在研究这个法则时,必须涉及广泛的方面,必须涉及许多哲学问题。这些问题是:两种宇宙观;矛盾的普遍性;矛盾的特殊性;主要的矛盾和主要的矛盾方面;矛盾诸方面的同一性和斗争性;对抗在矛盾中的地位。如果我们把这些问题弄清楚了,我们就在根本上懂得了唯物辩证法。

也许有人要问:对立统一法则只是辩证法的诸法则之一,例如斯大林在他所著的《论辩证唯物主义和历史唯物主义》中,列举了辩证法的四个基本特征,而对立统一法则只是四个基本特征之一,为什么说我们把那些关于对立统一法则的问题弄清楚了,就算是"在根本上懂得了唯物辩证法"呢? 这个疑问是容易解答的。本来,列宁在规定辩证法是"关于对立统一的学说"时,说"需要说明和发挥"。关于这一学说的"说明和发挥",列宁在《谈谈辩证法问题》、《黑格尔〈逻辑学〉一书摘要》等著作中,对于辩证法的许多范畴和特征,给了很多宝贵的指示,他着重地指出,只要抓住辩证法的核心即对立统一法则,我们就容易理解辩证法的其他范畴和特征。他在《谈谈辩证法问题》中指示我们:只有把发展看作对立的统一,"才提供理解一切现存事物的'自己运动'的钥匙,才提供理解'飞跃'、'渐进过程的中断'、'向对立面的转化'、旧东西的消灭与新东西的产生的钥匙"。斯大林综合马克思列宁的学说,提出辩证法的四个基本特征。他指示我们:首先,要用联系的观点去看问题,因为一切事物都是联系着,都互相作用,互相制约,一切都依条件、地点和时间为转移;其次,要用运动、发展的观点去看问题,因为一切事物都是运动着,发展着,旧东西必然死亡,新东西必然生长,为要在政治上不犯错误,便要向前看,不要向后看;再次,要把发展看作由量变到质变的过程,不要看作单纯量变的过程,即看作是由低级发展到高级的过程,为了在政治上不犯错误,便要做革命家,不要做改良主义者;最后,要把发展看作是对立面的斗争,无产阶级为了实现社会主义,就必须揭露资本主义制度中的各种矛盾,把阶级斗争进行到底。斯大林是教导我们依照这样的程序应用辩证法去认识问题、解决问题的。但在这四个基本特征之中,对立的统一及斗争,仍然是最基本的特征。所以他说:"这种对立面的斗争,旧东西和新东西之间、衰亡着的东西和产生着的东西之间、衰颓着的东西和发展着的东西之间的斗争,就是发展过程的内在内容,就是量变转化为质变的内在内容。"

不难了解:事物的差别,即是矛盾,千差万别的事物的联系,即是矛盾的联系;矛盾即是运动,运动即是矛盾;由量变进到质变的发展过程,旧东西死灭与新东西生长的过程,即是旧事物的矛盾统一转变为新事物的矛盾统一的过程。所以矛盾法则即对立统一法则,是贯穿于辩证法的其他法则和范畴的最根本的法则,我们只要能够把关于研究这个法则的上述六个哲学问题弄清楚了,就算是在根本上懂得了唯物辩证法。

苏联哲学界在最近数年中批判了德波林学派的唯心论,这件事引起了我们的极大的兴趣。德波林的唯心论在中国共产党内发生了极坏的影响,我们党内的教条主义思想不能说和这个学派的作风没有关系。因此,我们现在的哲学研究工作,应当以扫除教条主义思想为主要的目标。

[说明]苏联哲学界1930年以来,清算了德波林派的孟什维克化的唯心论。这是哲学上列宁斯大林阶段的重大事件。由于对布哈林派机械唯物论和德波林派唯心论的斗争的胜利,马克思列宁主义的哲学就发展到了更高的阶段。德波林本人原是一个孟什维克,十月革命以后,他的孟什维克的劣根性仍未改变。他披着马克思主义哲学家的外衣,却对马克思主义哲学实行新黑格尔主义的"修正"。他认为唯物辩证法是黑格尔的辩证法和唯物论的自然观及历史观的综合。这便是说,黑格尔的唯心论的辩证法加上唯物论,就是唯物辩证法。这显然是孟什维克化的唯心论。马克思在《资本论》序文中明白地说过:"我的辩证方法,从根本上来说,不仅和黑格尔的辩证方法不同,而且和它截然相反。"马克思的辩证法是唯物论的,而黑格尔的辩证法是唯心论的,这个根本的区别,是大家所知道的。德波林不但不能在唯物论的基础上改造黑格尔的辩证法,反而成了黑格尔唯心论的俘虏。因此,在他的著作中,从物质的一般论点和规定起,到论理学的构造问题为止,都贯穿着孟什维克化的唯

心论。因而把唯物辩证法改变为抽象的方法论。所以德波林派的反马克思主义的本质,首先表现为理论与实践的分离,使哲学脱离政治,脱离阶级斗争,脱离社会主义建设的任务,复活了第二国际孟什维克的最有害的特性;其次表现为对于哲学的党派性的曲解,使哲学离开党的政策与方针;再次表现为对于哲学上的列宁阶段的无理解,不能履行列宁所指示的战斗唯物论者的任务,因而使哲学变为与现实不发生关系的、缺乏战斗性的概念的游戏。因此,德波林派对于辩证法的最根本的法则即对立统一法则,完全缺乏理解。他们不知道"发展是对立面的斗争",把"对立的统一"曲解为"对立的和解",完全忘记了列宁所说的"对立面的统一是有条件的",而"对立面的斗争则是绝对的"的命题。另外,对于辩证法的范畴,则表现为脱离具体的、个别的东西的抽象的普遍的东西;对于主要的矛盾与主要的矛盾方面,则表现为庸俗的相互作用(例如承认理论与实践具有同等意义,把实践溶解于理论之中)。由此可见,德波林派的孟什维克化的唯心论,实际上是主观主义、教条主义、假马克思主义。

1930年以前,德波林派的哲学,在中国颇为流行。当时德波林派对于布哈林派的机械唯物论的斗争,起了一定的积极的作用。我们研究辩证唯物论的人,还不能辨别出德波林是站在孟什维克化唯心论的立场去批判机械唯物论的,因而把他看作是哲学研究的指导者。毋庸讳言,德波林派的唯心论的主观性、片面性和抽象的方法论,在当时中国共产党内部,曾经发生了极坏的影响,使党内出现了一些教条主义者。教条主义者分裂理论与实践的统一,有"理论"而无实践,常是主观地、片面地、表面地去看问题,也不知道灵活地、具体地应用对立统一法则去研究客观的革命形势,强调矛盾的普遍性,忽视矛盾的特殊性,不能辨别主要的矛盾与主要的矛盾方面,有时把对立的统一理解为对立的和解,而忽视对立的斗争,有时强调对立的斗争而反对对立的统一。党内的这种教条主义,违反了党的布尔什维克的路线,曾使革命事业遭受过重大的损失。追本溯源,党内的教条主义思想,不能说和德波林学派的作风没有关系。1930年以后,由于苏联清算了德波林,中国也展开了对德波林派学说的斗争。但这种斗争没有很好地结合中国当时革命的实践,所以未能克服教条主义的缺点。真正能够在中国解决这个问题的,是毛泽东思想的结晶——《实践论》和《矛盾论》以及其他一系列的著作。在《矛盾论》写作的当时,党内的教条主义思想还严重地存在,所以毛泽东同志指导我们说:"我们现在的哲学研究工作,应当以扫除教条主义思想为主要的目标。"

中华人民共和国成立以来,一切政治的、经济的及文化教育的工作干部,在社会主义革命与建设的过程中,都经常地遭遇到很多新问题。"什么叫问题? 问题就是事物的矛盾。那里有没有解决的矛盾,那里就有问题。"①我们要认识问题和解决问题,就是要认识矛盾和解决矛盾。为要认识矛盾和解决矛盾,就必须遵照毛泽东同志的《矛盾论》的指示,站在工人阶级的立场,对矛盾的两个基本侧面加以调查研究,去理解矛盾的性质,然后进一步去分析矛盾,就问题中的矛盾做一番系统的、周密的调查工作与研究工作,才能懂得问题即矛盾的所在,才能发现基于基本的两个矛盾的侧面所发生着与发展着的许多次要矛盾的侧面,就可以做综合的工作,提出解决问题即解决矛盾的方法来。我们只有照这样去认识矛盾与解决矛盾,才可以避免发生教条主义的偏向。

一、两种宇宙观

在人类的认识史中,从来就有关于宇宙发展法则的两种见解,一种是形而上学的见解,一种是辩证法的见解,形成了互相对立的两种宇宙观。列宁说:"对于发展(进化)所持的两种基本的(或两种可能的? 或两种在历史上常见的?)观点是:(一)认为发展是减少和增加,是重复;(二)认为发展是对立的统一(统一物分成两个互相排斥的对立,而两个对立又互相关联着)。"②列宁说的就是这两种不同的宇宙观。

[说明]哲学是宇宙观或世界观,是人们按照一定的观点认识世界,即认识自然现象和社会现象的观念的体系。它的产生的根源是在社会的物质生产条件之中,是人们在具体的历史活动之中创造出来的。它一经人们创造出来

---

① 《毛泽东选集》第三卷,第796页。
② 列宁:《关于辩证法问题》。

以后,就贯穿于人们对于自然现象和社会现象的认识,规定他们对于世界的关系。在阶级社会中,任何宇宙观都具有阶级性。由于人们所处的阶级地位不同,他们的宇宙观就代表了所属阶级的利益。大体上说来,推动社会发展的宇宙观是进步的、革命的;阻碍社会发展的宇宙观是保守的、反动的。

按照人们认识世界时所采取的一定观点来说,宇宙观可分为唯物论的和唯心论的两个党派。主张物质是第一性、精神是第二性的,即主张物质规定精神的那种宇宙观是唯物论的。反之,主张精神是第一性、物质是第二性的,即主张精神规定物质的那种宇宙观是唯心论的。哲学上只有这么两个党派。但是此外还有表面上好像是第三种的宇宙观,这就是所谓折中论或二元论的哲学。这种宇宙观,既唯心又唯物,主张物质或精神都可以成为第一性,企图调和唯物论和唯心论,建立所谓不偏不党的哲学。但这种哲学,结局不是唯物论原理占优势,便是唯心论原理占优势,它不属于唯物论,便属于唯心论,不能成为一贯的哲学。所以宇宙观只有唯物论和唯心论两个党派。在哲学历史上,唯物论常是代表进步的、革命的阶级的宇宙观,唯心论常是代表保守的、反动的阶级的宇宙观。

宇宙观是关于宇宙发展法则的见解。按照发展的观点来说,宇宙观又可以分为辩证法的和形而上学的两派。

唯物论的宇宙观 { 唯物辩证法的宇宙观
机械唯物论的宇宙观=形而上学的宇宙观

唯心论的宇宙观 { 唯心辩证法的宇宙观
唯心的形而上学的宇宙观

《矛盾论》在这里所说的辩证法的宇宙观,是指唯物辩证法的宇宙观说的(至于黑格尔的唯心辩证法,则是在虚伪的反科学的唯心论基础之上建立起来的,其目的在于复活"绝对精神"或"上帝",他虽然主张辩证法的发展观,却反对动植物界的发展的观念。他只认为"绝对精神"或"上帝"是发展的,而现实世界却是不发展的。他的唯心辩证法在历史领域中应用起来,却得到了历史停止发展的结论,即当时普鲁士贵族地主阶级的反动国家是最高形式的国家。因此,黑格尔的唯心辩证法仍是保守的、反动的)。所以《矛盾论》在这里只就唯物辩证法的宇宙观和形而上学的宇宙观（唯心论的和机械唯物论的）对于发展的两种见解，加以说明。

如列宁所说，形而上学的发展观，把发展看作事物之量的减少和增加，是重复。而辩证法的发展观，则认为事物的发展是事物内部的对立的统一，即统一物分成为互相排斥的对立物，而两个对立物又互相关联着。形而上学的发展观，看不到事物运动的动力，自己运动的源泉，或者把事物运动的动力，或自己运动的源泉，移到事物的外部去，而主张事物的运动是由于外力的推动，或者是由于上帝的推动。但在辩证法的发展观方面，则认为事物的运动是自己运动，这自己运动的源泉是事物内部的矛盾。形而上学的发展观是死板的、贫乏的、干枯的。辩证法的发展观是生动的。只有从辩证法的观点出发，才能认识事物的"自己运动"，才能认识"飞跃"、"渐进过程的中断"、"向对立面的转化"、"旧东西的消灭和新东西的产生"①。由此可知，列宁所以指斥形而上学的发展观是死板的、贫乏的、干枯的，是由于它否认事物内部的矛盾。

形而上学，亦称玄学。这种思想，无论在中国，还是在欧洲，在一个很长的历史时间内，是属于唯心论的宇宙观，并在人们的思想中占了统治的地位。在欧洲，资产阶级初期的唯物论，也是形而上学的。由于欧洲许多国家的社会经济情况进到了资本主义高度发展的阶段，生产力、阶级斗争和科学均发展到了历史上未有过的水平，工业无产阶级成为历史发展的最伟大的动力，因而产生了马克思主义的唯物辩证法的宇宙观。于是，在资产阶级那里，除了公开的极端露骨的反动的唯心论之外，还出现了庸俗的进化论，出来对抗唯物辩证法。

[说明]形而上学，也叫做玄学。亚里士多德曾著有《形而上学》一书，依照他的说法，形而上学是"后于物理学"的意思。在哲学史上，凡是以超出形体以上的精神、理念、神、灵魂、自由意志等为对象的哲学，都叫做形而上学。形而上学是唯心论的世界观。在中国，孔孟学派的学说，都是形而上学，支配中国思想界达两千余年之久。在欧洲，自从亚里士多德以后，这两千多年来，

---

① 参见列宁：《谈谈辩证法问题》，见《列宁全集》第38卷，第408页。

基本上也是由形而上学支配着欧洲的思想界。就欧洲方面来说,资产阶级初期的唯物论,例如18世纪法国唯物论,19世纪初期德国费尔巴哈的唯物论,也是形而上学的。法国唯物论者们虽也承认事物的运动,但把最单纯的机械运动形式,当作普遍的运动形式。他们把运动解释为位置的移动,把运动解释为外的压力,物体是由外的压力而改变其位置的。这种把力学的运动当作宇宙万物的运动(除力学的运动外,还有物理学的、化学的、生物学的、社会的运动),把运动当作由于外力推动的见解,显然是形而上学的发展观。并且,法国唯物论者,不能把唯物论应用于历史的领域,而用唯心论的见解去解释历史,他们反对过去封建社会而拥护新的社会(即资产阶级的社会),却不知道新的社会与过去社会的历史的联系,而把过去的社会认为是人类的错误和愚昧的产物,因而主张根据理性来改造社会。这种半唯物半唯心的哲学,切断历史的联系因而没有联系观点的见解,也是形而上学的。其次,费尔巴哈的唯物论,比较法国唯物论当然是进了一步的,但费尔巴哈因为反对黑格尔的唯心论,却连黑格尔的辩证法也放弃了。他不能把黑格尔的辩证法进行唯物论的改造,完成自己的唯物论,所以他的唯物论是缺乏辩证法的唯物论,变为反历史主义的哲学。并且,费尔巴哈把他的哲学上所注意的中心的人,看作抽象的、超越时间空间的、生物学上的人,不是属于一定社会和一定阶级的实在的人,没有社会性,也没有阶级性。这显然是形而上学的见解。他也和法国唯物论者一样,在历史领域中不能贯彻唯物论,反而落到唯心论方面去了。他排斥了宗教,把所谓友爱代替了宗教,形成了唯心论的社会观。所以费尔巴哈的唯物论也是形而上学的。

形而上学认识宇宙的方法,是形而上学的方法。这个方法,在自然科学不发达的时代,是人们所采用的唯一的方法。如恩格斯在《社会主义从空想到科学的发展》中所说,这个方法,亚历山大时代的希腊人已开始采用。直到15世纪个别的自然科学逐渐发展的时期,这个方法就逐渐发展和巩固下来。从这个时候起,科学家认识自然的基本条件,就是把自然界分解为各个部分,把种种自然过程和自然物分类为明确的种别,把生物体内部的种种形态作解剖的研究。这种研究方法传给人们的遗产,就是使人们习惯于把自然物和自然过程从全部自然的总联系中分离出来,而实行个别的观察。这就是说,不在联系上观察自然,而在孤立形态上观察它;不在其运动上观察自然,而在其静止上观察它;不把它当作根本变化的东西去观察,而把它当作固定不变的东西去观察;不观察于其生,而观察于其死。这种见解,经过培根和洛克两人从自然科学移入于哲学时,就产生了18世纪特有的褊狭思想,即形而上学的思维方法。从此形而上学方法与形而上学的思维方法,就为资产阶级学者所通用所坚持了,因为这些方法把宇宙万物当作固定不变的东西去观察的,凭借这些方法,就可以造出资本主义制度万古长存的理论来。

历史的车轮进到了19世纪以后,人类的认识史就突破形而上学的阶段进到了唯物辩证法的新阶段。这个新阶段,是由无产阶级最伟大最杰出的领袖马克思所创造所完成的。马克思创造唯物辩证法,是有其深厚的广大的经济的、政治的和意识形态的基础的。在社会经济方面,欧洲许多国家的资本主义经济,已经发展到高度的水平。生产力的发展,呈现了空前的广大的规模,正如《共产党宣言》上所说:"资产阶级在它的不到一百年的阶级统治中所创造的生产力,比过去一切世代创造的全部生产力还要多、还要大。"由于生产力高度的发展,资本主义就开始了"自我批判",即自己暴露自己的矛盾,由于生产的社会性质与占有的私人形式的基本矛盾的发生与发展,就产生了并发展了其他一系列的矛盾——工场的有计划组织与生产的无政府状态的矛盾、都市与农村的矛盾、占有条件与剩余价值实现条件的矛盾(即经济危机)等。那基本矛盾的发生与发展,在社会集团中的表现,是无产阶级与资产阶级的矛盾即阶级斗争的发生与发展。例如:1816年,英国劳动群众,举行了破坏机器的大暴动;1819年,英国曼彻斯特劳动者,在要求选举权的名义下,举行了一次大示威运动;1831年到1834年,法国里昂劳动者举行了两次大暴动;1838年到1842年,英国宪章派的劳动者举行了最初的政治的斗争;1844年,普鲁士西里西亚纺织工人开始了第一次的暴动。这些次的无产阶级的斗争,表明了他们对于资本主义的剥削的反抗,他们已由自在阶级转到自为阶级了。在自然科学方面,19世纪以来,数学、力学、物理学、化学、生物学等,都建立了一定的体系。这些科学,对于辩证法供给极丰富的日渐增加的材料,表明了"自然界是检验辩证法的试金石"(恩格斯语)。在其他意识形态方面,有英国的古典经济学,有过"劳动价值说"的伟大发现(虽然只是一个端绪);有英法的空想的社会主义,批判了资本主义,暴露了它的罪恶(虽然它没有认识阶级矛盾的本质,没有认识无产阶级的动力);有德国的古典哲学,特别是黑格尔的唯心辩证法,把自然界、历史界、精神界的全部,当作不断地运动、变化、变形、发展的过程去考察(虽然它的辩证法是唯心的,必须在唯物论的基础上加以改造)。总起来说,19 世纪资本主义社会的矛盾的暴露,阶级斗争的发展,自然科学与历史科学上的成就,证明了自然世界与人类社会的发展,并不是形而上学的,而是辩证法的,即并不老是演着同一的循环,而是创造着现实的历史。因此,"要精确地描绘宇宙、宇宙的发展和人类的发展,以及这种发展在人们头脑中的反映,就只有用辩证的方法,只有经常注意产生和消失之间、前进的变化和后退的变化之间的普遍相互作用才能做到"。① 马克思的哲学的实践的活动,首先是从社会的＝历史的领域开始的,即是从政治的＝实践的领域开始的。我们可以说,马克思站在无产阶级的立场,认定无产阶级是社会革命的伟大的动力,首先阐明了历史领域中的辩证法,再由历史的辩证法进到自然辩证法,而在革命的实践上把两者统一起来,创造了唯物辩证法,作为无产阶级革命的精神的武器。

唯物辩证法创立以后,引起了资产阶级及其代言人的烦恼与恐怖。因为在唯物辩证法面前,腐朽的资产阶级的势力虽然庞大,却是必然要消灭的,新生的无产阶级势力虽然微小,却是必然要成长与壮大的;资本主义社会必然要为社会主义社会所替代。所以资产阶级的学者们,就采用极端露骨的反动的唯心论,来对抗唯物辩证法,此外还出现了庸俗的进化论来对抗唯物辩证法。极端露骨的反动的唯心论,是唯物辩证法的公开的敌人,我们容易辨认它。至于庸俗的进化论,却伪装着自然科学的面貌,容易混淆人们的视线,我们必须揭破它。

所谓形而上学的或庸俗进化论的宇宙观,就是用孤立的、静止的和片面的观点去看世界。这种宇宙观把世界一切事物包括一切事物的形态和种类,都看成是永远彼此孤立和永远不变化的。如果说有变化,也只是数量的增减和

---

① 恩格斯:《社会主义从空想到科学的发展》。

场所的变更。而这种增减和变更的原因,不在事物的内部而在事物的外部,即是由于外力的推动。形而上学家认为,世界上各种不同事物和事物的特性,从它们一开始存在的时候就是如此。后来的变化,不过是数量上的扩大或缩小。他们认为一种事物永远只能反复地产生为同样的事物,而不能变化为另一种不同的事物。在形而上学家看来,资本主义的剥削、资本主义的竞争、资本主义社会的个人主义思想等,就是在古代的奴隶社会里,甚至在原始社会里,都可以找得出来,而且会要永远不变地存在下去。说到社会发展的原因,他们就用社会外部的地理、气候等条件去说明。他们简单地从事物外部去找发展的原因,否认唯物辩证法所主张的事物因内部矛盾引起发展的学说。因此,他们不能解释事物的质的多样性,不能解释一种质变为他种质的现象。这种思想,在欧洲,在 17 世纪和 18 世纪是机械唯物论,在 19 世纪末和 20 世纪初则有庸俗进化论。在中国,则有所谓"天不变,道亦不变"①的形而上学的思想,曾经长期地为腐朽的封建统治阶级所拥护。近百年来输入了欧洲的机械唯物论和庸俗进化论,则为资产阶级所拥护。

[说明]资产阶级为了对抗唯物辩证法,仍旧采用了早已过时的形而上学的方法。19 世纪末期和 20 世纪初期的庸俗进化论,也是采用这个方法考察世界事物的。形而上学的方法,再用恩格斯的话概括起来,就是"它看到一个一个的事物,忘了它们互相间的联系;看到它们的存在,忘了它们的产生和消失;看到它们的静止,忘了它们的运动;因为它只见树木,不见森林。"②做一句话说,形而上学的或庸俗进化论的宇宙观,就是用孤立的静止的和片面的观点去看世界。这种宇宙观,第一,是把世界一切事物都看作各自孤立而不互相联系和互相依存的东西,它认为研究事物应当一个个地去研究。例如庸俗进化论者魏斯曼,把生物体和它所生活的环境隔离开来,主张生物体永远不受环境的影响,并且生物体的遗传性,还与生物体本身无关,而是寄托在种质上面。

---

① 孔子学派在汉代的著名代表者董仲舒(公元前 179—前 104 年)曾经对汉武帝说:"道之大原出于天,天不变,道亦不变。""道"为中国古代哲学家的通用语,它的意义是"道路"或"道理",可作"法则"或"规律"的解说。

② 恩格斯:《社会主义从空想到科学的发展》。

种质是独立存在的,外界环境与它不生关系,它永生不变。因而一切生物和它们的遗传性都是彼此孤立而互不相干地生存着。第二,它认为地球上一切形态和种类的动物、植物和人类,都是开天辟地以来永远如此、永远不变的。例如魏斯曼的种质连续说,主张生物体内有种质和体质的两种东西,各有不相联系的物质和功用。他认为种质是独立存在的,种质可由生殖细胞传达于后代,并且亲体的种质与子体的种质连成一贯,子代的种质早已存在于亲代的生殖细胞中,不折不扣地遗传下来,就是说,子代的种质即亲代的种质。照魏斯曼的主张,生物体适应环境的变异是没有的。一切生物的种类和性质,是永远相同的。至于生物的变化,只是单纯地增长,是生物体原有的特质因取得外界营养而长大的结果。第三,它把局部的、片面的理解,推及宇宙全部的理解。例如现代的机械唯物论者,仍把力学的运动,看作是一切自然和社会的存在的运动。又如庸俗进化论者,把关于生物界的不正确的见解,来说明社会现象。例如魏斯曼主张生物体内部淘汰说,说细胞组织与原生质之间进行着生存竞争,好像各生物个体进行着生存竞争一样。于是把生存竞争说,搬到社会领域中来应用,借以证明资产阶级的斗争及竞争的必然性。依照这种见解,社会群斗争的结果,必然优胜劣汰,弱肉强食,资产阶级对于无产阶级、帝国主义对于落后民族的统治与剥削,正是天演公例。这是魏斯曼主义或社会达尔文主义,即社会法西斯主义。总起来说,形而上学家的见解,是主张世界一切东西,都是各自孤立的,都是永远不变的。纵使说有变化,那也只是数量上的扩大或缩小,一种事物只能反复地产生为同样的事物,而不能变化为另一种不同的事物。形而上学家,对于人类社会的发展,也有同样的看法。他们认为社会制度,从世界有人类以来,直到现代,都是相同的。他们把资本解释为谋生的工具,而谋生工具,在世界开始有人类的时候就有了的。原始时代有渔人,他的谋生工具是钓竿;有猎人,他的谋生工具是弓箭。这钓竿和弓箭,就是原始人的资本。可见资本主义从原始时代以来就有了的,因而资本主义的剥削、资本主义的竞争、资本主义社会的个人主义思想,从原始时代起,经过奴隶制时代、封建时代,直到资本主义时代,都是同样存在的,并且在将来的社会主义时代也会同样存在,因为那时代的人类也要有谋生工具即资本,所以私有财产制是万古长存。他们也会承认人类社会是有发展的,譬如说世界人口逐渐增加了，物质生活逐渐丰富了，现代资本主义社会的规模比较原始时代扩大了。这就是他们所说的社会的发展。社会为什么有发展？其原因何在？形而上学家的答复是：社会发展的原因，不在社会的内部，而在社会外部的地理环境中。这原是地理学的环境观，资产阶级初期的学者们早已发表过了。地理学的社会观，主张世界各民族所处的地理环境，由于地球经纬度的不同，由于海洋、河川、平原、山地、气候、土壤等等的不同，就产生出各民族不同的特性、风俗、习尚、宗教和经济状况，因而形成了各民族社会发展的不同的程度。这种社会观，其用意在于说明自然环境与社会发展的关系，而在社会以外的自然环境中，去探求社会发展的原因。这种社会观，在资产阶级中，流传已久，影响很大。第一次世界大战以后，德国资产阶级的学者，曾创立了所谓"地理政治学"作为法西斯的理论，说一切国家的政策，要由其所领有的自然财富的欲望所决定，鼓吹殖民地的夺取，是满足这种欲望的手段。这种社会观，也还影响了一些假马克思主义者，譬如考茨基、普列哈诺夫和布哈林关于历史唯物论的曲解，都是受了这种社会观的影响，因而变成了资产阶级的代言人。唯物辩证法，主张事物发展的原因是因事物内部矛盾所引起的。形而上学家站在资产阶级的立场，为了对抗唯物辩证法，偏要单纯地从事物的外部去找寻事物发展的原因，因而不能解释事物的质的多样性，也不能解释一种质变为他种质的现象。这种见解显然是反科学的。科学证明了，自然界的一切存在物，都由于量的发展而引起质的变化，这就是突变。同样，社会也经由量变而引起质变，这就是革命。所以唯物辩证法认为"从资本主义过渡到社会主义，工人阶级摆脱资本主义压迫，不可能通过缓的变化，通过改良来实现，而只能通过资本主义制度的质变，通过革命来实现"①。形而上学家否认事物的质变，等于否认革命，否认阶级斗争，来拥护资本主义制度。关于宇宙万物绝对不变的思想，在欧洲方面，有 17 世纪和 18 世纪的旧机械唯物论，在 20 世纪有现代机械唯物论，在 19 世纪末 20 世纪初有庸俗进化论，这些都是拥护资本主义社会的反动理论。在中国方面，从古就有儒家所主张的"天不变，道亦不变"的学说，长期地为腐朽的封建统治阶级所拥护。近百年来，旧的和新的机械唯物论，以及

---

① 斯大林：《论辩证唯物主义和历史唯物主义》。

魏斯曼等人的庸俗进化论,都先后输入到中国来,则为资产阶级所拥护。宇宙观的党派性、阶级性,是表现得非常明显的。

　　和形而上学的宇宙观相反,唯物辩证法的宇宙观主张从事物的内部、从一事物对他事物的关系去研究事物的发展,即把事物的发展看作是事物内部的必然的自己的运动,而每一事物的运动都和它的周围其他事物互相联系着和互相影响着。事物发展的根本原因,不是在事物的外部而是在事物的内部,在于事物内部的矛盾性。任何事物内部都有这种矛盾性,因此引起了事物的运动和发展。事物内部的这种矛盾性是事物发展的根本原因,一事物和他事物的互相联系和互相影响则是事物发展的第二位的原因。这样,唯物辩证法就有力地反对了形而上学的机械唯物论和庸俗进化论的外因论或被动论。这是清楚的、单纯的外部原因只能引起事物的机械的运动,即范围的大小,数量的增减,不能说明事物何以有性质上的千差万别及其互相变化。事实上,即使是外力推动的机械运动,也要通过事物内部的矛盾性。植物和动物的单纯的增长,数量的发展,主要的也是由于内部矛盾所引起的。同样,社会的发展,主要不是由于外因而是由于内因。许多国家在差不多一样的地理和气候的条件下,它们发展的差异性和不平衡性,非常之大。同一个国家吧,在地理和气候并没有变化的情形下,社会的变化却是很大的。帝国主义的俄国变为社会主义的苏联,封建的闭关锁国的日本变为帝国主义的日本,这些国家的地理和气候并没有变化。长期被封建制度统治的中国,近百年来发生了很大的变化,现在正在变化到一个自由解放的新中国的方向去,中国的地理和气候并没有变化。整个地球及地球各部分的地理和气候也是变化着的,但以它们的变化和社会的变化相比较,则显得很微小,前者是以若干万年为单位而显现其变化的,后者则在几千年、几百年、几十年甚至几年或几个月(在革命时期)内就显现其变化了。按照唯物辩证法的观点,自然界的变化,主要的是由于自然界内部矛盾的发展。社会的变化,主要的是由于社会内部矛盾的发展,即生产力和生产关系的矛盾、阶级之间的矛盾、新旧之间的矛盾,由于这些矛盾的发展,推动了社会的前进,推动了新旧社会的代谢。唯物辩证法是否排除外部的原因呢? 并不排除。唯物辩证法认为外因是变化的条件,内因是变化的根据,外因通过内因而起作用。鸡蛋因得适当的温度而变化为鸡子,但温度不能使石头变为鸡子,因为二者的根据是不同的。各国人民之间的互相影响是时常存在的。在资本主义时代,特别是在帝国主义和无产阶级革命的时代,各国在政治上、经济上和文化上的互相影响和互相激动,是极其巨大的。十月社会主义革命不只是开创了俄国历史的新纪元,而且开创了世界历史的新纪元,影响到世界各国内部的变化,同样地而且还特别深刻地影响到中国内部的变化,但是这种变化是通过了各国内部和中国内部自己的规律性而起的。两军相争,一胜一败,所以胜败,皆决于内因。胜者或因其强,或因其指挥无误,败者或因其弱,或因其指挥失宜,外因通过内因而引起作用。1927 年中国大资产阶级战败了无产阶级,是通过中国无产阶级内部的(中国共产党内部的)机会主义而起作用的。当着我们清算了这种机会主义的时候,中国革命就重新发展了。后来,中国革命又受了敌人的严重的打击,是因为我们党内产生了冒险主义。当着我们清算了这种冒险主义的时候,我们的事业就又重新发展了。由此看来,一个政党要引导革命到胜利,必须依靠自己政治路线的正确和组织上的巩固。

　　[说明]与形而上学的宇宙观相反,唯物辩证法的宇宙观,主张世界是一切物质的物体及其现象的互相联系、互相依存、互相作用着的统一整体的发展过程。一切事物在联系中发展着,在发展中联系着。我们认识任何一个事物,首先要考察它与其周围的许多事物的联系和差别,确定它与其他事物不同的质,指出它与周围条件的关系。否则如果用孤立的方式来考察某一事物而不考察其与周围条件的关系,我们就绝不能认识这一事物。其次,这一事物与其周围的许多事物联系地发展着,它本身也是发展着的。我们必须考察它由一种运动形态发展到别种运动形态的过程,由一种质转变为别种质的发展过程,并进而追求它的自己运动的源泉,自发地发展的源泉。这自己运动或自发的发展的源泉,不在这一事物的外部,而在这一事物的内部,这即是它本身内部所包含的矛盾性。世界任何事物,绝对没有不具有内部的矛盾的。从原子起,到人类社会生活的最复杂的现象,到人类的思维为止,一切事物或现象,都各具有其内部的矛盾。事物内部的矛盾,即是事物的自己运动的、自发的发展的

源泉。正因为任何事物的内部都有这种矛盾性,才能引起事物的运动和发展。事物内部的这种矛盾性,是事物发展的根本原因。虽然一个事物处于它与周围许多事物的联系中,它的发展不能不受周围条件的影响,但这种外部的影响,只能是它的发展的次要的即第二位的原因。例如生物体,只因为它内部有新陈代谢,细胞不断地更新,所以它能吸收外界的营养而自发地发展起来。假使它本身没有新陈代谢,没有细胞不断地更新,纵有良好的环境,它绝不能有发展,这是很明白的。唯物辩证法这种发展观,强有力地粉碎了形而上学的发展观,即机械唯物论和庸俗进化论所主张的外因论或被动论。不难了解,单纯的外部原因,只能引起事物的机械的运动,这样的运动,只能表明事物的范围扩大了或缩小了,或者在数量上增加了或减少了,却绝不能说明事物的质变。因为形而上学那种只讲数量的增减的学说,是从机械学的观点产生的,机械学只研究对象的速度、数目和容积,至于事物的千差万别的性质,事物在其运动的过程中由量变到质变的变化,机械学是不能说明的。

在唯物辩证法看来,事实上,即使是外力推动的机械运动,也要通过事物内部的矛盾性。恩格斯在《反杜林论》中所说明:"运动本身就是矛盾;甚至简单的机械的位移之所以能够实现,也只是因为物体在同一瞬间既在一个地方又在另一个地方,既在同一个地方又不在同一个地方。这种矛盾的连续产生和同时解决正好就是运动。"又如植物和动物的单纯的增长,数量的发展,主要也是由于内部矛盾所引起的。如米丘林所证明,生物体与周围的生活条件是密切联系着的。阳光、空气、温度、湿度、养分等外围的生活条件,固然能够助长生物体的发展,但这些外围的生活条件,是通过生物体内部的代谢作用(即矛盾)而起变化的。生物体不断吸收外界的物质,组成为自己身体中的物质,并且又分化出简单的物质,把它排出于身体之外。所以生物体虽由于吸取外界的物质而成长,但仍是通过生物体内的代谢作用而显现的。

同样,社会的发展,主要不是由于外因而是由于内因。人类社会生存于自然环境中,自然环境对于人类社会的影响是很大的,我们对此不能轻视。但就人类社会对于自然环境的关系的历史来看,这种历史是人类社会征服自然改造自然的历史。人类社会对于自然环境是扮演着主导作用的。所以社会发展的根本原因,是在社会本身之中,不在外围的自然环境之中。例如欧洲许多国家,地理与气候条件是相同的,但它们发展的差异性和不平衡性,非常之大。从前封建的闭关锁国的日本,后来变成帝国主义者。这些国家的地理和气候并没有变化。中国在百多年以前还是独立的封建国家,1840年以后,变成了半封建半殖民地的国家,现在已是社会主义国家了。中国的地理和气候并没有变化。固然,地球和地球各部分的地理和气候也是变化着的,但其变化的显现,动辄以若干万年为单位,而人类社会的变化则是几千年、几百年、几十年甚至几年或几个月(在革命时期)。所以社会发展的根本原因,不在地理环境之中,而在社会本身之中。按照唯物辩证法的见解,自然界的变化,主要是由于自然界内部矛盾的发展;社会的变化,主要是由于社会内部矛盾的发展,即生产力和生产关系的矛盾、阶级之间的矛盾、新旧之间的矛盾,由于这些矛盾的发展,推动了社会的发展,所以原始社会由奴隶制社会所替代,奴隶制社会由封建社会所替代,封建社会由资本主义社会所替代,资本主义社会由社会主义社会所替代。

　　唯物辩证法是否排除外部的原因呢? 不但不排除,而且还对外部的原因给以正确的估价。如前面所说,一个植物体,生长于外部自然环境之中,空气、阳光、温度、湿度、养分等,是助长生物体发展的原因之一,这是无可否认的。但这些外部的生活条件,必须通过这植物体本身内部的新陈代谢作用,才能生长起来。它发芽,它开花,它结籽,要经过几个由量变到质变的阶段。这些质变,完全是它本身内部矛盾发展的结果。又如这一植物体,若处于变化了的生活条件之下,它本身也必发生变异,它既有变异,同时也能遗传,它就能够把变异的性质巩固下来,遗传下去,以后如再发生变异,就再度遗传下去。这类的变异与遗传,根本上是它本身内部矛盾发展的结果。又就社会来说,自然环境是社会的粮食仓和材料库,它当然是促进社会发展的原因之一。在原始社会的最初期,人类的生产技术非常幼稚,完全受自然环境的支配。但当生产技术逐渐进步,从事于农业和畜牧业以后,人类就能改造自然,从此社会内部的矛盾,就成为社会发展的根本原因,自然环境的力量只是第二位原因了。当一个社会的生产关系适应于生产力的水平时,社会就能充分利用自然的资源,增加物质的财富,社会就能向前发展。反之,当社会的生产关系障碍生产力的发展时,就会停工减产,不能照旧利用自然的资源,就必须改革生产关系(即革命），才能促进生产力的发展。所以唯物辩证法认为外因是变化的条件，内因是变化的根据，外因通过内因而起作用。

就国际关系来说，各国人民之间的相互影响是时常存在的。特别是在帝国主义和无产阶级革命的时代，各国在政治上、经济上和文化上的互相影响和互相激动，是极其巨大的。当一个国家发生了重大的事变时，世界各国都要引起重大的变动。例如俄国十月社会主义革命，不单是开辟了俄国历史的新纪元，而且开创了世界历史的新纪元。十月革命一声炮响，许多帝国主义国家内部的矛盾爆发了，帝国主义与殖民地半殖民地民族之间的矛盾爆发了。在欧洲方面，有德、奥、匈和意大利各国无产阶级的革命，在亚洲方面，有五亿人民的中国反帝反封建的革命斗争。残余的许多帝国主义者都吓得发抖了。十月革命在国际上的影响是空前巨大的。在这里，要着重指出的，中国的人民革命，受了十月革命的影响，全是事实。毛主席在《论人民民主专政》中明白说过，中国革命是"走俄国人的路"的。但是否可以由此引出"革命外因论"，说中国革命完全受了十月革命的推动呢？这个论调显然是不正确的。十月革命的影响，是通过中国内部自己的规律性而起作用的。中国的先进分子——共产党人，用马克思列宁主义研究了中国社会，正确地认识了中国社会发展的规律，即中国必然要由半封建半殖民地社会，经由新民主主义革命，进到社会主义社会、共产主义社会。中国革命必须由无产阶级来领导，以工农联盟为基础，团结小资产阶级和民族资产阶级，结成人民民主革命的统一战线，共同推翻帝国主义、封建主义和官僚资本主义在中国的统治，建立人民民主专政的国家。这是中国革命的历史实践所证明了的真理。所以，中国革命的变化的内因，主要是人民大众与统治阶级、中华民族与帝国主义的矛盾，中国革命的胜利，是人民大众推翻了统治阶级、中华民族驱逐了帝国主义的结果。有的顽固派，素来反共反革命，便捏造出所谓革命外因论，说中国从秦汉以来，是伦理本位、职业分途的社会，是很美满的社会，只因为辛亥革命把伦理本位搞坏了，所以引起了大混乱。顽固派硬说中国早已不是封建社会，现在更不是什么半封建社会；中国仍是独立国，现在并不是什么半殖民地；中国从古只有分业，没有阶级，更没有阶级斗争。因此，据他们的说法，最好的改良方法，就是在蒋匪帮统治之下，从乡村建设入手，建立新伦理本位的社会就行了。照他们的说法，中国共产党在没有阶级的中国社会中来分裂阶级,制造阶级斗争,是完全受了俄国革命的影响。顽固派一向是用这种反动的见解作为反共反革命的论据的。顽固派直到革命已经胜利而中华人民共和国已经成立以后,仍然不相信新政权能够持久,采取观望的态度。到了最近,全国广大人民热烈地拥护着新政权,人民民主专政越来越巩固了,顽固派感到惊奇,却还歪曲地说中国共产党分裂阶级,制造阶级斗争的路线走对了。这种革命外因论,彻头彻尾是反动的。

再就战争举例。第三次国内革命战争,在初期,在美帝国主义的支持下,蒋匪帮军队有 450 万人,无论人数、地盘、物质条件,都比人民解放军为优,所以它得以暂时占居优势,对解放区实行战略的进攻。而人民解放军,不能不忍受痛苦,实行战略的防御。如果人民解放军方面,在这时没有毛主席的英明指挥,是可能战败的。但是,由于人民解放军所进行的战争是人民革命的战争,并且有无比英明的指挥,终于通过抓住蒋匪帮军队反革命反人民这个弱点,起了"我军越战越强,敌军越战越弱"的作用。如果蒋匪帮不是与人民对立,不是本身在政治、经济、军事、文化各方面都已腐朽透顶,则人民解放军虽强,就不易把它打倒;又,如果不是因蒋匪帮犯了大错误来发动内战,深深陷入反人民战争的泥淖,遭受越来越大的困难,并且连续在指挥上犯了大错误,则人民解放军虽强,蒋匪帮之失败与颠覆,就不会那样的快。可见在军事上,也是外因通过内因而起作用的。

"党是工人阶级的领导部队,是它的先头堡垒",而"堡垒是最容易从内部攻破的。"①1927 年革命的失败,是蒋介石匪帮大资产阶级战胜了无产阶级的结果。但当时无产阶级先头堡垒的中国共产党内部,如果没有陈独秀机会主义领导集团放弃了革命领导权,放弃了武装斗争与土地革命,敌人是不容易攻破这个先头堡垒的。这一次的失败,显然是外因通过内因起了作用。所以,当党清算了陈独秀派的机会主义,建立了布尔什维克的路线,重整了党的阵容时,中国革命就踏进了十年土地革命战争的时期。但在这个时期中,党内又发生了冒险主义,"左"倾机会主义者把党的革命事业领导到错误的方向,以致

---

① 《联共(布)党史简明教程》。

授蒋匪帮以可乘之隙,使党遭受了重大的损失。但到遵义会议以后,这冒险主义的偏向得到了纠正,党确立了毛泽东思想的领导地位,我们的革命事业,才重新发展起来了。在毛泽东的领导下,中国人民的革命与建设事业,永远在胜利中前进着。

说到这里,我们要联系到最近的"三反"斗争和"五反"斗争。新中国成立以来,资产阶级曾经表示愿意遵守《共同纲领》,愿意接受工人阶级的领导。他们的摇摇欲坠的私营经济在国营经济的领导与扶助之下,呈现着欣欣向荣的气象。他们对新国家也曾作出了一些积极的贡献。但在另一方面,他们的剥削群众、不劳而食、损人利己、唯利是图、假公济私、投机取巧等思想,便发展起来成为五毒思想了。于是他们便违反《共同纲领》,反抗工人阶级的领导,更进一步要篡夺工人阶级的领导权了。他们也懂得了堡垒容易从内部攻破的道理,便欺侮某些缺乏财经工作经验而犯了官僚主义错误的干部,诱引某些意志薄弱的容易接受糖衣炮弹的干部,使用"拉过去"和"派进来"的恶毒方法,向着党和政府机关进行猖狂的进攻,使国家和人民的财产遭受了不可估量的损失。但是,中国共产党是用马克思列宁主义、毛泽东思想武装着的党,是经过了三十多年革命斗争锻炼了的党,是永远攻不破的工人阶级的先头堡垒,纵使有绝对少数被"派进来"和被"拉过去"的坏分子,也是很快要遭到清算的。同时,工人阶级是最有远见、大公无私、最富于革命彻底性的阶级,他们有充分的勇敢和机智打退资产阶级不法分子的猖狂进攻。所以全国各地"三反"斗争和"五反"斗争的伟大胜利,打退了资产阶级不法分子的进攻,巩固了工人阶级的领导。在新中国成立以后,工人阶级对于资产阶级实行着又联合又斗争的政策,只要资产阶级清除了五毒思想,遵守《共同纲领》,服从工人阶级的领导,工人阶级必然团结他们、帮助他们,发展他们的于国计民生有利的事业。"五反"斗争以后,各地私营经济事业的新气象,便是明证。这样看来,一个革命的政党,要领导革命取得胜利,就必须依靠自己的政治路线的正确和它的组织上的巩固。

辩证法的宇宙观,不论在中国,还是在欧洲,在古代就产生了。但是古代的辩证法带着自发的朴素的性质,根据当时的社会历史条件,还不可能有完备的理论,因而不能完全解释宇宙,后来就被形而上学所代替。生活在18世纪末和19世纪初期的德国著名哲学家黑格尔,对于辩证法曾经给了很重要的贡献,但是他的辩证法却是唯心的辩证法。直到无产阶级运动的伟大的活动家马克思和恩格斯综合了人类认识史的积极的成果,特别是批判地吸取了黑格尔的辩证法的合理的部分,创造了辩证唯物论和历史唯物论这个伟大的理论,才在人类认识史上掀起了一个空前的大革命。后来,经过列宁和斯大林,又发展了这个伟大的理论。这个理论一经传到中国来,就在中国思想界引起了极大的变化。

[说明]斯大林说过:"辩证法来源于希腊文'dialego'一词,意思就是进行谈话,进行论战。在古代,所谓辩证法,指的是以揭露对方论断中的矛盾并克服这些矛盾来求得真理的艺术。古代有些哲学家认为,思维矛盾的揭露以及对立意见的冲突,是发现真理的最好方法。这种辩证的思维方式后来推广到自然界现象中去,就变成了认识自然界的辩证方法……"①中国周秦诸子的学说中,有不少关于辩证法的见解。例如老子的《道德经》,惠施学派的"合同异"学说,公孙龙学派的"离坚白"学说,易传的"阴阳"学说,墨子学派的《墨经》等,都含有辩证法的因素。在欧洲方面,古代希腊的哲学中,有很多辩证法的学说。例如伊奥尼亚哲学家太勒斯,说水是万物的发端,连生命也是由水发生的。这种见解的根柢,是认为一切物质都是单一的东西,都可以互相转变。这是欧洲最初的唯物论,也包含了辩证法的萌芽。又如赫拉克利特,用"万物变动不居"的命题,表示他的动的宇宙观。他又用"人不能再渡同一河流"这个比喻说明自然界及人事界的一切变化。至于变化的原因,他主张一切变化是在矛盾中进行的。他说"斗争是万物之父,万物之王",这是辩证法的根本思想。不过古代的辩证法带着自发的朴素的性质,因为当时的自然科学并不发达,并且受了当时的社会历史条件的限制,还不可能创造出完备的理论,因而不能完全解释宇宙。在欧洲古代,在上述唯物论的朴素的辩证法之后还出现了唯心的辩证法。亚里士多德的论理学,到处都提起了辩证法的问题,

---

① 斯大林:《论辩证唯物主义和历史唯物主义》。

研究了辩证法的思维形式。虽然他的哲学是唯心论,但对于意识的辩证法的构成,对于论理学,却留下了不朽的功绩。欧洲到了中世纪以后,哲学变成了神学的奴仆,思想界完全受了形而上学的支配。直到 15 世纪以后,资本主义经济逐渐发达,自然科学的研究,不断地暴露了自然的辩证法。从此欧洲的许多哲学家,如笛卡儿、斯宾诺莎、康德、费希特、谢林等,对于辩证法都做了重要的贡献,但是在唯心论的基础上,集辩证法之大成的哲学家,要推黑格尔。不过黑格尔的辩证法是唯心论的,并且还受了他自身的和当时的知识范围所限制,所以他的唯心论的并且仍是形而上学的辩证法,把一切事物弄得颠倒,把世界的真实关系弄得颠倒了。马克思和恩格斯站在无产阶级的立场,为阶级斗争的实践创造了精神的武器。他们首先在革命的实践的基础上把唯物论从自然领域扩张于历史领域,综合了人类知识史的成果,特别是批判地吸取了黑格尔辩证法的合理的部分(即在唯物论的基础上加以改造),创造了辩证唯物论与历史唯物论这个伟大的理论。从此人类认识史上,掀起了一个空前的大革命。后来,这个伟大的理论——唯物辩证法与历史唯物论,经过列宁和斯大林的发展,内容更加丰富了。这个理论一经传到了中国,就在中国思想界引起了极大的变化,无产阶级先进分子就用它作为观察国家命运的工具,造出了中国革命的正确理论,指导中国革命的前进。毛泽东思想,正是唯物辩证法在中国历史中的应用与扩大。

这个辩证法的宇宙观,主要就是教导人们要善于去观察和分析各种事物的矛盾的运动,并根据这种分析,指出解决矛盾的方法。因此,具体地了解事物矛盾这一个法则,对于我们是非常重要的。

[说明]辩证法的宇宙观,是共产党的宇宙观,它是革命行动与科学研究的指导。马克思、恩格斯、列宁、斯大林等大师们,根据这个宇宙观,暴露了各种阶级社会的阶级矛盾,指出了"到目前为止的一切社会的历史都是阶级斗争的历史",暴露了资本帝国主义时代各国的阶级矛盾,指出了一切民族都必然走向于社会主义,创造了世界无产阶级社会主义革命的理论。毛泽东同志应用这个宇宙观作为考察中国命运的工具,他周详地、具体地分析了中国社会

各种复杂的矛盾,暴露了中国社会发展的规律,即由半殖民地半封建社会经由新民主主义革命进到社会主义社会的规律,因而创造了中国革命的理论。这个理论的真理性,已由中国人民革命的胜利所证明了。

我们学会了这个宇宙观,就容易学习马克思列宁主义、毛泽东思想,就能够运用矛盾法则,去考察我们在革命建设事业中所遭遇到的问题。毛泽东同志在《反对党八股》的讲演中,曾经简要地说起应用矛盾法则分析问题和解决问题的方法。他说,什么叫问题? 问题就是事物的矛盾。那里有没有解决的矛盾,那里就有问题。既有问题,就得把问题提出来。提出问题,首先就要对于问题即矛盾的两个基本侧面加以大略的调查研究,才能懂得矛盾的性质是什么,这就是发现问题的过程。大略的调查研究,可以发现问题,提出问题,但还不能解决问题。为要解决问题,还要做系统的周密的调查工作和研究工作,这就是分析的过程。提出问题也要作系统的周密的分析,不然,对着模糊杂乱的一大堆事物的现象,你就不能知道问题即矛盾的所在。所以对于所提出的问题必须实行系统的周密的分析,才能发现基于基本的两个矛盾侧面所发生与发展着的许多次要的矛盾侧面,才能明了问题的面貌,因而才能做综合工作,才能好好地解决问题。

以上是毛泽东同志教导我们应用矛盾法则分析问题和解决问题的方法。我们必须学会具体地应用这个方法,才能胜任一切革命和建设工作。

二、矛盾的普遍性

为了叙述的便利起见,我在这里先说矛盾的普遍性,再说矛盾的特殊性。这是因为马克思主义的伟大的创造者和继承者马克思、恩格斯、列宁、斯大林他们发现了唯物辩证法的宇宙观,已经把唯物辩证法应用在人类历史的分析和自然历史的分析的许多方面,应用在社会的变革和自然的变革(例如在苏联)的许多方面,获得了极其伟大的成功,矛盾的普遍性已经被很多人所承认,因此,关于这个问题只需要很少的话就可以说明白;而关于矛盾的特殊性的问题,则还有很多的同志,特别是教条主义者,弄不清楚。他们不了解矛盾的普遍性即寓于矛盾的特殊性之中。他们也不了解研究当前具体事物的矛盾的特殊性,对于我们指导革命实践的发展有何等重要的意义。因此,关于矛盾的特殊性的问题应当着重地加以研究,并用足够的篇幅加以说明。为了这个缘故,当我们分析事物矛盾的法则的时候,我们就先来分析矛盾的普遍性的问题,然后再着重地分析矛盾的特殊性的问题,最后仍归到矛盾的普遍性的问题。

[说明]从本节起,开始说明关于矛盾法则的内容了。为了叙述的方便,先说明矛盾的普遍性,再说明矛盾的特殊性。唯物辩证法是马克思和恩格斯所创造的,经过列宁和斯大林之手,使它更加发展了。这四位大师,已经应用唯物辩证法来分析人类历史和自然历史的许多方面,并应用在改造社会和改造自然的许多方面,都获得了非常伟大的成功。所以矛盾的普遍性,是很多人所承认了的,关于这个问题,只需要很少的话就可以解说明白。至于矛盾的特殊性问题,却要详细地加以解释与发挥,因为有许多同志,特别是教条主义者们,对于这个问题是弄不清楚的。一切事物的矛盾的普遍性,是从许多个别事物的特殊的矛盾性抽象出来的。因而,矛盾的普遍性是寄存于矛盾的特殊性之中的。我们固然要认识矛盾的普遍性,同时必须认识矛盾的特殊性,考察普遍性在特殊事物中所表现的情形。我们知道,马克思列宁主义,是世界各国无产阶级进行革命斗争的普遍真理。但这普遍真理在各个国家、各个社会里应用起来,由于国情的不同,由于各该社会经济、政治和文化等条件的不同,由于阶级矛盾的情况的不同,各国无产阶级为实现共产主义而进行的革命斗争,就表现出特殊的面貌、特殊的步骤和特殊的策略。《联共(布)党史简明教程》的结束语中说:"掌握马克思列宁主义理论,是说要领会这个理论的实质,学会在无产阶级阶级斗争的各种条件下运用这个理论来解决革命运动的实际问题。"这就是说,革命工作者必须用马克思列宁主义的普遍真理解决革命的实际问题,必须考察当时当地的特殊矛盾性,决定解决矛盾的方法。教条主义者不懂得这一真理,只是拘守马克思列宁主义理论中的一些公式和结论,拿来应用于已经变化了的客观革命形势中,于各种不同的具体环境中,只看到矛盾的普遍性,看不到矛盾的特殊性。他们不了解研究当前具体事物的矛盾的特殊性,对于我们革命实践的发展有何等重要的意义,所以,当他们指导革命时,就

使我们遭受不可估计的损失。

为了纠正教条主义的偏向,对于矛盾的特殊性问题,必须详尽地加以说明。因此,我们分析事物的矛盾法则时,要先分析矛盾的普遍性问题,然后着重地分析矛盾的特殊性问题,最后仍回到矛盾的普遍性问题。

矛盾的普遍性或绝对性这个问题有两方面的意义:其一是说,矛盾存在于一切事物的发展过程中;其二是说,每一事物的发展过程中存在着自始至终的矛盾运动。

恩格斯说:"运动本身就是矛盾。"①列宁对于对立统一法则所下的定义,说它就是"承认(发现)自然界(精神和社会两者也在内)的一切现象和过程都含有互相矛盾、互相排斥、互相对立的趋向"②。这些意见是对的吗? 是对的。一切事物中包含的矛盾方面的相互依赖和相互斗争,决定一切事物的生命,推动一切事物的发展。没有什么事物是不包含矛盾的,没有矛盾就没有世界。

[说明]矛盾的普遍性,也是矛盾的绝对性。这有两方面的意义:其一是说,矛盾存在于一切事物的发展过程中;其二是说,每一事物内部的矛盾的运动,贯彻于那个事物的全部发展过程的始终。因为矛盾既然存在于一切事物的发展过程中,矛盾运动既然贯彻于每一事物的全部发展过程的始终,所以矛盾是普遍的,又是绝对的。

恩格斯说:"运动本身就是矛盾。"这便是说,世界一切事物是运动着的,一切运动着的事物的内部都含有矛盾。列宁解释对立统一法则的意义,说它就是"承认(发现)自然界(精神和社会两者也在内)的一切现象和过程都含有互相矛盾、互相排斥、互相对立的趋向"。这便是说,矛盾法则承认一切自然现象、社会现象以及人类精神现象,其内部都含有矛盾,是自然现象和社会现象的矛盾在人类头脑中的反映。一切事物中包含的矛盾方面的相互依赖和相互斗争,决定着一切事物的生命,推动一切事物的发展。世间任何事物,都没

① 恩格斯:《反杜林论》第一编第十二节《辩证法。量与质》。
② 列宁:《关于辩证法问题》。

有不包含矛盾的。如果事物没有矛盾,就没有运动,也就没有生命。更进一步说,如果没有矛盾,就没有事物,也就没有世界。

　　矛盾是简单的运动形式(例如机械性的运动)的基础,更是复杂的运动形式的基础。恩格斯这样说明过矛盾的普遍性:"如果简单的机械的移动本身包含着矛盾,那么,物质的更高的运动形式,特别是有机生命及其发展,就更加包含着矛盾。……生命首先就在于:生物在每一个瞬间是它自身,但却又是别的什么。所以,生命也是存在于物体和过程本身中的不断地自行产生并自行解决的矛盾;这一矛盾一停止,生命亦即停止,于是死就来到。同样,我们看到了,在思维的范围以内我们也不能避免矛盾,并且我们看到了,例如,人的内部无限的认识能力与此种认识能力仅在外部被局限的而且认识上也被局限的个别人们身上的实际的实现二者之间的矛盾,是在人类世代的无穷的——至少对于我们,实际上是无穷的——连续系列之中,是在无穷的前进运动之中解决的。"

　　"高等数学的主要基础之一,就是矛盾……"

　　"就是初等数学,也充满着矛盾。……"①

　　[说明]矛盾不单是简单的运动形式(如力学的运动形式)的基础,并且是复杂的运动形式(如物理学的、化学的、生物学的、社会的、思维的运动形式)的基础。这就是说,只要是运动,就以矛盾为其基础,以矛盾为其内容和实质。

　　关于矛盾的普遍性,恩格斯在《反杜林论》中这样说过。他说,如果简单的机械的移动本身包含着矛盾,那么,物质的更高的运动形式,特别是有机生命及其发展,就更加包含着矛盾了。有机生命中的矛盾,是旧细胞的衰亡和新细胞的发生。由于细胞不断地更新,所以生物在每一瞬间是它自身,同时又不是它自身。若果生命中没有新旧细胞的经常矛盾的过程,这活的生命将变为怎样的情形呢?这是很明白的,生命就不存在。所以生命也是存在于物体和过程本身中不断地自行产生并自行解决的矛盾;这一矛盾一停止,生命亦即停

---

　　①　恩格斯:《反杜林论》,第一编第十二节《辩证法。量与质》。

止,于是死就到了。同样,在人的思维的范围内,也不可避免地包含着矛盾。思维中的矛盾,是人类知识发展的根源。例如,人身内部是具有无限的认识能力的,但这无限的认识能力在个别人们身上的实际的实现,却是受着限制的。这样的限制,可分为两个方面:其一,是受外部世界所限制,因为外部世界的发展是无穷的,人对于外部世界的认识也是无穷的,每逢人们认识外部世界某种矛盾、某种联系时,外部世界总是把它的新矛盾、新联系呈现在人们面前,要求人们去认识它。但个别人们的生命是有穷的,而人类对于发展着的世界的认识却是无穷的。其二,个别人们的知识无论如何渊博,总要受自己知识不可避免的界限所限制,并且还要受他的时代知识与见解的范围与深度所限制。这样说来,人的内部的无限的认识能力和这种认识能力在个别人们身上的实际的实现的限制——即是说人的认识能力是无限的,而人的一生对于世界的认识却是有限的——这便是人的思维范围内的矛盾。这样的矛盾,是在人类的世代的无穷的——至少对于我们,实际上是无穷的——连续系列之中解决的,是在无穷的前进之中解决的。但所谓人的思维中的矛盾的解决,并不是意指着矛盾的消灭,而是意指着旧的矛盾解决了,而新的矛盾接着发生出来。所以人类的知识,随着客观世界的发展而发展,随着社会实践的发展而发展,是没有止境的。

高等数学的基础之一是矛盾,初等数学也充满了矛盾。这种实例很多,请参看华罗庚著《一个数学工作者学习〈实践论〉和〈矛盾论〉的初步体会》[1]。

列宁也这样说明过矛盾的普遍性:"在数学中,正和负,微分和积分。

在力学中,作用和反作用。

在物理学中,阳电和阴电。

在化学中,原子的化合和分解。

在社会科学中,阶级斗争。"[2]

战争中的攻守、进退、胜败,都是矛盾着的现象。失去一方,他方就不存

---

[1] 华罗庚:《一个数学工作者学习〈实践论〉和〈矛盾论〉的初步体会》,《科学通报》第3卷第7期。

[2] 列宁:《关于辩证法问题》。

在。双方斗争而又联结,组成了战争的总体,推动了战争的发展,解决了战争的问题。

人的概念的每一差异,都应把它看作是客观矛盾的反映。客观矛盾反映人主观的思想,组成了概念的矛盾运动,推动了思想的发展,不断地解决了人们的思想问题。

党内不同思想的对立和斗争是经常发生的,这是社会的阶级矛盾和新旧事物的矛盾在党内的反映。党内如果没有矛盾和解决矛盾的思想斗争,党的生命也就停止了。

[说明]列宁在《谈谈辩证法问题》这一著作中,就自然现象和社会现象的运动形式,分别列举其内部的矛盾。他说:"在数学中,正和负,微分和积分。在力学中,作用和反作用。在物理学中,阳电和阴电。在化学中,原子的化合和分解。在社会科学中,阶级斗争。"这是表明矛盾是普遍存在于自然和社会之中的。

就战争来说,矛盾的存在更为明显。战争中的矛盾,是攻守、进退、胜败。这些矛盾,互相依赖而又互相排斥,失掉一方,他方就不存在。没有攻,就没有守;没有进,就没有退;没有胜,就没有败。双方斗争而又联结,组成了战争的总体,推动了战争的发展,解决了战争的问题。

不但自然现象和社会现象中都含有矛盾,并且我们的思维形式的概念中,也同样含有矛盾。概念的矛盾,促起概念的运动。概念的矛盾是客观事物中的矛盾的反映,概念的运动是客观事物的运动的反映。客观事物的矛盾,反映到主观思想中,就构成了概念的矛盾运动,推动了思想的发展,不断地解决了人们的思想问题。概念的矛盾运动,为什么能够推动人们的思想的发展,解决人们的思想问题呢? 这里我想就"中国社会"这个概念的矛盾运动来说明知识分子的思想的发展。"中国社会"这个概念,反映着中国阶级斗争的历史。在帝国主义未侵入中国以前,它反映着农民阶级对封建地主阶级斗争的历史;在帝国主义侵入以后,到"五四"运动以前,它反映着半封建半殖民地资产阶级领导人民的民族斗争和民主斗争的历史;"五四"运动以后,它反映着工人阶级领导的新民主主义革命的历史,反映着人民大众与帝国主义者、封建地主阶级、官僚资产阶级的矛盾。"中国社会"这一概念所反映着的阶级矛盾的运动,使人们的思想起了变化。特别是近 30 多年来,人们头脑中的"中国社会"这一概念中的矛盾,大大地推动了人们的思想改造。有许多知识分子,放弃了自己阶级的立场,站在工人阶级的立场,加入了革命的队伍。但还有许多知识分子,特别是一些高等知识分子,原来出身于地主或资产阶级,直接或间接地受了帝国主义教育的熏陶,又是为反动统治阶级服务过的人,他们就养成了封建的、买办的、法西斯主义的思想,反共反人民的思想,和崇美、亲美、恐美的思想。但是到了中国人民革命取得了伟大胜利,中华人民共和国成立以后,"中国社会"这一概念,充分地反映了由半封建半殖民地社会,过渡到社会主义社会的规律,反映了新的经济生活、政治生活和文化生活,反映了人民大众对反动残余势力的斗争,新东西对旧东西的斗争。这一概念的矛盾运动,使得那些高等知识分子的思想发生了矛盾,他们一方面留恋过去,抱着等待主义,保存着反工人阶级思想;一方面又不敢不承认工人阶级的思想。思想上这种矛盾的斗争,在现实的新社会的教育下,将是工人阶级思想克服他们原来的反工人阶级的思想。

无产阶级政党的发展,同样是矛盾的发展,同样贯穿着矛盾法则。因为社会的阶级矛盾和新旧事物的矛盾,经常地反映到党内来,并且党外的非无产阶级思想,也经常地通过党内的未经马克思列宁主义武装着的分子带到党内来,所以党内不同思想的对立和斗争,是经常发生的。党内思想斗争,正是党的生命发展的动力。党内如果没有矛盾和解决矛盾的思想斗争,党的生命也就停止了。联共(布)党的历史教导我们,联共(布)党的历史,正是党内各种矛盾斗争的历史。例如反民粹主义和"合法马克思主义"的斗争,反"经济派"的斗争,反修正主义的斗争,反孟什维克的机会主义的斗争,反托洛茨基主义的斗争,反"左"右倾机会主义的斗争等,都是党史的重要部分。因此可以知道,联共(布)党的发展法则,就是用斗争来克服党内的矛盾。中国共产党的发展,也贯穿着矛盾法则。党在成立之初,有些机会主义分子和"合法马克思主义者"混入了党内,社会阶级的矛盾和新旧事物的矛盾也经常反映到党内来,形成了党内的矛盾。随着革命形势的发展,到了 1924 年至 1927 年大革命时期,党内出现了以陈独秀为首的孟什维克领导集团,把革命领导向了失败的道路。

于是以毛泽东同志为首的布尔什维克,展开了反右倾机会主义的斗争。第二次国内革命战争后期,党展开了反"左"倾冒险主义的斗争。在抗日战争时期,党又展开了反右倾机会主义、"左"倾关门主义的斗争,反教条主义和经验主义的斗争,直到现在,又进行着反各种错误偏向的斗争,反贪污、反浪费、反官僚主义的斗争。我们可以说,中国共产党的历史也是党内各种矛盾斗争的历史。由于党内的矛盾斗争,党就更趋于发展和巩固。

由此看来,不论是简单的运动形式,或复杂的运动形式,不论是客观现象,或思想现象,矛盾是普遍地存在着,矛盾存在于一切过程中,这一点已经弄清楚了。但是每一过程的开始阶段,是否也有矛盾存在呢?是否每一事物的发展过程具有自始至终的矛盾运动呢?

从苏联哲学界批判德波林学派的文章中看出,德波林学派有这样一种见解,他们认为矛盾不是一开始就在过程中出现,须待过程发展到一定的阶段才出现。那么,在那一时间以前,过程发展的原因不是由于内部的原因,而是由于外部的原因了。这样,德波林回到形而上学的外因论和机械论去了。拿这种见解去分析具体的问题,他们就看见在苏联条件下富农和一般农民之间只有差异,并无矛盾,完全同意了布哈林的意见。在分析法国革命时,他们就认为在革命前,工农资产阶级合组的第三等级中,也只有差异,并无矛盾。德波林学派这类见解是反马克思主义的。他们不知道世界上的每一差异中就已经包含着矛盾,差异就是矛盾。劳资之间,从两阶级发生的时候起,就是互相矛盾的,仅仅还没有激化而已。工农之间,即使在苏联的社会条件下,也有差异,它们的差异就是矛盾,仅仅不会激化成为对抗,不取阶级斗争的形态,不同于劳资间的矛盾;它们在社会主义建设中形成巩固的联盟,并在由社会主义走向共产主义的发展过程中逐渐地解决这个矛盾。这是矛盾的差别性的问题,不是矛盾的有无的问题。矛盾是普遍的、绝对的,存在于事物发展的一切过程中,又贯穿于一切过程的始终。

[说明]从上面的说明看起来,不论是简单的运动形式,或复杂的运动形式,不论是自然现象、社会现象,或思想现象,矛盾都是普遍地存在着。矛盾存

在于一切过程中,这已经说清楚了。现在说到矛盾的普遍性的另一方面,即每一过程的开始阶段,是否也有矛盾存在呢?是否每一事物的发展过程具有自始至终的矛盾运动呢?

每一过程的开始阶段,是否也有矛盾存在?对于这一问题,唯物辩证法的答复,是和唯心辩证法完全不同的。唯心辩证法家黑格尔,在他的论理学中,把概念的自动发展,看作是等于现实世界的发展,他把发展划分为同一、差别、对立和矛盾的几个阶段,矛盾是在差别和对立这两个概念之后发生的,即矛盾是在后一阶段上才表现出来。这种见解,不但是唯心论的,而且是形而上学的。至于唯物辩证法,则是主张每一物质的事物,在其发生和发展的全过程中,其内部始终包含着矛盾。矛盾即是运动。

苏联孟什维克化的唯心论者德波林派,师承黑格尔的概念发展的公式,也把事物的发展过程,分为同一、差别、对立、矛盾的几个阶段。事物在其发展过程中,由同一进到差别,由差别进到对立,由对立进到矛盾。德波林在《哲学与马克思主义》那一著作中说:"当一切必然的发展阶段——从单纯的同一,经过差别和对立,到达于极端的矛盾——都经过之后,'解决矛盾'的时期就到来了。"这便是说,矛盾不是一开始就在过程中出现,而是要等到过程发展到一定阶段时才出现,照这样说,在那一时期以前,过程显然不是由于内部的矛盾而发展的。于是过程发展的原因,不是由于内部的原因,而是由于外部的原因了。照这样,德波林派便回到形而上学的外因论和机械论去了。德波林派应用这种见解去分析具体问题,就看见在苏联条件下的无产阶级与农民之间、富农和一般农民之间,只有差异,并无矛盾,这种意见,与机械论者布哈林的意见是相同的。德波林派之一卡列夫,在分析法国革命时,认为法国革命以前,工人农民和资产阶级合组的第三等级中,也只有差异,而没有矛盾。德波林派这类见解是反马克思主义的。他们不知道世界上的每一差异中就已经包含了矛盾,差异就是矛盾。无产阶级和资产阶级之间,从两个阶级发生的时候起,就是互相矛盾的,不过在最初的时候,矛盾没有激化而已。又如工人阶级和农民阶级之间,就是在苏联的条件下,也有差异,它们的差异就是矛盾,仅仅不会激化成为对抗,不取阶级斗争的形态,这和劳资两阶级间的矛盾是不同的。工农两阶级在社会主义建设中,结成巩固的联盟,它们之间的矛盾,在由社会主义到共产主义的发展过程中,将逐渐得到解决。所以矛盾是普遍的、绝对的。矛盾存在于事物发展的一切过程中,又贯穿于一切过程的始终。

新过程的发生是什么呢? 这是旧的统一和组成此统一的对立成分让位于新的统一和组成此统一的对立成分,于是新过程就代替旧过程而发生。旧过程完结了,新过程发生了。新过程又包含着新矛盾,开始它自己的矛盾发展史。

[说明]旧东西的死亡和新东西的发生,是事物发展的规律。所以新过程的发生,就是旧过程的统一和组成这统一的对立成分让位于新过程的统一和组成这统一的对立成分,即是旧过程的矛盾统一体让位于新过程的矛盾统一体。这就是说,新过程代替了旧过程。旧过程完结了,新过程发生了。新过程又包含着新矛盾,开始它自己的矛盾发展史。例如奴隶制社会为封建社会所替代,封建社会对于奴隶制社会是一种新社会。奴隶制社会是由奴隶和奴隶主两个主要阶级组成的统一体,代它而起的封建社会则是由农民和地主两个主要阶级组成的统一体。封建社会成立以后,就开始新的阶级斗争的历史,即农民阶级和封建地主阶级斗争的历史。又如封建社会为资本主义社会所替代,资本主义社会比较又是一种新社会。资本主义社会的发生,就是封建社会的阶级统一体让位于由劳资两个主要阶级组成的统一体。资本主义社会成立以后,就开始劳资两阶级斗争的历史,终于爆发无产阶级革命。于是资本主义社会死亡,社会主义社会发生了。在社会主义社会中,矛盾仍然存在着。所以社会主义社会成立以后,也开始它自己的矛盾的发展史。

事物发展过程的自始至终的矛盾运动,列宁指出马克思在《资本论》中模范地作了这样的分析。这是研究任何事物发展过程所必须应用的方法。列宁自己也正确地应用了它,贯彻于他的全部著作中。

"马克思在《资本论》中,首先分析的是资产阶级社会(商品社会)里最简单的、最普通的、最基本的、最常见的、最平常的、碰到亿万次的关系——商品交换。这一分析在这个最简单的现象之中(资产阶级社会的这个'细胞'之中)暴露了现代社会的一切矛盾(以及一切矛盾的胚芽)。往后的叙述又向我们表明了这些矛盾和这个社会各个部分总和的自始至终的发展(增长与运动两者)。"

列宁说了上面的话之后,接着说道:"这应该是一般辩证法的……叙述(以及研究)方法。"①

中国共产党人必须学会这个方法,才能正确地分析中国革命的历史和现状,并推断革命的将来。

[说明]"矛盾存在于一切事物的发展过程中",这个道理,前面已经说明了,现在再来说明"每一事物的发展过程中存在着自始至终的矛盾运动"的意义。

事物的矛盾运动,贯穿于其发展过程的始终。关于这一层,马克思在《资本论》中,给我们留下了辉煌的范例。列宁指出马克思在《资本论》中分析了资产阶级社会发展过程中矛盾的自始至终的运动。列宁对于《资本论》中所应用的方法,认为是辩证法的一般的叙述方法和研究方法。列宁本人在他的许多著作中也正确地应用了这个方法。

马克思在《资本论》中,从商品资本主义社会之最单纯的最根本的关系——商品交换开始。他首先指出商品的二重性及其矛盾性,是使用价值和价值的统一,暴露出商品的内的矛盾以及造出商品的劳动的二重性——创造使用价值的具体劳动和创造价值的抽象劳动。

更进一步,马克思证明:隐藏于商品中的内的矛盾,是在那种显现为相对价值形态和等价形态上两个商品之外的矛盾形式上表现出来的。这个矛盾向前运动,顺次出现为单纯价值形态、扩大价值形态、一般价值形态,以及由一般价值形态向着货币形态的转变。于是商品就分裂为商品和货币。由于货币的发展、货币的新机能的出现,使得商品交换更能展开,因而造成了商品交换的基本矛盾的发展形态。

更进一步,马克思指明货币转化为资本的过程,指明这一过程的内的矛盾

---

① 列宁:《关于辩证法问题》。

和资本的运动;证明这个矛盾随着劳动力那种特殊商品的出现而一同解决。于是商品生产变成商品资本主义的生产,形成新社会构成的基础,即资本主义的生产方式。货币到资本的转化,是价值法则在新质的基础之上的发展,是价值法则转化为新质的特殊的规律性——转化为资本的"自己运动的源泉"的剩余价值法则。

马克思探求剩余价值的增高率,证明生产的社会性和私有制度的矛盾之成长和激化。他暴露了:剥削率的增大必须使生产的不断强化,资本的再生产引起资本的积累和集中,因而不断地使得中小资本家破产。另一方面,这个再生产过程造出产业预备军,使阶级对立日趋尖锐化。马克思于是暴露了资本主义蓄积的一般法则和无产阶级革命的必然性,证明了资本主义死灭是不可避免的。

在暴露了资本主义的本质及其深刻的矛盾之后,马克思进而证明了在这个矛盾的基础上所发生的充满了矛盾的现象,即证明这些深刻的矛盾的表现形态。

《资本论》第二卷和第三卷研究着这些问题。马克思指示出资本的流通过程和再生产过程,论证剩余价值分化为企业所得、利息、商业利润和地租,由此证明价值法则怎样凭借外的形态之力而发展以及怎样转化为生产价格的法则;证明生产怎样增大,资本的有机构成怎样成长,利润率怎样受资本有机构成的增高而减低,以及资本家在利润率名义下所发展的生产力怎样低减。更进一步,马克思证明资本主义的矛盾怎样日益激化,怎样在危机和繁荣等的运动中暂时得到解决;证明生产关系一定要适合于生产力性质的法则,而资本主义的生产关系日益变成生产力发展的桎梏。这种阻碍生产力发展的资本主义社会形态,必然要为无产阶级所推翻,而为社会主义社会所替代。

以上是马克思应用对立统一法则,分析资产阶级社会中矛盾的自始至终的运动的范例。

列宁把马克思的对立统一法则,提高到了更高的阶段,并在他的一切著作中贯彻着这一法则。他继《资本论》之后,把这一法则作为分析帝国主义的根据。他把帝国主义看作资本主义发展过程中的特殊的新阶段。他在帝国主义分析中,发现了一般和特殊的统一,暴露了资本主义的一般规律性和矛盾与帝国主义阶段所发生的各种特殊性的统一。这些帝国主义的特殊性,加强了一般的资本主义矛盾的激化;垄断和自由竞争的统一和错综,不但不能减轻资本主义矛盾的尖锐性,而且使它更趋于激化,大大地促进了资本主义的竞争,促进无产阶级革命的爆发。帝国主义是垂死的资本主义,是社会主义革命的前夜。

上述辩证法的叙述方法和研究方法,像一根红线一样,贯穿于毛泽东同志的一切著作之中,而《矛盾论》则是这个方法的经典式的说明。毛泽东同志在写《矛盾论》的时候,教导党员们必须学会这个方法,才能正确地分析中国革命的历史和现状,并推断革命的将来。事实上,毛泽东同志早已正确地分析了中国革命的历史和现状,并已经指出了革命的将来。这是中国革命的胜利所已经证明了的真理。现在,我们应该从《矛盾论》学会这个方法,解决在革命和建设事业中所遇到的实际问题。

三、矛盾的特殊性

矛盾存在于一切事物发展的过程中,矛盾贯穿于每一事物发展过程的始终,这是矛盾的普遍性和绝对性,前面已经说过了。现在来说矛盾的特殊性和相对性。

这个问题,应从几种情形中去研究。

首先是各种物质运动形式中的矛盾,都带特殊性。人的认识物质,就是认识物质的运动形式,因为除了运动的物质以外,世界上什么也没有,而物质的运动则必取一定的形式。对于物质的每一种运动形式,必须注意它和其他各种运动形式的共同点。但是,尤其重要的,成为我们认识事物的基础的东西,则是必须注意它的特殊点,就是说,注意它和其他运动形式的质的区别。只有注意了这一点,才有可能区别事物。任何运动形式,其内部都包含着本身特殊的矛盾。这种特殊的矛盾,就构成一事物区别于他事物的特殊的本质。这就是世界上诸种事物所以有千差万别的内在的原因,或者叫做根据。自然界存在着许多的运动形式,机械运动、发声、发光、发热、电流、化分、化合等等都是。所有这些物质的运动形式,都是互相依存的,又是本质上互相区别的。每一物质的运动形式所具有的特殊的本质,为它自己的特殊的矛盾所规定。这种情形,不但在自然界中存在着,在社会现象和思想现象中也是同样地存在着。每一种社会形式和思想形式,都有它的特殊的矛盾和特殊的本质。

[说明]矛盾的普遍性和绝对性,前面已经说明了,现在进而说明矛盾的特殊性和相对性。

关于矛盾的特殊性问题,应当从几种情形去说明。

首先要指出的是:各种物质运动形式中的矛盾,都带特殊性。例如前面所述作用和反作用是力学的运动形式中的矛盾,阳电和阴电是物理学的运动形式中的矛盾,化合和分解是化学的运动形式中的矛盾,阶级斗争是社会的运动形式中的矛盾。这些矛盾都是各不相同的特殊的矛盾。

我们认识物质,就是认识物质的运动形式。因为世界是物质联系的统一体的运动过程,一切物质的东西都是运动着的,一切运动着的东西都是物质。但物质的运动必采取一定的形式,千差万别的物质有千差万别的运动形式,即各自有特殊的运动形式。我们对于某种物质运动形式的认识,固然要注意它和他种物质运动形式的共同点,而尤其重要的,必须注意它的特殊点。某种物质运动形式的特殊点,是成为我们认识的基础的东西。所以我们认识某种物质时,必先注意它的特殊运动形式。这特殊运动形式,就构成它所以和别种物质不同的质。我们只有看出这种物质的质,才有可能认识它。反过来说,我们要认识某种事物而不能看出它的特殊的质,它就会被看作是和别的事物相同的东西,我们怎么能够认识它的特殊的本质、特殊的发展的规律呢?

为什么各种不同的事物各采取特殊的形式呢? 这完全是因为每一种事物内部都包含着本身的特殊的矛盾。正是这种特殊的矛盾,才构成一事物区别于其他事物的特殊的本质。这就是各种事物所以互不相同的内在的原因,或者叫做根据。例如物理学的运动形式,固然它和力学的运动形式有共同之点,但它和力学的运动形式不同,因为它本身中包含着阳电荷和阴电荷、质子和电子的矛盾(在原子核的本身,有斥力和引力发生作用),正是这种特殊的矛盾,才构成物理学的特殊运动形式。又如化学的运动形式,也和力学的、物理学的运动形式有共同之点,但构成化学的特殊运动形式的原因,则是由于它本身中包含着化合和分解的矛盾。又如生物学的运动形式,比较更为复杂,它本身包含着力学的、物理学的、化学的和生命的运动形式,但构成生物学的特殊运动形式的原因,则是由于它本身中包含着新陈代谢、细胞更新那种特殊的矛盾。正是各种运动形式中所包含的特殊矛盾,就构成各种运动形式的特殊的本质。自然界存在着多种运动形式,即力学的、物理学的、化学的、生物学的运动形式,如机械运动、发声、发光、发热、电流、化分、化合、新陈代谢等都是。这些物质运动形式都是互相依存的,又是本质上互相区别的。如物理学的运动形式和力学的运动形式相依存,化学的运动形式又和力学的、物理学的运动形式相依存,生物学的运动形式又和力学的、物理学的、化学的运动形式相依存,但各种运动形式在本质上是各不相同的。这因为各种运动形式的本质,是由它本身中特殊的矛盾所规定。

上述的情形,在社会形式方面也是一样。社会形式的本质,也由其自身中的特殊矛盾所规定。例如奴隶制社会的本质由奴隶主和奴隶的阶级对立所规定,封建社会的本质由农民和地主的阶级对立所规定,资本主义社会的本质由资产阶级和无产阶级的对立所规定。至于社会主义社会的本质则由那种和剥削阶级统治的社会的矛盾根本不同的特殊矛盾所规定。

又如在思想形式方面,也有相同的情形。人的思想上的矛盾,是客观矛盾在主观上的反映。资产阶级思想的本质是损人利己、唯利是图,这是资本家剥削并压迫劳动人民的事实在主观上的反映。无产阶级思想的本质是铲除阶级,消灭剥削,这是劳动阶级反资本制度的斗争的反映。

科学研究的区分,就是根据科学对象所具有的特殊的矛盾性。因此,对于某一现象的领域所特有的某一种矛盾的研究,就构成某一门科学的对象。例如,数学中的正数和负数,机械学中的作用和反作用,物理学中的阴电和阳电,化学中的化分和化合,社会科学中的生产力和生产关系、阶级和阶级的互相斗争,军事学中的攻击和防御,哲学中的唯心论和唯物论、形而上学观和辩证法观等等,都是因为具有特殊的矛盾和特殊的本质,才构成了不同的科学研究的对象。固然,如果不认识矛盾的普遍性,就无从发现事物运动发展的普遍的原因或普遍的根据;但是,如果不研究矛盾的特殊性,就无从确定一事物不同于他事物的特殊的本质,就无从发现事物运动发展的特殊的原因,或特殊的根据,也就无从辨别事物,无从区分科学研究的领域。

[说明]任何一种科学的对象,都和其他各种科学的对象不同。各种科学对象所以互不相同,是由于各个对象中各具有其特殊的矛盾。科学研究的区分,就是根据科学对象所具有的特殊的矛盾性。所以对于某一现象的领域所特有的某一种矛盾的研究,就构成某一门科学的对象。例如,数学所研究的基本矛盾,是正和负的矛盾、微分和积分的矛盾;机械学所研究的基本矛盾,是作用和反作用的矛盾;物理学所研究的基本矛盾,是阴电和阳电的矛盾;化学所研究的基本矛盾,是化合和化分的矛盾;社会科学所研究的基本矛盾,是生产力和生产关系的矛盾、阶级和阶级的互相斗争;军事学所研究的基本矛盾,是攻击和防御的矛盾。至于哲学,则是唯心论和唯物论、形而上学观和辩证法观斗争的领域。现代的唯心论哲学和形而上学观站在资产阶级的立场,同辩证唯物论进行斗争;辩证唯物论则站在无产阶级的立场,向各种流派的唯心论和形而上学观进行斗争。这一切,都是因为具有特殊的矛盾和特殊的本质,才构成了不同的科学的研究对象。固然,如果不认识矛盾的普遍性,就无从发现事物运动发展的普遍原因或普遍的根据。譬如说,我们如果不学习辩证法的宇宙观,就不能知道矛盾法则是自然、社会和思维的发展的普遍法则。但是,如果不研究矛盾的特殊性,就无从确定一事物不同于他事物的特殊的本质,就无从发现事物运动发展的特殊的原因,或特殊的根据,也就无从辨别事物、无从区分科学研究的领域。譬如说,我们学习了辩证法的宇宙观,若果不把它作为科学研究的指导,不知道具体地应用它来认识一种事物和他种事物不同的特殊的矛盾,就绝不能认识这一事物。

就人类认识运动的秩序说来,总是由认识个别的和特殊的事物,逐步地扩大到认识一般的事物。人们总是首先认识了许多不同事物的特殊的本质,然后才有可能更进一步地进行概括工作,认识诸种事物的共同的本质。当着人们已经认识了这种共同的本质以后,就以这种共同的认识为指导,继续地向着尚未研究过的或者尚未深入地研究过的各种具体的事物进行研究,找出其特殊的本质,这样才可以补充、丰富和发展这种共同的本质的认识,而使这种共同的本质的认识不至变成枯槁的和僵死的东西。这是两个认识的过程:一个是由特殊到一般,一个是由一般到特殊。人类的认识总是这样循环往复地进行的,而每一次的循环(只要是严格地按照科学的方法)都可能使人类的认识提高一步,使人类的认识不断地深化。我们的教条主义者在这个问题上的错误,就是,一方面,不懂得必须研究矛盾的特殊性,认识各别事物的特殊的本质,才有可能充分地认识矛盾的普遍性,充分地认识诸种事物的共同的本质;另一方面,不懂得在我们认识了事物的共同的本质以后,还必须继续研究那些尚未深入地研究过的或者新冒出来的具体事物。我们的教条主义者是懒汉,他们拒绝对于具体事物做任何艰苦的研究工作,他们把一般真理看成是凭空出现的东西,把它变成为人们所不能够捉摸的纯粹抽象的公式,完全否认了并且颠倒了这个人类认识真理的正常秩序。他们也不懂得人类认识的两个过程的互相联结——由特殊到一般,又由一般到特殊,他们完全不懂得马克思主义的认识论。

[说明]人类认识运动的程序,总是首先应用由特殊到一般的方法,然后应用由一般到特殊的方法。由特殊到一般的方法,即是由认识个别的和特殊的事物,逐步地扩大到认识一般的事物的方法。人们的认识运动,总是首先认识了许多不同事物特殊的本质,然后把那些事物的特殊本质,实行抽象,进行概括,认识诸种事物的共同的本质。这是由特殊到一般的过程。当人们已经认识这种共同的本质以后,就把这种共同的认识作指导,继续向着还不曾研究过的或者还不曾深入地研究过的各种具体事物进行研究,认识它的特殊的本质。这样,就使得那种共同的本质的认识,得到补充,更趋于丰富和发展,不至于变成枯槁的和僵死的东西。这是由一般到特殊的过程。人类的认识运动,总是由特殊到一般,又由一般到特殊,这样循环往复地进行,只要是严格地按照科学的方法,每一次的循环,都可能使认识提高一步,使认识更趋于深化。

举例来说。当科学家发明了电气的时候,为了寻找导电体,个别地认识了金、银、铜、铅等都有导电的作用,于是概括起来,作出了一切金属都是导电体的一般的结论。以后根据这一般的结论,去研究那些新发现的别的金属如锑、钨、锰之类,找出其特殊的本质,这就使得那个一般的结论更趋于丰富了。

又就个别科学与辩证法的宇宙观的关系来说。古代的人,开始认识了许多个别自然现象的特殊本质以后，就进行概括，创造了所谓"斗争为万物之父"、"万物变动不居"的朴素的辩证法的宇宙观。这种辩证法的宇宙观，虽然是朴素的，却能成为个别科学研究的指导。随着社会的实践的发展，个别的自然科学之逐步地发达，就一步一步地暴露了各种自然现象之特殊的矛盾。这些特殊的矛盾，一步一步地被综合于辩证法的宇宙观之中，使辩证法的宇宙观更趋于丰富和发展，更进一步地指导个别科学的研究。人类对于世界的认识运动，像这样循环往复地进行，每一次循环，都提高了人类的认识。直到19世纪中叶，马克思站在无产阶级的立场，在唯物论的基础上，综合了资本主义社会的现实的阶级矛盾，批判地摄取了古典哲学、古典经济学和空想社会主义中所揭露了的阶级矛盾，综合了各种自然科学中所暴露了的自然界无数特殊的矛盾，就创造了唯物辩证法的宇宙观。从此，唯物辩证法就成了世界无产阶级的革命行动与科学研究的指导。列宁和斯大林，把他们所阐明了的帝国主义和世界无产阶级革命的辩证法、俄国革命的辩证法和苏联社会主义建设的辩证法，丰富了并发展了马克思的唯物辩证法。我们毛泽东同志也用他所暴露了的殖民地、半殖民地、半封建社会的人民革命的辩证法，丰富了并发展了马克思的唯物辩证法。

又如，毛泽东同志30多年来，应用马克思列宁主义的普遍真理，研究了特殊的中国革命问题，他分析了中国的经济、政治和文化方面的各种特殊性，认识了中国社会之半封建半殖民地的性质。他分析了中国社会的复杂的阶级矛盾的各种特殊性，指出了帝国主义和封建主义是革命的对象；指出了工人阶级是革命的领导者，农民阶级是革命的广大的同盟军，小资产阶级和民族资产阶级是革命的友人。把这些分析的研究综合起来，就引出了一般的结论："中国共产党领导的整个中国革命运动，是包括民主主义革命和社会主义革命两个阶段在内的全部革命运动；这是两个性质不同的革命过程，只有完成了前一个革命过程才有可能去完成后一个革命过程。民主主义革命是社会主义革命的必要准备，社会主义革命是民主主义革命的必然趋势。而一切共产主义者的最后目的，则是在于力争社会主义社会和共产主义社会的最后的完成。"①而

---

① 《毛泽东选集》第二卷，第614页。

前一阶段的革命的任务,是以工人阶级为领导,以工农联盟为基础,团结小资产阶级和民族资产阶级,共同推翻帝国主义、封建主义和官僚资本主义,建立人民共和国。这是由特殊到一般的过程。毛泽东同志基于前述一般的结论,研究革命形势的变化,分析革命发展的各阶段的复杂的阶级矛盾的特殊性,分别地定出不同的解决阶级矛盾的方法,逐步地推动革命向前发展,并逐步地丰富了和发展了那个一般的结论,使它更趋于具体而生动。基于这种由一般到特殊的过程与由特殊到一般的过程的统一和联系,循环往复地向前进行,就使得人民大众对于中国革命问题的认识,逐步提高,逐步深化,因而增长了为社会主义社会和共产主义社会的实现而奋斗的革命的勇气和信心。

但是,教条主义者对于上述认识运动的正常秩序却全无理解,就关于中国革命的研究来说,他们一方面不懂得必须研究中国的历史实际和革命实际,必须研究半封建半殖民地社会的经济、政治和文化各方面的特殊的本质,分析复杂的阶级矛盾的特殊性,然后才能充分地认识阶级矛盾的普遍性,认识中国革命诸问题的共同的本质,因而从其中引出规律来,作为革命行动的指导;另一方面,他们不懂得在认识了中国革命诸问题的共同的本质以后,还必须继续研究那些还不曾深入地研究过或新冒出的具体的问题。他们是懒汉,对于中国革命的具体形势和具体问题,不肯用脑力去苦心研究,认识其中的矛盾的特殊性,只知道"把马克思列宁主义书本上的某些个别字句看作现成的灵丹圣药,似乎只要得了它,就可以不费气力地包医百病"。[①] 他们不从实际出发,不从认识个别的特殊的事物出发,而是从原理出发,从书本出发,从主观的愿望出发。他们不知道:马克思列宁主义是马克思和列宁从历史实际与革命实际抽出来的总结论,我们必须根据它来研究中国的历史实际和革命实际,才能创造出合乎中国实际需要的特殊性的理论。他们把马克思列宁主义看成是凭空出现的东西,把它变成为人们所不能够捉摸的纯粹抽象的公式,向着各种具体问题上硬套。他们完全否认了由特殊到一般再由一般到特殊这个认识真理的正常秩序,并且把这个秩序颠倒过来,把由一般到特殊的过程放到前面来(即从原理出发,从公式出发)。他们也不懂得由特殊到一般和由一般到特殊这两

---

① 《毛泽东选集》第三卷,第 778 页。

个过程的互相联系,而只是把一般的公式嵌入于特殊的问题,就算了事,也不再注意那由特殊到一般的过程了。所以教条主义者完全不懂得马克思主义的认识论。1931年以来党内出现了的"左"倾冒险主义,就是教条主义的表现。

不但要研究每一个大系统的物质运动形式的特殊的矛盾性及其所规定的本质,而且要研究每一个物质运动形式在其发展长途中的每一个过程的特殊的矛盾及其本质。一切运动形式的每一个实在的非臆造的发展过程内,都是不同质的。我们的研究工作必须着重这一点,而且必须从这一点开始。

不同质的矛盾,只有用不同质的方法才能解决。例如,无产阶级和资产阶级的矛盾,用社会主义革命的方法去解决;人民大众和封建制度的矛盾,用民主革命的方法去解决;殖民地和帝国主义的矛盾,用民族革命战争的方法去解决;在社会主义社会中工人阶级和农民阶级的矛盾,用农业集体化和农业机械化的方法去解决;共产党内的矛盾,用批评和自我批评的方法去解决;社会和自然的矛盾,用发展生产力的方法去解决。过程变化,旧过程和旧矛盾消灭,新过程和新矛盾发生,解决矛盾的方法也因之而不同。俄国的二月革命和十月革命所解决的矛盾及其所用以解决矛盾的方法是根本上不相同的。用不同的方法去解决不同的矛盾,这是马克思列宁主义者必须严格地遵守的一个原则。教条主义者不遵守这个原则,他们不了解诸种革命情况的区别,因而也不了解应当用不同的方法去解决不同的矛盾,而只是千篇一律地使用一种自以为不可改变的公式到处硬套,这就只能使革命遭受挫折,或者将本来做得好的事情弄得很坏。

[说明]我们研究每一个大系统的物质运动形式时,必须研究其内部的特殊的矛盾性和由它所规定的特殊的本质。并且还要进一步,研究每一个物质运动形式在其发展长途中的每一过程时,也必须研究其中的特殊的矛盾和它所规定的特殊的本质。因为一切运动形式的每一个实在的、非由头脑虚造的发展过程,都是不同质的。例如说:"中国共产党领导的整个中国革命运动",是一个大系统的运动形式,它具有特殊的矛盾性和它所规定的特殊的本质。而这一大系统的运动形式,在其发展的长途中,又分为民主主义革命和社会主

义革命两个过程,这两个过程又各有其特殊的矛盾和由它所规定的特殊的本质。这两个发展过程,都是实在的过程,并不是由头脑虚造出来的,都是质不相同的,我们研究每一过程时,必须确定这一过程的质,并且必须从这一点开始。

不同质的过程有不同质的矛盾。不同质的矛盾,只有用不同质的方法才能解决。例如,在资本主义国家,无产阶级和资产阶级相矛盾,无产阶级就用社会主义革命的方法去解决;在封建主义国家,人民大众和封建制度相矛盾,人民大众就用民主主义革命的方法去解决;在殖民地的国家,殖民地和帝国主义相矛盾,殖民地人民就用民族革命的方法去解决;在社会主义社会中,工人阶级和农民阶级有矛盾,工人阶级就领导农民阶级用农业集体化和农业机械化的方法去解决;在共产党内部,思想上有矛盾,就用批评和自我批评的方法去解决;在大自然的环境中,社会和自然相矛盾(即自然影响社会,社会则改造自然,这是两者间的矛盾),社会就用发展生产力的方法去解决(社会和自然的矛盾是层出不穷的,解决了一个矛盾,另一个矛盾接着发生,不断地产生矛盾,不断地解决矛盾,社会的生产力就不断地向前发展)。一个过程,由于它内部的矛盾的发展,到了一定的程度就发生变化。于是旧过程和旧矛盾消灭,新过程和新矛盾接着发生,解决矛盾的方法也因之而不同,就俄国的二月革命和十月革命所解决的矛盾及其所用以解决矛盾的方法来加以说明。俄国在二月革命以前,是一个军事的封建的帝国主义国家,资本主义已有相当高度的发展(虽然比不上英德法等国家),当时俄国社会最突出的矛盾,是人民大众和沙皇制度的矛盾,无产阶级和资产阶级的矛盾。解决前一矛盾的方法是民主主义革命,解决后一矛盾的方法是社会主义革命。列宁分析俄国革命的发展,指示出由民主主义革命转变为社会主义革命的途径。这民主主义革命和社会主义革命,是一根链条中的两个环子,是俄国无产阶级共产主义运动的两个有机的发展过程。俄国无产阶级革命的程序,第一步是领导人民大众(包括农民和资产阶级)推倒沙皇制度,实现民主主义革命,接着就团结农民阶级,推翻资本主义制度,实现社会主义革命。这是布尔什维克党的政治的总路线。俄国的二月革命,是工人和布尔什维克领导人民大众推翻沙皇制度的民主主义的革命。只因为当时党的领袖列宁还侨居国外,斯大林还在西伯利亚流放所,以致党内意见分歧,工人兵士和广大的小资产阶级又因被革命第一批胜利所陶醉,致使孟什维克和社会革命党人利用彼得格勒苏维埃,勾结国家杜马(即议会)中的自由派和保皇党人,组成了资产阶级的临时政府,而与工兵代表苏维埃相并立,于是形成了两个政权并存的局面。从此以后,布尔什维克党在列宁斯大林指导之下,为了把这个革命转变为社会主义革命,就努力争取工人阶级中的大多数,争取苏维埃的大多数,把千百万农民吸收到社会主义革命方面来,逐步地揭破社会革命党和孟什维克党的反动政策,使群众脱离这些反动政党的影响,经过了几个月的艰苦奋斗的工作,终于爆发了十月革命,建立了世界第一个社会主义国家。由此可见,俄国二月革命和十月革命所解决的矛盾和用以解决矛盾的方法是根本上不相同的。又如中国无产阶级的共产主义运动,也包括了民主主义革命和社会主义革命两个有机的发展过程。由于中国社会的矛盾的特殊性,无产阶级所要解决的矛盾及其所用以解决的方法,不但是根本上不相同,并且和俄国情形也不相同。我国的新民主主义革命和俄国的二月革命不同,无产阶级所要解决的矛盾和用以解决矛盾的方法各不相同。并且我国由新民主主义革命转变为社会主义革命的步骤及用以解决矛盾的方法,也与俄国的情形不同。总起来说,用不同的方法去解决不同的矛盾,这是马克思列宁主义者必须严格遵守的一个原则。

但是教条主义者却不遵守这个原则。他们不了解各种革命情况的区别,因而也不了解应当用不同的方法去解决不同的矛盾,而只是千篇一律地使用一种自以为不可改变的公式到处硬套,这就只能使革命遭受挫折,或者将本来做得好的事情弄得很坏。例如当1931年至1934年的期间,教条主义者"否认由日本侵略所引起的国内政治的重大变化,而认为国民党各派和各中间派别都是一样的反革命,要求党向他们一律进行'决死斗争'……这样,由红军胜利和国民党统治区群众运动高涨所表现出来的革命的复兴,就被破坏了"①。

为要暴露事物发展过程中的矛盾在其总体上、在其相互联结上的特殊性,就是说暴露事物发展过程的本质,就必须暴露过程中矛盾各方面的特殊

---

① 胡乔木:《中国共产党的三十年》。

性,否则暴露过程的本质成为不可能,这也是我们做研究工作时必须十分注意的。

一个大的事物,在其发展过程中,包含着许多的矛盾。例如,在中国资产阶级民主革命过程中,有中国社会各被压迫阶级和帝国主义的矛盾,有人民大众和封建制度的矛盾,有无产阶级和资产阶级的矛盾,有农民及城市小资产阶级和资产阶级的矛盾,有各个反动的统治集团之间的矛盾,等等,情形是非常复杂的。这些矛盾,不但各各有其特殊性,不能一律看待,而且每一矛盾的两方面,又各各有其特点,也是不能一律看待的。我们从事中国革命的人,不但要在各个矛盾的总体上,即矛盾的相互联结上,了解其特殊性,而且只有从矛盾的各个方面着手研究,才能有可能了解其总体。所谓了解矛盾的各个方面,就是了解它们每一方面各占何等特定的地位,各用何种具体形式和对方发生互相依存又互相矛盾的关系,在互相依存又相互矛盾中,以及依存破裂后,又各用何种具体的方法和对方作斗争。研究这些问题,是十分重要的事情。列宁说:马克思主义的最本质的东西,马克思主义的活的灵魂,就在于具体地分析具体的情况。① 就是说的这个意思。我们的教条主义者违背列宁的指示,从来不用脑筋具体地分析任何事物,做起文章或演说来,总是空洞无物的八股调,在我们党内造成了一种极坏的作风。

[说明]一个大事物的发展过程中,不止含有一个矛盾,而是含有多数矛盾的。这些矛盾,互相联系,互相错综,成为一个总体。我们为要暴露这一事物过程的本质,就必须暴露那些矛盾在其总体上的特殊性,即在其互相联系上的特殊性。因为过程的本质,是由它自己的矛盾的特殊性所规定的。但在暴露这一过程中的矛盾在其总体上的特殊性之前,就必先暴露那些矛盾中每一矛盾的特殊性,和每一矛盾的两个方面的特点。如果不按照这个程序去研究,即是说,如不先分别暴露每一矛盾的特殊性及其矛盾的两方面的特点,就不能认识那些矛盾在其总体上的特殊性,因而也就不能认识这一过程

---

① 见列宁的《共产主义》(1920年6月12日)一文。在该文中列宁批评匈牙利共产党领导人贝拉·库恩说:"他抛开了马克思主义的最本质的东西、马克思主义的活的灵魂:具体地分析具体的情况。"

的本质,结局也就不能定出总的解决方法来。这是我们做研究工作时必须十分注意的。

例如,在中国资产阶级民主革命过程中,就包含着许多的矛盾:有中国民族各被压迫阶级和帝国主义的矛盾,有人民大众和封建制度的矛盾,有无产阶级和资产阶级的矛盾,有农民阶级及城市小资产阶级和资产阶级的矛盾,有各个反动统治集团之间的矛盾,等等。这些矛盾互相错综,互相联系,形成一个总体。为要认识这一过程中的多数矛盾在其总体上的特殊性及由它所规定的特殊的本质,就必须分析每一矛盾的特殊性和矛盾的两方面,然后把这些分析研究综合起来,决定解决这一过程的总体的矛盾的方法。毛主席的许多著作,对于中国资产阶级民主革命过程中的多数矛盾,用分析与综合的统一的方法,暴露了这一革命的特殊的本质,因而制定了新民主主义革命的理论与政策。譬如党暴露各被压迫阶级和帝国主义的矛盾的特殊性之时,首先说明各帝国主义者侵略中国的历史与现状,指出他们如何勾结封建势力压迫中国人民的事实,暴露他们在侵略中国问题上的明争暗斗,以及日本帝国主义者在第一次世界大战后要变中国为它的殖民地的野心等,因而确定了帝国主义是革命的对象;其次分析被帝国主义压迫的各阶级,指出各阶级不同的革命性,认定工人阶级、农民阶级、小资产阶级与民族资产阶级是革命的动力,而这个革命要以工人阶级为领导,以工农联盟为基础。由于这一矛盾的特殊性和矛盾两方面的特点,就规定了半殖民地半封建中国人民反帝国主义的革命是资产阶级性的民主革命。

其次,说到人民大众和封建制度的矛盾,则先说明封建制度的历史及其转变为半封建的过程,说明地主阶级是封建制度的基础,指出代表封建势力和帝国主义的新旧军阀的政权和地主阶级是革命的对象,至于人民大众,同样是前面所说四个被压迫阶级,但农民阶级占全国人民中的绝大多数,因而人民大众反封建主义的革命,可以说是工人阶级所领导的农民革命,也就是土地革命。由于这一矛盾的特殊性及矛盾两方面的特点,就规定了土地革命是资产阶级性民主革命的重要部分。

再次,说到无产阶级和资产阶级的矛盾,必须结合中国社会之半封建半殖民地的性质,把中国资产阶级分为两部分,即买办资产阶级和民族资产阶级。

买办资产阶级是直接为帝国主义服务并为他们所豢养的阶级,是中国革命的对象。至于民族资产阶级是受帝国主义和封建主义所压迫,他们同帝国主义和封建主义有矛盾,所以能成为革命力量之一,但由于他们在经济上和政治上的软弱性,他们同帝国主义和封建主义仍有千丝万缕的联系,所以他们又没有彻底反帝反封建的勇气,很容易同革命的敌人相妥协。民族资产阶级正因为具有革命性和妥协性的两面性,所以不能领导这个资产阶级性的民主革命。在矛盾的另一方面的中国无产阶级,是缺乏生产资料的阶级,具有共产主义者的性格,富于组织性和纪律性。他们还具有和帝国主义国家的无产阶级不同的特点。其一,他们身受帝国主义、资产阶级和封建势力的三重压迫。由于这些压迫的严重性和残酷性,使得他们具备了特别坚决而彻底的革命性。其二,他们开始踏上革命斗争的舞台时,就在他们的先锋队——中国共产党领导之下,成为中国社会中最有觉悟的阶级。其三,他们多数是从破产农民出身,和广大农民有天然的联系,很容易同农民结成亲密的同盟。因此,他们是中国革命的最基本的动力,能领导中国的革命。无产阶级和民族资产阶级是有矛盾的,但由于中国革命之半殖民地半封建的性质,民族资产阶级不曾掌握过政权而又受帝国主义和封建主义的压迫,具有革命的可能性,所以无产阶级要团结他们,领导他们,扩大革命的力量,以便更容易消灭共同的敌人,并且在新中国成立之后,在一定的时期内,他们还可以发展于国计民生有利的事业,可以助长国民经济的发展。

又次,说到农民及城市小资产阶级和资产阶级的矛盾。农民阶级和资产阶级的矛盾,表现为农村和城市的矛盾,资产阶级通过商业资本和高利贷资本,剥削着农村的农民,农民以低价出售农产品给资本家,而资本家以高价出售工业品给农民,所以两者间的利害形成矛盾。另外,城市小资产阶级,在其小资本受大资本的压迫的一点上,是和资产阶级有矛盾的。并且中国的小资产阶级的知识分子,是具有革命性的,是容易接受马克思列宁主义的。但农民及城市小资产阶级和资产阶级的矛盾,在新民主主义革命过程中,是受无产阶级和资产阶级这一矛盾所规定、所影响的。

还有,中国各个反动集团之间的矛盾,在中国革命的过程中,也必须加以分析研究。那些反动集团都是革命的对象,它们之间的矛盾,是决定革命策略的重要因素。那些反动集团,在 1925 年至 1927 年革命时期以前,主要的是北方直系、皖系和奉系的大军阀,在南方是各种派系的小军阀。在 1925 年到 1927 年革命以后的几年间,是蒋桂冯阎各派的新军阀。它们仰承各个帝国主义者的唆使,就互相火并,造出连年的内战,一方面加重了对各被压迫阶级的剥削,一方面产生了各种空隙,使革命势力能利用这些空隙,壮大自己的力量,促起革命高潮的到来。

　　毛泽东同志把中国资产阶级民主革命过程,分解为许多对立的矛盾,分别地研究了每一矛盾的特殊性及矛盾的两方面的特点,然后在各个矛盾的总体上把它们综合起来,暴露了矛盾在其总体上的特殊性,指出中国革命之反帝反封建的本质,因而创造了新民主主义革命的理论,作为中国人民革命的指导。所以,一个大事物发展过程中的许多矛盾,不但各有其特殊性,不能一律看待,而且每一矛盾的两方面,又各有其特点,也是不能一律看待的。我们从事中国革命工作的人,不但要在各个矛盾的总体上,即矛盾的相互联结上,了解其特殊性,而且只有从矛盾的各个方面着手研究,才有可能了解其总体。所谓了解矛盾的各个方面,就是了解它们每一方面各占何等特定的地位,各用何种具体形式和对方发生互相依存又互相矛盾的关系,在互相依存又互相矛盾中,以及依存破裂后,又各用何种具体方法和对方作斗争。这些问题的研究,对于革命策略的决定是十分重要的。这里所说的矛盾双方的互相依存和互相矛盾,是指矛盾的统一和斗争。因为矛盾的一方以他方的存在为前提,没有矛就没有盾,没有盾也就没有矛。矛盾是相互依存的,依存的破裂即是矛盾的激化。例如在第一次国内革命战争时期,由于国民党接受了共产党的主张,赞成反帝反封建的革命,并实行联俄联共和扶助工农的政策,共产党才和它建立统一战线,共同推翻北洋封建军阀政府。但后来由于蒋介石匪帮的叛乱,实行反共反人民,这统一战线就破裂了。于是共产党就领导广大的工农群众用武装的革命反对武装的反革命,并进行土地革命,对国民党政权给以很大的打击。到了抗日战争时期,由于国民党接受了共产党的主张,共同抗日,共产党又和它成立了统一战线,但实行着又联合又斗争的政策,始终保持着领导权,争取在抗战胜利后实现人民共和国。但到了抗战胜利以后,蒋介石匪帮勾结美帝国主义,反共反人民,共产党便团结各革命阶级各民主党派,建立了新的更广大的统一战线,进行解放战争,最后推翻了国民党反动派的政权,建立了中华人民共和国。

列宁说:马克思主义的最基本的东西,马克思主义的活的灵魂,就在于具体地分析具体的情况。这话的意思是说马克思主义不是教条,而是革命行动的指导,革命的人应当把马克思主义的普遍真理结合革命的具体的实践。所谓具体地分析具体的情况,即是依据矛盾统一法则,具体地分析具体的矛盾,即是暴露革命过程中各种矛盾的特殊性及矛盾各方面的特点,然后综合起来,暴露那些矛盾在其总体上的特殊性,认识这一过程的本质,来决定解决的方法。但是党内的教条主义者却违背列宁的指示,从来不用脑筋分析具体的事物,分析具体的矛盾,而只是抽象地提出解决矛盾的公式来。他们做起文章或演说来,总是空洞无物的八股调。这种教条主义,在党内造成了极坏的作风。

研究问题,忌带主观性、片面性和表面性。所谓主观性,就是不知道客观地看问题,也就是不知道用唯物的观点去看问题。这一点,我在《实践论》一文中已经说过了。所谓片面性,就是不知道全面地看问题。例如:只了解中国一方、不了解日本一方,只了解共产党一方、不了解国民党一方,只了解无产阶级一方、不了解资产阶级一方,只了解农民一方、不了解地主一方,只了解顺利情形一方、不了解困难情形一方,只了解过去一方、不了解将来一方,只了解个体一方、不了解总体一方,只了解缺点一方、不了解成绩一方,只了解原告一方、不了解被告一方,只了解革命的秘密工作一方、不了解革命的公开工作一方,如此等等。一句话,不了解矛盾各方的特点。这就叫做片面地看问题。或者叫做只看见局部,不看见全体,只看见树木,不看见森林。这样,是不能找出解决矛盾的方法的,是不能完成革命任务的,是不能做好所任工作的,是不能正确地发展党内的思想斗争的。孙子论军事说:"知彼知己,百战不殆。"①他说的是作战的双方。唐朝人魏徵说过:"兼听则明,偏信则暗。"②也懂得片面

————————————

① 《孙子·谋攻》。

② 魏徵(公元580—643年),唐代初期的政治活动家和历史家。本文引语见《资治通鉴》卷一百九十二。

性不对。可是我们的同志看问题,往往带片面性,这样的人就往往碰钉子。《水浒传》上宋江三打祝家庄,①两次都因情况不明,方法不对,打了败仗。后来改变方法,从调查情形入手,于是熟悉了盘陀路,拆散了李家庄、扈家庄和祝家庄的联盟,并且布置了藏在敌人营盘里的伏兵,用了和外国故事中所说木马计相像的方法,第三次就打了胜仗。《水浒传》上有很多唯物辩证法的事例,这个三打祝家庄,算是最好的一个。列宁说:"要真正地认识对象,就必须把握和研究它的一切方面、一切联系和'媒介'。我们决不会完全地做到这一点,可是要求全面性,将使我们防止错误,防止僵化。"②我们应该记得他的话。表面性,是对矛盾总体和矛盾各方的特点都不去看,否认深入事物里面精细地研究矛盾特点的必要,仅仅站在那里远远地望一望,粗枝大叶地看到一点矛盾的形相,就想动手去解决矛盾(答复问题、解决纠纷、处理工作、指挥战争)。这样的做法,没有不出乱子的。中国的教条主义和经验主义的同志们所以犯错误,就是因为他们看事物的方法是主观的、片面的和表面的。片面性、表面性也是主观性,因为一切客观事物本来是互相联系的和具有内部规律的,人们不去如实地反映这些情况,而只是片面地或表面地去看它们,不认识事物的互相联系,不认识事物的内部规律,所以这种方法是主观主义的。

[说明]我们研究问题,忌带主观性、片面性和表面性。所谓主观性,就是只知道从主观的愿望或见解出发去看问题,就是用唯心的观点去看问题,不知道从客观的实际出发去看问题,也就是不知道用唯物的观点去看问题。关于这一点,毛泽东同志在其天才著作《实践论》之中已经说过了。所谓片面性,就是不知道把问题做全面的考察。例如,在抗日战争时期,中国和日本是矛盾的两极,若只了解中国一方,不了解日本一方,这就是片面性的考察。又如,中国共产党和国民党反动派是矛盾的两极,若只了解中国共产党一方,不了解国民党反动派一方,也就是片面的考察。其他如无产阶级和资产阶级、农民和地主、顺利和困难、过去和将来、个体和总体、缺点和成绩、原告和被告等等,

---

① 《水浒传》是描写北宋末年一次农民战争的小说。宋江是该小说中的主要人物。祝家庄在农民战争根据地梁山泊的附近,该庄的统治者为一个大恶霸地主叫祝朝奉。

② 列宁:《再论职工会、时局及托洛茨基、布哈林之错误》。

都是矛盾的两极,若只了解矛的一方,不了解盾的一方,都是片面地看问题,当然不能了解矛盾各方的特点。这种片面地看问题的方法,可以说是只看见局部不看见全体、只看见树木不看见森林的形而上学的方法。像这样片面地看问题的人,他不能暴露过程中的矛盾的特殊性,因而不能找出解决矛盾的方法;他不能了解客观的具体的革命形势,执行党的政治路线,因而不能完成革命的任务;他不能了解情况,掌握政策,因而不能做好所任的工作;他不能辨别那些离开党的布尔什维克路线的"左"倾的或右倾的思想,因而不能正确地开展党内的思想斗争。中国的孙子兵法,对于战争的敌我双方,都作了全面的研究,他的"知彼知己,百战不殆"的名言,可说是概括了战争的辩证法。唐朝人魏徵说过:"兼听则明,偏信则暗",这话的意思就是说,对于一个问题要兼听两种相反的意见,才能明白问题的真相,若偏听一面之词,对于问题的全部内容,就不能明了。可见魏徵也懂得片面性不对。在《水浒传》中,合乎唯物辩证法的战争的实例也有很多,其中要以三打祝家庄是最突出的实例。

列宁说:"要真正地认识对象,就必须把握和研究它的一切方面、一切联系和'媒介'。我们决不会完全地做到这一点,可是要求全面性,将使我们防止错误,防止僵化。"这段话的意思是说:我们要研究任何事物,必须作全面性的考察,研究它的一切方面;研究它和其他事物的一切联系,研究它本身内部各方面的一切联系;还要研究它在和其他事物的联系上、在它本身内部矛盾的发展上如何成为有一定的质的事物。只有尽可能地做全面性的考察,我们的认识才是正确的、生动的。如果对于事物只做片面性的考察,我们的认识就会是错误的,是僵化的。毛泽东同志研究革命的诸问题——经济的、政治的、军事的、文化的诸问题——总是做全面性的研究,具体地分析具体的问题中的矛盾,暴露每一矛盾的特殊性及矛盾双方的特点,然后综合起来,暴露问题的全貌,找出解决的方法,指出运动的方向,增强革命群众的信心和勇气,向着前途迈进。特别是当部分同志为片面性的考察所误,以至于迷失方向时,毛泽东同志总是深入地就问题做全面的考察,引导同志们走上正确的道路。当第一次国内革命战争后期,陈独秀机会主义领导集团基于片面性的见解把革命引向歧路时,毛泽东同志先后发表了《中国社会各阶级的分析》和《湖南农民运动考察报告》,就革命过程中的各种矛盾,做了全面性的具体的分析,奠定了布尔什维克的政治路线,指出这个革命是以无产阶级为领导,以工农联盟为基础的反帝反封建的革命,而武装斗争和土地革命,则是革命的中心问题。毛泽东同志这种全面性研究所得的结论,虽然未能挽救当时大革命的失败,却成了后来革命复兴的指导。又如当第二次国内革命战争的初期,有人片面地看到革命潮流的低落,发生了"红旗到底打得多久"的疑问。毛泽东同志本着革命乐观主义的精神,解除同志们的疑虑,发表了《中国的红色政权为什么能够存在?》和《星星之火,可以燎原》两个文件,就当时革命形势做了全面的深入的研究。在前一文件中,指出了湖南、广东、湖北、江西等省的工农阶级,曾经组织起来,对地主阶级和资产阶级,实行过许多经济的、政治的斗争,他们是巩固红色政权的基础,还列举了红色政权存在的几个条件。在后一文件中,详细地考察了引起革命高潮的各种矛盾的发展,——帝国主义和整个中国的矛盾、帝国主义者在中国境内的相互间的矛盾,以及帝国主义者的仆从各个反动统治者相互间的矛盾的激化(即混战)——,因而加深了中国资产阶级和工人阶级之间的矛盾,地主阶级与农民阶级之间的矛盾。由于这些矛盾的发展,反帝反封建的高潮,必然地很快地就要到来。"中国是全国都布满了干柴,很快就会燃成烈火。'星火燎原'的话,正是时局发展的适当的描写。"这两个文件对于革命形势做了全面的分析研究,指出革命前进的道路,大大地鼓舞了革命群众的勇气和决心,这是历史的事实。又如红军完成了两万五千里长征到达陕北以后,张国焘片面地看到敌人得到了暂时的部分的胜利,便说中央红军失败了。毛泽东同志加以驳斥:"但是有人说(例如张国焘):中央红军失败了。这话对不对呢?不对。因为这不是事实。马克思主义者看问题,不但要看到部分,而且要看到全体。一个蛤蟆坐在井里说:'天有一个井大。'这是不对的,因为天不止一个井大。如果它说:'天的某一部分有一个井大。'这是对的,因为合乎事实。我们说,红军在一个方面(保持原有阵地的方面)说来是失败了,在另一个方面(完成长征计划的方面)说来是胜利了。敌人在一个方面(占领我军原有阵地的方面)说来是胜利了,在另一个方面(实现'围剿''追剿'计划的方面)说来是失败了。这样说才是恰当的,因为我们完成了长征。……长征是历史记录上的第一次,长征是宣言书,长征是宣传队,长征是播种机。……总而言之,长征是以我们胜利、敌人失败的结果而告结束。"①毛泽东同志分析任何问题,都是就问题中的矛盾作全面性的考察的,这里只举出这几个实例为止。

其次,对于问题只作表面性考察的人们,常是漂浮于问题外表,不肯深入地探求问题的根源,常是拘泥于现象,不肯深入地暴露问题的本质。他对于矛盾总体和矛盾各方面的特点都不去看,否认深入事物里面精细地研究矛盾特点的必要,仅仅站在那里远远地望一望,粗枝大叶地看到一点矛盾的形相,就想动手去解决矛盾(答复问题、解决纠纷、处理工作、指挥战争)。这样的做法,没有不出乱子的。例如,在抗日战争时期,一部分同志只看到中华民族与日本帝国主义之间的矛盾,却忽视了工人阶级和资产阶级、农民阶级和地主阶级之间的矛盾、共产党和国民党之间的矛盾、国民党内部左右派之间的矛盾、日本帝国主义和其他帝国主义之间的矛盾等等。"他们看到了共产党及其军事力量的暂时的弱小和国民党的表面上的强大,就错误地断定抗日战争的胜利必须依靠国民党,而且必然是国民党的胜利而不是人民的胜利,断定国民党可以成为抗日战争的领导者,而否认共产党可以成为抗日战争的领导者。"②因此他们只看到民族革命,看不到民族革命形式中所表现着的阶级革命,看不到共产党和国民党在抗日问题上有人民路线和反人民路线的差别,而要求共产党人对国民党的反人民政策实行让步,主张共产党人的行动"一切经过统一战线",实际上是经过蒋介石和阎锡山,主张八路军和新四军统一于国民党军队,因而否认了党在统一战线中的独立自主,否认了党对于抗日统一战线的领导权。这样的主张,对于长江流域人民抗日战争的发展,起了很坏的影响,造成了在"皖南事变"中新四军部队的失败。这是表面地考察问题、解决问题因而引起革命挫折的实例。

中国的教条主义和经验主义的同志们所以常常犯错误,就是因为他们研究问题的方法,是主观的、片面的、表面的。严格地说来,片面性和表面性,也是主观性。例如抗日战争,是民族斗争和阶级斗争的统一,如果只看到民族斗

---

① 《毛泽东选集》第一卷,第135—136页。
② 胡乔木:《中国共产党的三十年》。

争而看不到阶级斗争,那就是片面地看问题。这种看法,是和当时客观的革命形势不符的,因而是主观的。又如,就抗日战争来说,在民族斗争中,阶级斗争是以民族斗争的形式出现的,如果只是漂浮于民族斗争形式的表面,而不深入认识阶级斗争的本质,那就是表面地看问题。这种看法,也是与客观的革命形势不符的,因而是主观的。一切客观事物本来是互相联系,并具有内部规律的,人们如果不照事物原来的样子反映这些情况,而只是片面地去看它们,或者只是表面地去看它们,这种看法,是和客观事物的真相不符的,因而也就不能认识事物的互相联系,不能认识事物的内部规律,所以是主观主义的。

不但事物发展的全过程中的矛盾运动,在其相互联结上,在其各方情况上,我们必须注意其特点,而且在过程发展的各个阶段中,也有其特点,也必须注意。

事物发展过程的根本矛盾及为此根本矛盾所规定的过程的本质,非到过程完结之日,是不会消灭的;但是事物发展的长过程中的各个发展的阶段,情形又往往互相区别。这是因为事物发展过程的根本矛盾的性质和过程的本质虽然没有变化,但是根本矛盾在长过程中的各个发展阶段上采取了逐渐激化的形式。并且,被根本矛盾所规定或影响的许多大小矛盾中,有些是激化了,有些是暂时地或局部地解决了,或者缓和了,又有些是发生了,因此,过程就显出阶段性来。如果人们不去注意事物发展过程中的阶段性,人们就不能适当地处理事物的矛盾。

例如,自由竞争时代的资本主义发展为帝国主义,这时,无产阶级和资产阶级这两个根本矛盾着的阶级的性质和这个社会的资本主义的本质,并没有变化;但是,两阶级的矛盾激化了,独占资本和自由资本之间的矛盾发生了,宗主国和殖民地的矛盾激化了,各资本主义国家间的矛盾即由各国发展不平衡的状态而引起的矛盾特别尖锐地表现出来了,因此形成了资本主义的特殊阶段,形成了帝国主义阶段。列宁主义之所以成为帝国主义和无产阶级革命时代的马克思主义,就是因为列宁和斯大林正确地说明了这些矛盾,并正确地作出了解决这些矛盾的无产阶级革命的理论和策略。

[说明]前面说过,一个大的事物,在其发展过程中,包含着许多矛盾,我们必须研究每一矛盾的特殊性和矛盾双方的特点,然后综合起来,暴露这些矛盾在其相互联结上的特殊性和这一过程的本质,才能找出解决矛盾的方法。但在这事物的发展过程的多数矛盾之中,必有一个根本矛盾,规定这一过程的本质。这根本矛盾以及由它所规定的过程的本质,贯彻于过程的始终,非到过程完结之日是不会消灭的。例如资本主义社会的发展过程,是多数矛盾联系着的运动过程。在那些矛盾中,有一个根本矛盾,即生产的社会性和占有制的私人性(即是社会的生产和资本家的占有)之间的矛盾。这个根本矛盾及由它所规定的资本主义的本质,贯彻于资本主义社会的始终,要到资本主义社会消灭之日才能消灭。

在事物发展的过程中,那根本矛盾能规定其他的矛盾,或者影响其他的矛盾。这根本矛盾的运动,到了一定程度,就采取激化的形式,于是由它所规定或影响的其他许多矛盾,就发生显著的变化,有些矛盾是激化了,有些是暂时地或局部地解决了,或者是缓和了,又有些是发生了,于是过程显出阶段性来。过程的这一阶段和前一阶段,各有其特点,不能一律看待。如果人们不去注意事物发展过程的阶段性,人们就不能适当地处理事物的矛盾。就前例来说,生产的社会性和占有制的私人性之间的矛盾,是资本主义社会发展全过程的根本矛盾。这个根本矛盾在阶级关系上的直接表现,是无产阶级和资产阶级的矛盾。由于这根本矛盾的运动,促进资本主义生产的发展,又出现为个别企业中生产的有组织性和全社会中生产的无政府性(各个资本家自由竞争的结果)之间的矛盾;运动往前发展,伴随于资本的集积与集中,又出现为财富和享乐集中于极少数人与贫困和失业集中于大多数人的矛盾、资本主义生产力的庞大发展与千百万劳动大众购买力的缩小的矛盾、剩余价值占有条件与剩余价值实现条件的矛盾。于是生产的社会性和占有制的私人性的矛盾,在周期性的经济危机中表现出来。由于经济危机之螺旋状的运动,一次一次的危机,逐渐地把独立着的无数资本主义企业消灭下去,把残存着的大资本结合起来,于是自由竞争就转化为独占。不可避免的信用危机,加强了大银行的地位,助长了产业资本与银行资本的融合,形成了垄断资本。于是自由竞争的资本主义就转变为垄断资本主义,即帝国主义。帝国主义是资本主义发展过程中的新阶段,它保持着资本主义的本质。这个新阶段的特点,就是资本主义的独占代替资本主义的自由竞争(但独占并不排除自由竞争,反而与自由竞争形成统一)。在这个新阶段上,资本主义社会的根本矛盾——生产的社会性和占有制的私人性之间的矛盾,采取了激化的形式。并且由它所规定或影响的许多矛盾,发生了显著的变化,生产力的发展与资本主义的生产关系之间的矛盾激化了,个别企业中生产的有组织性和全社会中生产的无政府性之间的矛盾激化了,经济的危机激化了,无产阶级和资产阶级的矛盾激化了。资产阶级内部相互间的许多矛盾,由于各种垄断资本——托拉斯、卡特尔、辛迪加、康采恩等的形成,是暂时地或局部地解决了,或者缓和了。但垄断资本与自由资本的矛盾发生了,一国的垄断资本与别国的垄断资本的矛盾发生了。由于帝国主义对殖民地、半殖民地掠夺的加剧,殖民地、半殖民地和帝国主义的矛盾激化了。由于各帝国主义者要重新分割世界,各帝国主义者相互间的矛盾也激化了。各帝国主义国家的矛盾,即由各国发展不平衡的状态所引起的矛盾,特别尖锐地表现出来了。这些都是帝国主义时代的特点。伟大的革命导师列宁和斯大林,继承马克思、恩格斯的事业,分析了帝国主义时代的客观的革命形势,说明了帝国主义阶段的各种矛盾,因而正确作出了解决这些矛盾的无产阶级革命的理论与策略。所以列宁主义成为帝国主义和无产阶级革命时代的马克思主义。

拿从辛亥革命开始的中国资产阶级民主革命过程的情形来看,也有了若干特殊阶段。特别是在资产阶级领导时期的革命和在无产阶级领导时期的革命,区别为两个很大不同的历史阶段。这就是:由于无产阶级的领导,根本地改变了革命的面貌,引出了阶级关系的新调度,农民革命的大发动,反帝国主义和反封建主义的革命彻底性,由民主革命转变到社会主义革命的可能性,等等。所有这些,都是在资产阶级领导革命时期不可能出现的。虽然整个过程中根本矛盾的性质,过程之反帝反封建的民主革命的性质(其反面是半殖民地半封建的性质),并没有变化;但是,在这长时间中,经过了辛亥革命失败和北洋军阀统治,第一次民族统一战线的建立和1924年至1927年的革命,统一战线破裂和资产阶级转入反革命,新的军阀战争,土地革命战争,第二次民族统一战线建立和抗日战争等等大事变,20多年间经过了几个发展阶段。在这些阶段中,包含着有些矛盾激化了(例如土地革命战争和日本侵入东北四省),有些矛盾部分地或暂时地解决了(例如北洋军阀的被消灭,我们没收了地主的土地),有些矛盾重新发生了(例如新军阀之间的斗争,南方各革命根据地丧失后地主又重新收回土地)等等特殊的情形。

[说明]中国资产阶级民主革命的过程,也有两个大不相同的历史阶段。从辛亥革命到"五四"运动以前为止,是资产阶级领导时期的革命,是旧民主主义的革命;但在"五四"运动以后,是无产阶级领导时期的革命,是新民主主义革命。这两大阶段的民主革命各有显著不同的特点。在前一历史阶段中,资产阶级所领导的辛亥革命,显然得到了广大人民的支援,把清朝的封建统治推翻了,但它不能援助并组织工农大众,坚持这个革命,面对着以袁世凯为首的北洋军阀的封建残余,感到微弱无力,终于和北洋军阀相妥协,把政权让给了袁世凯,致使辛亥革命流产。但到"五四"运动以后,革命形势就大不相同了。无产阶级走上革命斗争的舞台了,用马克思列宁主义武装着的、无产阶级先锋队——中国共产党成立了。由于无产阶级的领导,根本地改变了革命的面貌,占全国人口80%的农民阶级,在共产党的领导下都起来参加革命,变成了无产阶级最可靠的、最广大的同盟军了,很大的知识分子群和青年学生群也参加革命了,城市小资产阶级和民族资产阶级也成为革命的朋友了,帝国主义、买办阶级和地主阶级成了被压迫各阶级的革命的敌人了。像这样以无产阶级为领导、以工农联盟为基础的反帝反封建的革命,已是新民主主义革命,是世界无产阶级社会主义革命的一部分,它的前途,必须由民主主义革命走向社会主义革命。所有这些特点,都是在资产阶级领导革命时期不可能出现的。虽然在整个资产阶级民主主义的革命过程中(包括旧民主主义革命和新民主主义革命这两大历史阶段),过程之反帝反封建的性质(其反面是半殖民地半封建性质),并没有变化,但在这长期革命过程中,由于阶级矛盾的发展,在两大历史阶段中,各自经过了一些特殊的发展阶段。在各个特殊的阶段上,也出现了各种不同的特点,这是必须注意的。

在旧民主主义革命的历史阶段中,辛亥革命以后,经历了北洋军阀统治的特殊阶段。在这个特殊阶段中,国民党方面的革命势力,推翻了袁世凯的帝制,但继承袁世凯的北洋军阀的统治,依然如故。孙中山另组中华革命党,要复兴民主革命,但仍局限于旧民主主义革命,即旧三民主义的范围,不可能得到广大的工农群众的支援,这个革命终于失败了。这证明中国民族资产阶级没有领导革命到胜利的能力。因为"民族资产阶级的社会经济地位规定了他们的软弱性,他们缺乏远见,缺乏足够的勇气,并且有不少人害怕民众"①。

在新民主主义革命的历史阶段中,也经过了几个发展阶段。1921年7月,马克思列宁主义武装着的中国共产党成立以后,立即领导无产阶级走向革命的前线。党把阶级关系做了新的调度。确定帝国主义和封建主义是革命的对象,以无产阶级为领导的各被压迫阶级是革命的动力,划分了敌友我的界限。党与代表资产阶级的国民党合作,建立了第一次的民族统一战线,发动了1924年至1927年的革命。中华民族和帝国主义的矛盾激化了,人民大众和北洋军阀的封建势力的矛盾激化了(后来终于解决了,因为吴佩孚、孙传芳等军阀失败了),农民阶级和地主阶级的矛盾激化了。但是党内思想的矛盾——以毛泽东同志为首的布尔什维克路线和陈独秀派的右倾机会主义路线的矛盾发生了。最后由于右倾机会主义陈独秀派放弃了革命的领导权,放弃了武装斗争和土地革命,以致资产阶级背叛了革命,使革命遭到了失败。从此,新民主主义革命进到了第二次国内革命战争的阶段。在这个阶段上,党清除了机会主义分子,党内思想上的矛盾解决了。党领导了工农阶级重整了革命的阵容,向国民党反动派进行武装斗争,建立了红色政权的区域。于是无产阶级和资产阶级的矛盾激化了。由于实行了土地革命,农民阶级和地主阶级的矛盾激化了,在红色区域范围以内,这个矛盾后来解决了。在敌人一方面,国民党内部左右派的矛盾发生了,蒋桂冯阎等新军阀间的矛盾发生了,并且激化了。"九一八"事变以后,日帝国主义侵入了东北和上海,中华民族和日帝国主义的矛盾激化了。在党内一方面,思想上的矛盾——"左"倾机会主义和布尔什维克思想之间的矛盾发生了。由于"左"倾机会主义领导的

———————————

① 毛泽东:《论人民民主专政》。

错误,使红军的武装斗争遭受了挫折,不能不开始了两万五千里的长征。长征胜利完成以后,党在毛泽东同志领导之下,使革命进到了抗日战争的阶段。在这个阶段上,全国人民卷入了反日本帝国主义的斗争之中,国内的阶级矛盾起了新的变化。由于共产党与国民党成立了第二次民族统一战线,无产阶级和资产阶级的矛盾缓和了。由于红军退出了红色区域,红色区域中的地主重新收回了土地,那儿的农民阶级和地主阶级的矛盾重新发生了,但由于党在抗日战争中停止了土地革命,在全国范围内,农民和地主的矛盾暂时缓和了。在国民党内部,左右派的矛盾激化了。在国际方面,我们友邦的苏联与日本的矛盾激化了。英美与日本的矛盾激化了。毛主席和党中央,适当地调整了国内国际的许多矛盾,定出了一系列的正确的政策,领导了全国人民抗日的民族统一战线,最后终于配合苏联出兵东北,打败了日本帝国主义。

上述新民主主义革命所经历了的三个发展阶段,各有其特殊的矛盾,也必须在其总体上去理解,才能认识各个过程在不同发展阶段上的特点,才能找出适当的解决矛盾的方法来。

研究事物发展过程中的各个发展阶段上的矛盾的特殊性,不但必须在其联结上、在其总体上去看,而且必须从各个阶段中矛盾的各个方面去看。

例如国共两党。国民党方面,在第一次统一战线时期,因为它实行了孙中山的联俄、联共、援助工农的三大政策,所以它是革命的、有朝气的,它是各阶级的民主革命的联盟。1927年以后,国民党变到了与此相反的方面,成了地主和大资产阶级的反动集团。1936年12月西安事变后又开始向停止内战、联合共产党共同反对日本帝国主义这个方面转变。这就是国民党在三个阶段上的特点。形成这些特点,当然有种种的原因。中国共产党方面,在第一次统一战线时期,它是幼年的党,它英勇地领导了1924年至1927年的革命;但在对于革命的性质、任务和方法的认识方面,却表现了它的幼年性,因此在这次革命的后期所发生的陈独秀主义能够起作用,使这次革命遭受了失败。1927年以后,它又英勇地领导了土地革命战争,创立了革命的军队和革命的根据地,但是它也犯过冒险主义的错误,使军队和根据地都受了很大的损失。1935

年以后，它又纠正了冒险主义的错误，领导了新的抗日的统一战线，这个伟大的斗争现在正在发展。在这个阶段上，共产党是一个经过了两次革命的考验、有了丰富的经验的党。这些就是中国共产党在三个阶段上的特点。形成这些特点也有种种的原因。不研究这些特点，就不能了解两党在各个发展阶段上的特殊的相互关系：统一战线的建立，统一战线的破裂，再一个统一战线的建立。而要研究两党的种种特点，更根本的就必须研究这两党的阶级基础以及因此在各个时期所形成的它们和其他方面的矛盾的对立。例如，国民党在它第一次联合共产党的时期，一方面有和国外帝国主义的矛盾，因而它反对帝国主义；另一方面有和国内人民大众的矛盾，它在口头上虽然允许给予劳动人民以许多的利益，但在实际上则只给予很少的利益，或者简直什么也不给。在它进行反共战争的时期，则和帝国主义、封建主义合作反对人民大众，一笔勾销了人民大众原来在革命中所争得的一切利益，激化了它和人民大众的矛盾。现在抗日时期，国民党和日本帝国主义有矛盾，它一面要联合共产党，同时它对共产党和国内人民并不放松其斗争和压迫。共产党则无论在哪一时期，均和人民大众站在一道，反对帝国主义和封建主义；但在现在的抗日时期，由于国民党表示抗日，它对国民党和国内封建势力，也就采取了缓和的政策。由于这些情况，所以或者造成了两党的联合，或者造成了两党的斗争，而且即使在两党联合的时期也有又联合又斗争的复杂的情况。如果我们不去研究这些矛盾方面的特点，我们就不但不能了解这两个党各自和其他方面的关系，也不能了解两党之间的相互关系。

[说明]如上所述，我们固然要研究事物发展过程中的各个发展阶段上的矛盾在其总体上、在其相互联结上的特殊性，但还进一步研究各个阶段中矛盾的各个方面的特点，然后才能找出解决矛盾的方法。

就前面所说的新民主主义革命所经过的三个发展阶段的情形，来分别说明国民党和中国共产党这个矛盾的两个方面的特点。先说国民党这一方面。我们知道，孙中山的国民党所实行过的旧民主主义即旧三民主义的革命，虽然经历了40年之久，但结果是失败了。"一九二一年，中国共产党成立。孙中山在绝望里，遇到了十月革命和中国共产党。孙中山欢迎十月革命，欢迎俄国人对中国人的帮助,欢迎中国共产党同他合作。"①孙中山在一九二四年,毅然决然把中华革命党改组为中国国民党,使国民党变为有共产党人参加的各阶级的民主革命的联盟,这就是第一次统一战线。孙中山并在国民党第一次全国代表大会宣言中,把三民主义作了新的解释,把民族主义解释为反帝国主义,把民权主义解释为一般平民所共有,非资产阶级所私有的国家制度,把民生主义解释为"共产主义的实行"。特别重要的是宣告实行联俄、联共、扶助工农的三大政策,使三民主义成为联俄、联共和扶助工农的新三民主义。所以这时候的国民党是进步的、有朝气的,它是各阶级的民主革命的联盟。但到1927 年,蒋介石匪帮背叛了革命,第一次的统一战线便破裂了。蒋介石匪帮把国民党改变为反动阶级的政党,背叛了新三民主义,废除了联俄、联共和扶助工农的政策,实行了反俄、反共和反工农的政策。这时的国民党变成了帝国主义的走狗和封建主义的代表,变成了地主和大资产阶级的反动集团。它是人民革命的对象。"九一八"事变以后,日本帝国主义侵入了东北和华北,又侵入了上海,全国人民都一致要求抗日,国民党内的左派也要求抗日,属于国民党的一部分将领也要求抗日,甚至张学良、杨虎城为了要求蒋介石抗日把他拘留起来,迫使他不得不答应抗日,这便是所谓"西安事变"。因此,蒋介石的国民党不得不接受中国共产党的建议,停止内战,与共产党共同反对日本帝国主义的侵略,而和共产党建立了第二次的统一战线。这就是国民党在三个阶段上的特点。形成这些特点,当然有种种的原因(后面还要说到)。

其次,我们说到矛盾的另一方面的中国共产党在这三个阶段上的特点。党在这三个阶段上的特点,毛泽东同志在《〈共产党人〉发刊词》中说得很明白。在第一次统一战线的时期,是党的幼年时期。"在这个阶段的初期和中期,党的路线是正确的,党员群众和党的干部的革命积极性是非常之高的,因此获得了第一次大革命的胜利。然而这时的党终究还是幼年的党,是在统一战线、武装斗争和党的建设三个基本问题上都没有经验的党,是对于中国的历史状况和社会状况、中国革命的特点、中国革命的规律都懂得不多的党,是对

---

① 毛泽东:《论人民民主专政》。

于马克思列宁主义的理论和中国革命的实践还没有完整的、统一的了解的党。"①因此在这次革命的后期,党的领导机关中占统治地位的成分——即右倾机会主义陈独秀派——,"在这一阶段的末期,在这一阶段的紧要关头中,没有能够领导全党巩固革命的胜利,受了资产阶级的欺骗,而使革命遭到失败。"②1927年革命失败以后,党清算了陈独秀派的右倾机会主义分子,重整了革命的阵容,创立了革命的军队和革命的根据地,英勇地领导了土地革命战争。"由于有了第一阶段的经验,由于对于中国的历史状况和社会状况、中国革命的特点、中国革命的规律的进一步的了解,由于我们的干部更多地领会了马克思列宁主义的理论,更多地学会了将马克思列宁主义的理论和中国革命的实践相结合,我们党就能够进行了胜利的十年土地革命斗争。资产阶级虽然叛变了,但是党能够紧紧地依靠着农民。党的组织不但重新发展了,而且得到了巩固。敌人虽然天天在暗害我们的党,但是党驱逐了暗害分子。大批干部重新在党内涌出,而且变成了党的中心骨干。党开辟了人民政权的道路,因此也就学会了治国安民的艺术。党创造了坚强的武装部队,因此也就学会了战争的艺术。所有这些,都是党的重大进步和重大成功。"③然而党的领导机关中的一部分同志,跌下了"左"倾冒险主义的泥坑,使党和革命工作、使军队和根据地都受了很大的损失。直到1935年1月,党在贵州遵义召开了中央政治局会议,才纠正了冒险主义的错误,确立了毛泽东同志在全党的领导地位。从此以后,中国共产党就在这位伟大的领袖领导之下,领导新的抗日的统一战线。在这个阶段上,"党凭借着过去两个革命阶段中的经验,凭借着党的组织力量和武装力量,凭借着党在全国人民中间的很高的政治信仰,凭借着党对于马克思列宁主义的理论和中国革命的实践之更加深入的更加统一的理解,就不但建立了抗日民族统一战线,而且进行了伟大的抗日战争。党的组织已经从狭小的圈子中走了出来,变成了全国性的大党。党的武装力量,也在同日寇的斗争中重新壮大起来和进一步坚强起来了。党在全国人民中的影响,更加

---

① 《毛泽东选集》第二卷,第573页。
② 《毛泽东选集》第二卷,第573页。
③ 《毛泽东选集》第二卷,第574页。

扩大了。这些都是伟大的成功"①。以上这些都是中国共产党在三个阶段上的特点。形成这些特点,也有种种的原因。我们若不研究这些特点,就不能了解共产党和国民党在各个发展阶段的特殊的相互关系。即是说,共产党和国民党为什么建立了第一次的统一战线,后来这个统一战线为什么破裂了。但到抗日战争时期为什么又建立了统一战线。为要研究这些特殊的相互关系,就必须研究两党的种种特点。而要研究两党的种种特点,更根本的就必须研究这两党的阶级基础以及因此在各个时期所形成的它们和其他方面的矛盾的对立。孙中山当年所领导的国民党,原是代表资产阶级利益的政党。由于半殖民地中国的资产阶级的软弱性,常受帝国主义的欺凌,这也就规定了他们不喜欢帝国主义的特点,所以国民党能和共产党建立反帝反封建的统一战线。但在另一方面,它和国内人民大众特别是和工农大众有矛盾,当孙中山在世时,虽然决定了要实行扶助工农政策,但对于最广大的农民阶级,只提出了空洞的平均地权的办法,提出了"耕者有其田"的口号,却没有具体地见诸实行。孙中山逝世以后,蒋介石匪帮篡夺了国民党的领导地位,准备实行反革命,对于在口头上允许给予劳动人民的许多利益,而实际上只给予很少的利益,或者简直什么也不给。例如当时允许对农民实行二五减租,也只是空头支票。到了 1927 年,蒋介石匪帮的国民党,终于背叛了革命,和帝国主义、封建主义勾结,实行反苏、反共、反人民,把人民大众原来在革命中所争得的一切利益一笔勾销了。从此以后,人民大众和蒋介石匪帮的国民党之间的矛盾激化了。但到抗日时期,国民党接受了共产党的建议,建立了抗日的统一战线。国民党既然投降了帝国主义而反共反人民,为什么也起来反日本帝国主义呢?因为国民党的主体,是代表大地主大资产阶级的蒋介石集团,它基本上是英美买办集团。"蒋介石这时起来抗日,第一是由于人民对他的压迫,使他不能不起来抗日,否则全国人民和许多有组织的抗日力量都将自动起来抗日,他就不能维持自己的统治;第二是由于日本帝国主义对于全国的进攻直接地危害着他的政权和地主资产阶级的财产,他和日本帝国主义的矛盾此时已无法调和;第三是由于英美帝国主义与日本帝国主义的矛盾,英美当时虽不愿意直接得罪日本,

---

① 《毛泽东选集》第二卷,第 575 页。

却愿意中国和日本打着,拖住日本。由于这些原因,所以蒋介石集团在抗日战争中就表现他具有反革命的两面性:一方面,他要抗日,也要其他势力积极抗日,在战争初期也曾表现了他的某种程度的抗日积极性,并希望能够速胜;另一方面,他又反对人民,继续压迫人民,不愿人民起来抗日,特别不愿共产党和其他抗日势力动员人民起来抗日。他要包办抗日的领导,但他拒绝实行任何为抗日所需要的真正的民主改革。他极力限制人民力量的发展,特别限制共产党力量的发展。"①以上是国民党在三个阶段所以形成那些特点的种种原因。

但在共产党这一方面,无论在哪一个阶段,始终是和人民大众站在一道,去反对帝国主义和封建主义的。共产党是无产阶级的政党,它一直是依靠着占全国人口 80% 的农民阶级,作为最可靠的最广大的同盟军,它还团结广大的小资产阶级为友军。当民族资产阶级愿意参加革命时,党就尽量地争取它、团结它(这在第一次统一战线时期是如此);当它对革命发生动摇,甚至附和于敌人时,那就要和它作斗争(这在第二次统一战线时期是如此)。在抗日时期,由于国民党表示抗日,共产党对于国民党和国内封建势力,也就暂时采取了缓和政策。例如"向民党保证取消两个政权敌对,红军改变名称,在革命根据地实行新民主制度和停止没收地主的土地等四项"②。

由于有上述那些情况,所以在第一个阶段上造成了两党的联合;在第二个阶段上造成了两党的斗争;在抗日战争阶段上,共产党吸收了前两个阶段的经验,又有了久经锻炼的强大红军,所以在两党联合时期,坚持统一战线,又坚持独立自主,对国民党实行又联合又斗争的政策,始终保持着对于统一战线的领导,直到抗日战争的最后胜利。所以我们若不去研究国民党和共产党的那些矛盾的特点,那就不能了解两党各自和其他方面的关系,也不能了解两党之间的相互关系,因而也就不能找出解决矛盾的正确的方法。

由此看来,不论研究何种矛盾的特性——各个物质运动形式的矛盾,各个

---

① 胡乔木:《中国共产党的三十年》。
② 《毛泽东选集》第二卷,第 334 页。

运动形式在各个发展过程中的矛盾,各个发展过程的矛盾的各方面,各个发展过程在其各个发展阶段上的矛盾以及各个发展阶段上的矛盾的各方面,研究所有这些矛盾的特性,都不能带主观随意性,必须对它们进行具体的分析。离开具体的分析,就不能认识任何矛盾的特性。我们必须时刻记得列宁的话:对于具体的事物作具体的分析。

这种具体的分析,马克思、恩格斯首先给了我们以很好的模范。

当马克思、恩格斯把这事物矛盾的法则应用到社会历史过程的研究的时候,他们看出生产力和生产关系之间的矛盾,看出剥削阶级和被剥削阶级之间的矛盾以及由于这些矛盾所产生的经济基础和政治及思想等上层建筑之间的矛盾,而这些矛盾如何不可避免地会在各种不同的阶级社会中,引出各种不同的社会革命。

马克思把这一法则应用到资本主义社会经济结构的研究的时候,他看出这一社会的基本矛盾在于生产的社会性和占有制的私人性之间的矛盾。这个矛盾表现于在各别企业中的生产的有组织性和在全社会中的生产的无组织性之间的矛盾。这个矛盾的阶级表现则是资产阶级和无产阶级之间的矛盾。

[说明]从上面的说明看来,我们可以知道,要研究事物的矛盾的特殊性,首先,要研究各个事物运动形式的特殊的矛盾性,认识它由特殊的矛盾所规定的特殊的本质;由矛盾的特殊性的认识进到矛盾的普遍性的认识,再根据矛盾的普遍性的认识推及于新的具体事物的认识。其次,要研究每一个事物运动形式在其发展过程中的特殊的矛盾及其特殊的本质,然后才能找出解决特殊的矛盾的方法;但为要暴露这一发展过程的特殊的本质,就必须暴露过程的矛盾各方面的特殊性,才能了解过程中的矛盾在其总体上的特殊性。再次,要研究每一发展过程中的各个发展阶段上的矛盾的特殊性,研究每一发展阶段中的矛盾的各方面,才能了解过程中各发展阶段的特点,因而找出解决每一阶段的矛盾的具体方法。但不论研究何种矛盾的特殊性,我们必须时刻记住列宁所指示的原则,对具体的矛盾作具体的分析,不能带主观随意性(这在上文已有说明)。因为如果离开了具体的分析,就不能认识任何矛盾的特殊性,也就不能正确地找出解决矛盾的方法。

对具体的矛盾作具体的分析,马克思和恩格斯等大师们,给了很好的范例。

马克思和恩格斯把这事物矛盾的法则应用到社会历史过程的研究的时候,首先指出"决定社会面貌、决定社会制度性质,决定社会由这一制度发展到另一制度的主要力量","就是人们生存所必需的生活资料的谋取方式,就是社会生存和发展所必需的食品、衣服、鞋子、住房、燃料和生产工具等等物质资料生产方式"①。生产方式是生产力和生产关系的矛盾的统一。生产力表示"人们对于那些用来生产物质资料的自然对象和力量的关系"。"生产物质资料的生产工具,以及有一定的生产经验和劳动技能来使用生产工具、实现物质资料生产的人,——所有因素共同构成为社会的生产力。"至于生产关系,则是人们在生产过程中发生的关系。在社会的生产过程中,"人们在实现物质资料生产的时候,在生产内部彼此建立这种或那种相互关系,即这种或那种生产关系。这些关系可能是不受剥削的人们彼此间的合作和互助关系,可能是统治和服从的关系,最后,也可能是从一种生产关系形式过渡到另一种生产关系形式的过渡关系"(同上)。社会的生产力和人们的生产关系的统一,就形成一定社会的生产方式。生产方式的发展和变更,"又必然引起全部社会制度、社会思想、政治观点和政治设施的变化,即引起全部社会结构和政治结构的改造"②。人类社会的历史,截至马克思的时代为止,经历了原始的、奴隶制的、封建制的、资本主义的四种生产方式,因而适应着经历了四种基本的生产关系,四种社会制度的形式。因此,我们可以说,"社会发展史首先是生产的发展史,是许多世纪以来依次更迭的生产方式的发展史,是生产力和人们生产关系的发展史"③。至于生产方式的改变,则是由于生产力的发展。生产力是生产中最活动最革命的要素。人们一旦获得了新的生产力,便会改变自己的生产关系,人们的经济关系。但生产关系虽然依存于生产力的发展而发展,却同时又能反转来影响于生产力,加速或延缓其发展。不过生产关系如果远远地落后于生产力的发展时,便与生产力相冲突。于是生产关系便变成了束

① 斯大林:《论辩证唯物主义和历史唯物主义》。
② 斯大林:《论辩证唯物主义和历史唯物主义》。
③ 斯大林:《论辩证唯物主义和历史唯物主义》。

缚生产力发展的桎梏。正如马克思所指出的,"那时社会革命的时代就到来了。随着经济基础的变更,全部庞大的上层建筑也或慢或快地发生变革。"①所谓社会革命,即是尖锐化的阶级斗争。前面所说的历史上的四种基本的生产关系,形成了四种社会制度的形式。在原始公社时代,生产关系的基础是生产资料的公有制,因而没有剥削,也没有阶级。到了奴隶制社会,生产关系的基础是奴隶主占有生产资料和可以买卖屠杀的奴隶。奴隶制的生产关系,在最初是和当时的生产关系相适合的,但到了生产力发展到一定高度时,奴隶制生产关系便障碍了它的发展。于是生产力与奴隶制生产关系发生冲突,引起了奴隶对奴隶主的叛乱。但奴隶不是更高级的生产方式的担负者,于是社会革命就采取另一种转变法则,即"斗争的各阶级同归于尽"而推移于封建制社会。在封建制社会中,生产关系的基础是封建主占有生产资料和封建主虽已不能屠杀,但仍可以买卖的农奴。此外还有农民和手工业者的个人所有制。这样生产关系在最初也是与当时的生产力状况相适合的。到了封建时代后期,资产阶级所发展起来的新的生产力,就和封建的生产关系相冲突了。资本主义经济瓦解了封建经济,社会的经济基础已经发生了变革,那封建的政治的法制的思想的上层建筑,已经不能为基础服务反而与基础相矛盾了。于是资产阶级和封建阶级的矛盾激化了。解决这些矛盾的方法是资产阶级实行民主主义革命,建立资产阶级的国家。在资本主义社会中,生产关系的基础是资产阶级独占一切生产资料,而生产工作者是雇佣工人,他们被剥夺了生产资料,为了活命不得不出卖劳动力于资本家,并忍受沉重的剥削。资本主义社会是最后的阶级社会,无产阶级和资产阶级的斗争,是历史上最后的阶级斗争。这一斗争的结局,是资本主义社会的消灭和社会主义社会的代兴。马克思、恩格斯应用矛盾法则研究了人类社会历史的过程所得的结论是:一般阶级社会都含有共通的矛盾,即生产力和生产关系的矛盾,剥削阶级和被剥削阶级的矛盾,以及由于这些矛盾所产生的经济基础和上层建筑之间的矛盾。这些矛盾在不同的阶级社会中,采取不同的具体的形式,表现不同的阶级斗争,引出不同的社会革命。

---

① 斯大林:《论辩证唯物主义和历史唯物主义》。

马克思为了暴露资本主义社会的发生、发展及其必然没落的法则,曾经应用事物矛盾的法则,具体地分析了资本主义社会经济结构中的矛盾。他指出这一社会的根本矛盾在于生产的社会性和占有制的私人性之间的矛盾。这里所说的生产的社会性,是说资本主义社会的生产是社会的生产,因为资本家所占有的生产资料,如大宗的机器和大量的原料等,只有靠全体社会的劳动者才能使用,并且生产过程,表示着是由各个有计划的有组织的许多劳动者的社会的行动。简单地说,资本主义的商品生产,是由社会中数十百万有组织的劳动者实行的。至于所说的占有制的私人性,是说占有制是在资本家独占生产资料一事的基础上实行的。这就是说,在资本主义社会中,一小撮资本家只因为独占着生产资料,就把数十百万劳动者所生产出来的东西,据为己有,这是一个极大的矛盾。在以前生产资料归直接生产者所私有的社会中,上述的矛盾是没有的。生产出来的东西归谁所有,在这时不成问题,当然是归劳动的人自己所有。至于资本主义,虽然使劳动者脱离生产资料而把生产资料转化为社会的东西,而生产物归私人(即资本家)占有的形式却依旧保存着。社会中大多数人生产出来的东西,不归属于实际运用生产资料并实际造出那生产物的人们所有,却归资本家所占有。生产资料和生产,在本质上已经是社会性的东西,但它却仍旧被放置于以个人的私有财产为前提,因而由个人运售其生产物到市场贩卖的那种占有形式之下。生产方式虽然废除了那种占有形式的前提,却仍旧放置于那种形式之下。这种矛盾,即是使新生产方式带上了资本主义性质的东西。这是资本主义社会的根本矛盾,一切其他的矛盾都是由这一根本矛盾孕育出来的。

生产的社会性和占有制的私人性(即社会的生产和资本家的占有)之间的矛盾,是资本主义生产的基本特征。由于这个矛盾的发展,就表现于在各个企业中的生产的组织性和在全社会中的生产的无组织性之间的矛盾。各个资本家,在自由竞争的原则支配之下,变成了独立的、分散的、互不相谋的商品生产者。每一资本家因为独占着生产资料,就经营企业,雇用劳动者,从事商品生产,来剥削劳动者的剩余价值。商品的生产越多,他所剥削的剩余价值就越多。他为了战胜别的资本家,就想出了周密详尽的计划,组织他的企业中的劳动的生产,使劳动者从事紧张的劳动,能够在同样的劳动时间以内,剥削更多的剩余价值,并且可以降低他的商品的成本,战胜别的资本家。每一个资本家都是这样地打算,并且是这样地实行。所以各个企业中的生产的有组织性,是在资本家相互间的自由竞争中形成的。但资本家的商品中所包含的剩余价值,只有通过市场,把商品换成货币才能实现。资本家只有把商品换成货币,才能知道能不能赚钱,才能知道资本能不能自己增多起来。在商品还没有被拿到市场被出卖之前,"谁也不知道,他的那种商品出现在市场上的会有多少,究竟需要多少;谁也不知道,他的个人产品是否真正为人所需要,是否能收回它的成本,或者是否能卖出去。社会生产的无政府状态占统治地位。但是,商品生产同任何其他生产形式一样,有其特殊的、固有的和它分不开的规律;这些规律不顾无政府状态、在无政府状态中、通过无政府状态来为自己开辟道路。这些规律在唯一保留下来的社会联系形式即交换中表现出来,并且作为强制性的竞争规律作用于各个生产者"。① 资本主义的生产方式,始终是在各个企业中的生产的组织性和在全社会中的生产的无组织性的矛盾中进行着。

随着生产的社会性和占有制的私人性的矛盾的发展,其在阶级关系上的直接表现,是无产阶级和资产阶级的矛盾。这个矛盾,随着资本主义生产的发展,越发趋于尖锐化。社会中的生产的无组织性,经常使社会中的大多数人变为无产者。相反地,正是这个无产阶级,将必然地结束这社会中的生产的无组织性。因为社会中的生产的无组织性,推动着一切资本家生产出日益增多的并减低价格的商品,使自由竞争更趋于尖锐,使许多中小生产者变成无产者,使多数无产者陷于失业,使许多未失业工人被减低了工资,使他们减低了购买力,因而使资本家的商品无法销售出去。"资本主义扩大生产并把千百万工人集合在大工厂内,这样就使生产过程具有社会性,因而破坏本身的基础,因为生产过程的社会性要求有生产资料的公有制,而生产资料的所有制却仍然是同生产过程的社会性不相容的私人资本主义所有制。"②因此生产的社会性和占有制的私人性之间的矛盾,就在周期的经济危机中,表现出来。在经济危机的时期,表现着社会的生产力和资本主义生产关系的冲突达到不可调和的

---

① 恩格斯:《社会主义从空想到科学的发展》。
② 斯大林:《论辩证唯物主义和历史唯物主义》。

程度。资本主义社会的一切矛盾都激化起来，最后就必然爆破资本主义的生产方式。这就是说，资本主义生产方式的机构所组织所训练的无产阶级，就要起来推翻资产阶级，用社会主义的生产资料的所有制，来代替资本主义的生产资料的所有制。

由于事物范围的极其广大，发展的无限性，所以，在一定场合为普遍性的东西，而在另一一定场合则变为特殊性。反之，在一定场合为特殊性的东西，而在另一一定场合则变为普遍性。资本主义制度所包含的生产社会化和生产资料私人占有制的矛盾，是所有有资本主义的存在和发展的各国所共有的东西，对于资本主义说来，这是矛盾的普遍性。但是资本主义的这种矛盾，乃是一般阶级社会发展在一定历史阶段上的东西，对于一般阶级社会中的生产力和生产关系的矛盾说来，这是矛盾的特殊性。然而，当马克思把资本主义社会这一切矛盾的特殊性解剖出来之后，同时也就更进一步地、更充分地、更完全地把一般阶级社会中这个生产力和生产关系的矛盾的普遍性阐发出来了。

[说明]关于矛盾的特殊性的研究，上面已经说明了，现在再回到矛盾的普遍性和特殊性的联系的问题。

世界事物的范围极其广大，其发展又是无限的，所以事物的矛盾在一定场合是普遍性的东西，而在另一一定场合就变为特殊性。反过来说，在一定场合为特殊性的东西，而在另一一定场合就变为普遍性。如同前面所说生产的社会性和占有制的私人性之间的矛盾，是资本主义制度中所特有的根本的矛盾。这个根本矛盾，是一切有资本主义存在和发展的国家所共有的东西，对于资本主义说来，是矛盾的普遍性。但马克思分析研究社会历史过程时，指出了一般阶级社会是生产力和生产关系的矛盾的发展史，说明了生产力和生产关系的矛盾是奴隶制的、封建制的、资本主义制的社会所共有的东西，对于一般阶级社会说来，这是矛盾的普遍性。因此，资本主义制度中的生产的社会性和占有制的私人性之间的矛盾，对于资本主义的各国说来，虽是矛盾的普遍性，而对于一般阶级社会所共有的生产力和生产关系的矛盾说来，却变为矛盾的特殊性了。然而，当马克思解剖了资本主义社会的一切矛盾以后，同时就把一般阶

132

级社会中的生产力和生产关系的矛盾的普遍性,更进一步地、更充分地、更完全地阐发出来了。

中国革命是世界无产阶级社会主义革命的一部分。马克思列宁主义是世界无产阶级社会主义革命的普遍真理,是无产阶级用以解决帝国主义时代的普遍的阶级矛盾的理论和政策。马克思列宁主义的普遍真理和中国革命的具体实践相结合的毛泽东思想,是殖民地、半殖民地、半封建社会的无产阶级用以解决特殊的阶级矛盾的理论和政策。毛泽东思想,对于马克思列宁主义的普遍真理,具有特殊的丰富的内容。毛泽东思想的伟大胜利,更加证明了马克思列宁主义是放之四海而皆准的普遍真理,并且更进一步地、更充分地、更完全地阐发了这一普遍真理。在另一方面,毛泽东思想对于世界各殖民地民族的无产阶级领导各被压迫阶级的民族解放和民主斗争,给以理论的指导,具有普遍真理的性质,而许多殖民地民族的解放斗争的发展和成就,更加证明了毛泽东思想的正确,并丰富了马克思列宁主义的内容。

由于特殊的事物是和普遍的事物联结的,由于每一个事物内部不但包含了矛盾的特殊性,而且包含了矛盾的普遍性,普遍性即存在于特殊性之中,所以,当我们研究一定事物的时候,就应当去发现这两方面及其互相联结,发现一事物内部的特殊性和普遍性的两方面及其互相联结,发现一事物和它以外的许多事物的互相联结。斯大林在他的名著《论列宁主义基础》一书中说明列宁主义的历史根源的时候,他分析了列宁主义所产生的国际环境,分析了在帝国主义条件下已经发展到极点的资本主义的诸矛盾,以及这些矛盾使无产阶级革命成为直接实践的问题,并造成了直接冲击资本主义的良好的条件。不但如此,他又分析了为什么俄国成为列宁主义的策源地,分析了沙皇俄国当时是帝国主义一切矛盾的集合点以及俄国无产阶级所以能够成为国际的革命无产阶级的先锋队的原因。这样,斯大林分析了帝国主义的矛盾的普遍性,说明列宁主义是帝国主义和无产阶级革命时代的马克思主义;又分析了沙俄帝国主义在这一般矛盾中所具有的特殊性,说明俄国成了无产阶级革命理论和策略的故乡,而在这种特殊性中间就包含了矛盾的普遍性。斯大林的这种分析,给我们提供了认识矛盾的特殊性和普遍性及其互相联结的模范。

[说明]特殊的事物是和普遍的事物相联结的,每一个事物的内部不但包含了矛盾的特殊性,并且还包含了矛盾的普遍性,普遍性即存在于特殊性之中。因此,当我们研究一定事物的时候,就应当去发现其特殊性和普遍性的两方面和它们的互相联结,发现这一事物内部的特殊性和普遍性的两方面和它们的互相联结,发现这一事物和它以外的许多事物的互相联结。只有这样去研究,我们才能正确地认识这一事物,正确地处理这一事物。就前面的例子来说,中国革命是世界无产阶级社会主义革命的一部分,两者是互相联系着的。中国革命过程中不但包含了特殊的阶级矛盾(如中华民族和帝国主义的矛盾、人民大众和封建制度的矛盾、农民阶级和地主阶级的矛盾等等),而且包含了普遍的阶级矛盾(无产阶级和资产阶级的矛盾),这普遍的阶级矛盾就存在那些特殊的阶级矛盾之中。正因为这样,所以我们研究中国革命过程时,必须发现特殊的阶级矛盾和普遍的阶级矛盾这两个方面和它们的相互联系,发现中国革命过程内部的阶级矛盾的特殊性和普遍性的两方面和它们的相互联系,发现中国革命和世界其他各国革命的相互联系。只有这样地去研究中国革命问题,才是应用马克思列宁主义的普遍真理研究中国革命的具体实践的方法,才能得出中国革命必须经由新民主主义到达社会主义的结论,才能结合国内革命的统一战线和世界革命的统一战线,保证中国革命的胜利。这正是毛泽东同志对于具体的中国革命问题作具体分析的方法。

这样的研究方法,斯大林在《论列宁主义基础》中,给了我们一个辉煌的范例。斯大林说:"列宁主义是在帝国主义条件下,即在资本主义的矛盾已经达到极点、无产阶级革命已经成为直接实践的问题、准备工人阶级去进行革命的旧时期已经达到尽头而转变为直接冲击资本主义的新时期的条件下成长和形成的。"他接着说明了帝国主义是垂死的资本主义,它使资本主义的矛盾达到了顶点。在这些矛盾中,最重要的有三个矛盾:一是无产阶级和资产阶级的矛盾已趋于尖锐化。帝国主义使得无产阶级过着非人生活,把他们引到革命。二是"各金融集团之间以及帝国主义列强之间为争夺原料产地、争夺别国领土而发生的矛盾"。这就是帝国主义者相互间的矛盾。这个矛盾的激化,就是帝国主义战争。帝国主义战争削弱了帝国主义本身,削弱了资本主义阵地,"使无产阶级革命必然实现"。三是"为数极少的占统治地位的'文明'民族与世界上十多亿殖民地和附属国人民之间的矛盾"。这就是殖民地半殖民地人民与帝国主义者的矛盾。帝国主义者对殖民地半殖民地实行野蛮残暴的压迫和剥削的结果,使得殖民地半殖民地的无产阶级起来领导有民族自觉的大众进行反帝国主义的革命战争。因此,殖民地半殖民地人民就变成了无产阶级革命的后备力量。第一次帝国主义大战,"把所有这些矛盾集合在一起投入天平盘里,因而加速和便利了无产阶级的革命战斗。换句话说,帝国主义不仅使革命成了必不可免的实践问题,而且造成了直接冲击资本主义堡垒的有利条件。这就是产生列宁主义的国际环境"。

斯大林更进而分析了为什么俄国会成为列宁主义的策源地的各种原因。一是沙俄是资本主义压迫、殖民地压迫和军事压迫表现得最无人道和最野蛮的策源地。沙皇制度是"军事封建帝国主义",它集中了帝国主义各种最坏的因素。二是沙俄是西方帝国主义最大的后备力量,它一方面让外国资本操纵国内经济有决定作用的部门,一方面用庞大的军队为外国资本家保证高额的利润。三是沙皇制度不仅是帝国主义在东欧的"看门狗",而且是西方帝国主义的代理人。它从西方各国借进外债,而搜刮人民的血汗去偿付利息。四是沙皇制度是西方帝国主义在瓜分土耳其、波斯和中国等等勾当中最忠实的同盟者。正因为有这些原因,所以沙皇制度的利益就与西方帝国主义的利益互相错综起来,终于结合成了一个帝国主义的纽结,成了帝国主义矛盾的集合点。沙皇制度是和帝国主义结合在一起的,谁要打击、反对和推翻沙皇制度,就必须打击、反对和推翻帝国主义。"这样,反对沙皇制度的革命就和反对帝国主义的革命,和无产阶级革命接近起来,并且一定要转变为反对帝国主义的革命,转变为无产阶级革命。而且,当时在俄国又掀起了最伟大的人民革命,领导这个革命的是世界上最革命的无产阶级,而这个无产阶级又拥有俄国的革命农民这样一个重要的同盟者。"只有他们才是能够用革命方法来解决帝国主义矛盾的真实力量。所以"俄国革命不能不成为无产阶级革命,它不能不在一开始发展时就具有国际的性质,因而也就不能不根本震动世界帝国主义的基础"(以上引号中的话,均见《论列宁主义基础》)。

如前所述,斯大林分析了帝国主义的矛盾的普遍性,说明了列宁主义是帝国主义与无产阶级革命时代的马克思主义,是无产阶级解决帝国主义时代的普遍的矛盾的理论和策略。他又分析了沙俄帝国主义在一般矛盾中所具有的特殊性,说明了俄国成了列宁主义的策源地,成了无产阶级的革命理论和策略的故乡。并且在沙俄帝国主义的矛盾的特殊性之中,就包含了一般帝国主义的矛盾的普遍性。斯大林的这种分析,给我们提供了认识矛盾的特殊性和普遍性及其互相联结的范例。

马克思和恩格斯,同样地列宁和斯大林,他们对于应用辩证法到客观现象的研究的时候,总是指导人们不要带上任何的主观随意性,而必须从客观的实际运动所包含的具体的条件,去看出这些现象中的具体的矛盾、矛盾各方面的具体的地位以及矛盾的具体的相互关系。我们的教条主义者因为没有这种研究态度,所以弄得一无是处。我们必须以教条主义的失败为鉴戒,学会这种研究态度,舍此没有第二种研究法。

[说明]从前面所说的看来,马克思和恩格斯应用事物矛盾法则研究社会历史过程和资本主义社会经济结构的时候,同样地,列宁和斯大林应用这一法则研究帝国主义的矛盾和沙皇制度的矛盾的时候,他们总是指导人们不要带上任何的主观随意性,而必须以客观的实际运动所包含的具体条件,去看出这些现象中的矛盾、矛盾各方面的具体的地位以及矛盾的具体的相互关系,然后才能找出解决那些具体的矛盾的方法。但是教条主义者们却不学习大师们这种研究的态度。他们是主观主义者。他们总是从主观的愿望去看问题。例如在1931年至1934年的第二次国内革命战争后期,他们完全否认由日本侵略所引起的国内政治的重大变化,而认为国民党各派和各中间派别都是一样的反革命,要求党同他们一律进行"决死斗争"。在红军战争的问题上,他们要求红军夺取中心城市,在国民党区秘密工作问题上,他们继续实行脱离群众的冒险政策,致使党的革命事业遭受了重大的挫败。这是教条主义者们带上主观随意性而粗枝大叶地处理具体的革命问题的结果。所以我们必须以教条主义者的失败为鉴戒,学习马克思、恩格斯、列宁、斯大林等大师们具体地分析具体的矛盾的方法,特别是要学习毛泽东同志应用事物矛盾法则,具体地分析中国革命过程中的具体的矛盾,以及解决各种具体矛盾的具体的方法。

矛盾的普遍性和矛盾的特殊性的关系,就是矛盾的共性和个性的关系。其共性是矛盾存在于一切过程中,并贯穿于一切过程的始终,矛盾即是运动,即是事物,即是过程,也即是思想。否认事物的矛盾就是否认了一切。这是共通的道理,古今中外,概莫能外。所以它是共性,是绝对性。然而这种共性,即包含于一切个性之中,无个性即无共性。假如除去一切个性,还有什么共性呢?因为矛盾的各各特殊,所以造成了个性。一切个性都是有条件地暂时地存在的,所以是相对的。

这一共性个性、绝对相对的道理,是关于事物矛盾的问题的精髓,不懂得它,就等于抛弃了辩证法。

[说明]综合上面的说明,我们可以知道矛盾的普遍性和矛盾的特殊性的关系,是非常密切的。这两者的关系就是矛盾的共性和个性的关系。所谓矛盾的共性,就是说:矛盾存在于一切过程中,无论是自然现象的过程、社会现象的过程或思想现象的过程,其内部都存在着矛盾;并且矛盾还贯穿于一切过程的始终,在任何过程没有终结以前,过程中的矛盾是不消灭的;即使当一个过程终结而开始另一新的过程时,也只是旧过程中的旧矛盾的统一转变为新过程中的新矛盾的统一。所以矛盾即是运动,即是事物,即是过程,也即是思想。如果否认了矛盾,便是否认运动,否认事物,否认过程,也否认思想。正因为矛盾是普遍地存在于一切过程之中,并贯穿于一切过程的始终,所以它是共性,是绝对性。至于所谓矛盾的个性,就是说,矛盾的共性即包含于一切个性之中,如果没有个性,便会没有共性。假若除去一切个性,便没有什么共性了。因为矛盾在千差万别的事物中,各有其不同的形式,所以造成了矛盾的个性。这一切矛盾的个性,都是有条件地暂时地存在,所以是相对的。

这一矛盾的共性和个性、绝对和相对的道理,是关于事物矛盾的问题的精髓,我们必须懂得这个道理,才能理解事物矛盾的法则,才算是懂得了辩证法。反过来说,如果不懂得这个道理,就等于抛弃了辩证法。譬如就帝国主义时代的阶级社会来说,有各种发展程度不同的资本主义社会,有各种形式的殖民地、半殖民地、半封建的社会。这些社会各有其不同的复杂的阶级矛盾(即矛盾的个性),但在这些社会的各种特殊的矛盾之中,都含有共通的矛盾(即矛盾的共性),即无产阶级和资产阶级的矛盾。并且,各种社会的无产阶级,都是革命的主力,都是各革命阶级的领导者。其革命的对象,或是帝国主义者,或是封建势力,或是这两者的联合;其革命的最后目的,都是建立社会主义的社会制度。马克思列宁主义的普遍真理,正是世界无产阶级解决阶级矛盾的理论和策略。但各国无产阶级为要把马克思列宁主义作为革命行动的指导,就必须应用矛盾法则,分析本国社会的、经济的、政治的及文化的特殊情况。分析阶级矛盾的具体情况,正确地找出革命的路线和步骤,向着社会主义社会前进。由于各国的阶级矛盾的个性不同,其到达社会主义的步骤也各不相同。资本主义国家的无产阶级是实行社会主义革命的,殖民地、半殖民地、半封建社会的无产阶级,则是领导其他被压迫阶级先实行反帝反封建的新民主主义革命,后实行社会主义革命,即是先解决特殊的矛盾,后解决普遍的矛盾。中国无产阶级所领导的人民民主革命,正是采取这样的步骤的。所以我们只有懂得了矛盾的共性和个性的联系,才能懂得解决共性的矛盾和解决个性的矛盾的有机联系。

四、主要的矛盾和主要的矛盾方面

在矛盾特殊性的问题中,还有两种情形必须特别地提出来加以分析,这就是主要的矛盾和主要的矛盾方面。

在复杂的事物的发展过程中,有许多的矛盾存在,其中必有一种是主要的矛盾,由于它的存在和发展,规定或影响着其他矛盾的存在和发展。

例如在资本主义社会中,无产阶级和资产阶级这两个矛盾着的力量是主要的矛盾;其他的矛盾力量,例如,残存的封建阶级和资产阶级的矛盾,农民小资产者和资产阶级的矛盾,无产阶级和农民小资产者的矛盾,自由资产阶级和垄断资产阶级的矛盾,资产阶级的民主主义和资产阶级的法西斯主义的矛盾,资本主义国家相互间的矛盾,帝国主义和殖民地的矛盾,以及其他的矛盾,都为这个主要的矛盾力量所规定、所影响。

[说明]关于矛盾的特殊性问题,上面已用较多的篇幅说明了,但在这个

问题中,还有两种情景必须提出来加以分析,这就是主要的矛盾和主要的矛盾方面。

一个复杂的事物,在其发展过程中,存在着多数的矛盾。在这些矛盾之中,必有一种矛盾成为主要的矛盾。由于这主要矛盾的存在和发展,就规定着或影响着其他许多矛盾的存在和发展。

例如在资本主义社会中,除了无产阶级和资产阶级的矛盾以外,还有其他许多矛盾。这些矛盾,有资产阶级和残余的封建阶级的矛盾(因为资产阶级在推翻了封建阶级的权势、自己掌握政权以后,并不没收封建地主的土地财产,而与封建阶级相妥协,但两者的矛盾是存在的);有农民小资产者和资产阶级的矛盾(由于农业的资本主义化,威胁着农民小资产者的存在,所以农民小资产者首先是和农业资产阶级有矛盾,其次,在工业品和农产物的交换方面,它和工商业资产阶级也有矛盾);无产阶级和农民小资产者的矛盾(由于农业的资本主义化,大部分农民变成了农业劳动者,只有少数农民还保持着小规模的经营,他们是小资产阶级,所以和无产阶级也有矛盾);有自由资产阶级和垄断资产阶级的矛盾(进到了帝国主义时代,垄断资产阶级在经济上压迫着没有加入垄断组织的自由资产阶级,所以两者有矛盾);有资产阶级的民主主义和资产阶级的法西斯主义的矛盾(在自由竞争的资本主义时代,资产阶级民主主义是一般资产阶级专政,资产阶级的国会还讨论一些一般资产阶级的共通利害的问题,但到帝国主义时代,法西斯主义代替了以前的民主主义,变成了垄断资产阶级专政,一切国家大事实际上由垄断资产阶级独裁,例如在美国由华尔街老板们来决定。至于没有加入垄断组织的资本家则叫嚣着资产阶级民主主义来反对垄断资产阶级);有资本主义国家相互间的矛盾;有帝国主义国家和殖民地之间的矛盾;此外还有其他的矛盾。在这许多矛盾之中,只有无产阶级和资产阶级这两个矛盾着的力量是主要的矛盾,其他许多矛盾都是非主要的矛盾,都要受这个主要矛盾所规定、所影响。只有无产阶级用革命手段解决了它和资产阶级的矛盾、即推翻了资产阶级的统治以后,除了无产阶级和农民小资产者的矛盾以外,其他许多矛盾,都要归于消灭。至于无产阶级和农民小资产者的矛盾,在无产阶级专政时代虽然是存在的,但在无产阶级的领导和教育之下,由国家的工业化促进农业的集体化、机械化、电气化,到了那时,工农之间的矛盾即将逐步归于消灭。

半殖民地的国家如中国,其主要矛盾和非主要矛盾的关系呈现着复杂的情况。

当着帝国主义向这种国家举行侵略战争的时候,这种国家的内部各阶级,除开一些叛国分子以外,能够暂时地团结起来举行民族战争去反对帝国主义。这时,帝国主义和这种国家之间的矛盾成为主要的矛盾,而这种国家内部各阶级的一切矛盾(包括封建制度和人民大众之间这个主要矛盾在内),便都暂时地降到次要和服从的地位。中国 1840 年的鸦片战争,1894 年的中日战争,1900 年的义和团战争和目前的中日战争,都有这种情形。

[说明]资本主义社会是最后的阶级社会,无产阶级和资产阶级的斗争,是最后的阶级斗争,所以在资本主义社会中,只有无产阶级和资产阶级的矛盾是主要的矛盾,而其他的矛盾都是非主要的矛盾。至于殖民地或半殖民地的国家,其主要矛盾和非主要矛盾,则呈现着复杂的情况。就革命胜利以前的中国来说,它是一个半殖民地的国家,受着美、英、日许多帝国主义的侵略,我中华民族为争取生存和独立,就不能不实行反帝国主义的革命。所以中华民族和帝国主义的矛盾,成了主要的矛盾。但在另一方面,中国在鸦片战争以后,变成了半封建的国家,封建阶级掌握着国家的政权,对全国的人民大众实行着严酷的压迫和剥削,人民大众为了生存和自由,不能不实行反封建主义的革命。所以人民大众和封建制度的矛盾,也成了主要的矛盾。正因为中国社会是半殖民地半封建的社会,所以有上述两个主要的矛盾。伟大的近代和现代的中国革命,可以说是贯穿着这两个主要矛盾而发生和发展起来的。但由于帝国主义对中国侵略的形式不同(或者是军事的、政治的、经济的、文化的),由于帝国主义勾结国内封建势力的方法的不同,上述两个主要矛盾,常常互换地位,有时其中一个成为主要的,另一个暂时降居次要的和服从的地位。例如当着帝国主义向中国举行侵略战争的时候,中国内部各阶级,除开一些叛国分子以外,都能够暂时地团结起来,举行反帝国主义侵略的民族战争。这时候中华民族和帝国主义的矛盾变成了主要矛盾,国内各阶级的一切矛盾,包括人民

大众和封建制度的矛盾在内,便都降居次要的和服从的地位。例如1840年的鸦片战争,1894年的中日战争,1900年的义和团战争,以及最近抗日战争,都表现着中华民族和帝国主义这两个矛盾着的力量是主要的矛盾。

　　然而在另一种情形之下,则矛盾的地位起了变化。当着帝国主义不是用战争压迫而是用政治、经济、文化等比较温和的形式进行压迫的时候,半殖民地国家的统治阶级就会向帝国主义投降,二者结成同盟,共同压迫人民大众。这种时候,人民大众往往采取国内战争的形式,去反对帝国主义和封建阶级的同盟,而帝国主义则往往采取间接的方式去援助半殖民地国家的反动派压迫人民,而不采取直接行动,显出了内部矛盾的特别尖锐性。中国的辛亥革命战争,1924年至1927年的革命战争,1927年以后的10年土地革命战争,都有这种情形。还有半殖民地国家各个反动的统治集团之间的内战,例如在中国的军阀战争,也属于这一类型。

　　[说明]但是到了另一种情形时,矛盾的地位就起了变化,例如当着帝国主义对中国不实行军事的侵略,而只是实行政治的侵略(如根据不平等条约,在中国开辟租借和通商口岸,行使领事裁判权,掌握海关,驻扎军队,对统治阶级供给政治借款和军火,取得各种特权,控制中国交通事业,等等)、经济的侵略(如在中国开设银行,操纵中国的金融和财政、倾销商品,在中国开设工厂榨取中国工人,通过买办阶级剥削广大的农民群众,等等)和文化的侵略(如传教、办医院、办学校、办报纸和吸引留学生等,以造就服从它们的知识干部和愚弄广大的中国人民)的时候,半殖民地的中国统治阶级(辛亥革命以前的清政府,辛亥革命以后的封建军阀政府),就向帝国主义投降,和它结成同盟,共同压迫人民大众。在这种时候,人民大众常常采取国内战争的形式,去反对帝国主义和封建集团的同盟。但这时帝国主义并不采取直接行动,而常是采取间接方式去援助反动政府压迫人民,使得人民大众和封建制度的矛盾趋于尖锐化,变成了主要矛盾,其他一切矛盾(包括中华民族和帝国主义的主要矛盾在内)暂时降居次要的和服从的地位。这就是说,人民大众先推翻了封建主义,然后去推翻帝国主义。辛亥革命战争,推翻了清朝的封建统治;1924年至

1927年的革命,推翻了北洋封建军阀的统治;1927年以后的10年土地革命战争,推翻了红色区域以内的地主阶级,并给蒋介石匪帮以严重的打击。这些都是人民大众和封建势力的矛盾成为主要矛盾的实例。

还有半殖民地国家各个反动统治集团之间的内战,例如在中国的军阀战争,也属于这一类。中国的军阀战争,当然不是人民大众和统治阶级的矛盾激化的结果,而是各派军阀相互间的矛盾激化的结果。各派军阀各有一个或两个帝国主义者做它的主子,各个帝国主义者援助自己势力范围内的军阀,扩大其势力范围,间接地压迫并剥削中国人民。于是各派军阀在各个帝国主义者的唆使之下,演出了军阀间的内战。这也是帝国主义采取间接方式而不采取直接方式援助反动派压迫人民,使内部矛盾(军阀间的矛盾)激化的实例。

当国内革命战争发展到从根本上威胁帝国主义及其走狗(即国内反动派)的存在的时候,帝国主义就往往采取上述方法以外的方法,企图维持其统治;或者分化革命阵线的内部,或者直接出兵援助国内反动派。这时,外国帝国主义和国内反动派完全公开地站在一个极端,人民大众则站在另一个极端,成为一个主要矛盾,而规定或影响其他矛盾的发展状态。十月革命后各资本主义国家援助俄国反动派,是武装干涉的例子。1927年的蒋介石的叛变,是分化革命阵线的例子。

然而不管怎样,过程发展的各个阶段中,只有一种主要的矛盾起着领导的作用,是完全没有疑义的。

[说明]在上述两种情形之外,还有第三种情形。当着国内的革命战争发展到一定阶段,以致在根本上威胁帝国主义及其走狗(即国内反动派)的存在的时候,帝国主义就常常采取另外的方法,企图维持它对于那个国家的统治。其方法不外下述两种。其一是采取破坏那一国的革命的方法,使革命阵线的内部发生分裂;其二是直接出兵援助国内的反动派。当帝国主义者直接出兵援助国内反动派的时候,外国帝国主义和国内反动派,完全公开地站在一个极端,人民大众站在另一个极端,成为一个主要的矛盾,而规定或影响其他一切矛盾的发展状态。俄国十月革命以后,英、法、日、美等14个资本主义国家对

苏联实行武装干涉和包围，援助俄国内部的高尔察克、尤登尼奇、邓尼金、克拉斯诺夫、弗兰克尔等反动派实行内乱，企图摧毁苏维埃政权，恢复地主资本家在俄国的统治。这是帝国主义者直接出兵援助国内反动派的实例。又如中国的 1924 年至 1927 年的革命，推翻了北洋封建军阀的统治，也威胁了帝国主义在中国的特权（如收回汉口、九江的租界等）。于是帝国主义者采取了种种方法，一面调集军舰炮轰南京来示威，一面勾结蒋介石匪帮，以取消领事裁判权及海关协定为钓饵，使它反苏反共反人民，终于破坏了这个革命。这是帝国主义分化革命阵线内部的实例。在《矛盾论》发表以后，帝国主义者直接出兵援助中国反动派的例子，也是有的。在第三次国内革命战争时期，美帝国主义者也曾出兵援助蒋介石反动派，美蒋匪帮站在一个极端，中国人民大众站在另一个极端。中国人民反蒋匪帮的革命，实际是同时反美帝国主义和反蒋匪帮的革命。这次革命战争的胜利，一举而完成了反帝反封建的革命。现在美帝国主义占领台湾，卵翼着蒋介石反动派，企图阻挠我解放台湾，并进一步想侵入中国大陆，但中国人民必将粉碎美帝和蒋匪帮的反动势力，实现台湾的解放。又如朝鲜民主主义人民共和国的成长壮大，使得占据南朝鲜的美帝国主义及其走狗李承晚匪帮感到生存的威胁的时候，美帝便直接出兵进攻朝鲜民主主义人民共和国，也属于同样的情形。

从上面三种情形看来，可以知道，在过程发展的各个阶段中，只有一种主要矛盾，规定并影响着其他一切的矛盾，这是完全没有疑义的。

由此可知，任何过程如果有多数矛盾存在的话，其中必有一种是主要的，起着领导的、决定的作用，其他则处于次要和服从的地位。因此，研究任何过程，如果是存在着两个以上矛盾的复杂过程的话，就要用全力找出它的主要矛盾。捉住了这个主要矛盾，一切问题就迎刃而解了。这是马克思研究资本主义社会告诉我们的方法。列宁和斯大林研究帝国主义和资本主义总危机的时候，列宁和斯大林研究苏联经济的时候，也告诉了这种方法。万千的学问家和实行家，不懂得这种方法，结果如堕烟海，找不到中心，也就找不到解决矛盾的方法。

[说明]看了上面说明,我们可以知道,任何一个过程,如果有多数的矛盾存在,其中必有一个矛盾是主要矛盾,它对其余许多矛盾起着领导的、决定的作用,而其余许多矛盾则处于次要和服从的地位。因此,我们研究任何一个过程时,如果发现它是存在着两个以上的矛盾的复杂过程,那就必须对那些矛盾作全面的比较的研究,从其中找出一个主要的矛盾。只要捉住这个主要矛盾,找出解决的方法,其余的许多矛盾,都可以配合那主要矛盾的解决而顺利地得到解决。像这样分析过程中的多数矛盾而捉住主要矛盾的方法,是马克思、恩格斯、列宁、斯大林所指示的方法。马克思解剖资本主义社会时,分析它的许多矛盾,从其中找出生产的社会性和占有制的私人性这个根本的主要矛盾,而这个根本的主要矛盾之直接的阶级表现,是无产阶级和资产阶级的矛盾。由于生产的社会性和占有制的私人性这个矛盾的激化,就不可避免地会引起无产阶级的革命,推翻资本主义制度,进到社会主义社会。随着无产阶级和资产阶级的主要矛盾的解决,其他许多矛盾都迎刃而解了。列宁和斯大林当分析帝国主义和资本主义总危机的时候,从分析帝国主义的主要矛盾出发,从各个帝国主义的发展不平衡的规律出发,指出了帝国主义锁链中最脆弱的一环被冲破的必然性,证明了一国革命的胜利和建设社会主义的可能性。其次,他们在十月革命以后,分析苏联经济的矛盾时,指出了过渡时期经济的主要矛盾,是社会主义和资本主义的矛盾,并指出了这个矛盾的根源,是大规模社会主义大工业和分散的小资产者农业之间的矛盾,即是无产阶级和小资产的农民阶层的矛盾(因为小资产者的农业,能够时时刻刻地产生资本主义)。过渡时期社会中其他许多的矛盾,都受上述主要矛盾所决定和领导。这个主要矛盾发展的结果,使社会主义的工业大大地发展起来,全国的农业都集体化了,由于富农阶级的消灭,社会主义最后克服了资本主义,苏联便进到了社会主义时代。

毛泽东同志应用马克思、恩格斯、列宁和斯大林所用的方法,分析了中国革命过程中的复杂的矛盾,基于过程之反帝反封建的民主革命的性质(其反面是半殖民地半封建的性质),指出了过程中的两个主要矛盾,即中华民族和帝国主义的矛盾、人民大众和封建制度的矛盾。这两个主要矛盾,在过程的各个发展阶段中,由于客观革命形势的变化,其中只有一个是主要矛盾,另一个主要矛盾则与其他许多矛盾降居次要的服从的地位。由于捉住了一个主要矛盾,就决定了解决这主要矛盾的策略,而其他许多矛盾也都随着解决了。这是新民主主义革命所证明了的真理。

中国人民革命的伟大胜利,推翻了帝国主义、封建主义和官僚资本主义在中国的统治,建立了中华人民共和国。三年以来,由于抗美援朝、土地改革和镇压反革命三大运动的胜利,"三反"和"五反"运动的胜利,以及财政经济情况的根本好转,新国家的基础已经是非常巩固了。但就对外方面说来,美帝国主义还控制着我们的台湾,并侵略着我们的邻邦朝鲜,因而中华民族和帝国主义的矛盾,仍然是主要的矛盾。另一方面,在新中国成立以后,社会主义因素和资本主义因素的矛盾,成为主要的矛盾。毛泽东同志早在 1939 年就说过:"中国革命的全部结果是:一方面有资本主义因素的发展,又一方面有社会主义因素的发展。这种社会主义因素是什么呢? 就是无产阶级和共产党在全国政治势力中的比重的增长,就是农民、知识分子和城市小资产阶级或者已经或者可能承认无产阶级和共产党的领导权,就是民主共和国的国营经济和劳动人民的合作经济。所有这一切,都是社会主义的因素。加以国际环境的有利,便使中国资产阶级民主革命的最后结果,避免资本主义的前途,实现社会主义的前途,不能不具有极大的可能性了。"①由此可见,社会主义因素和资本主义因素的矛盾在新中国成立以后成为主要矛盾,这是很明显的。这个矛盾的阶级的表现,是工人阶级和民族资产阶级的矛盾,但在统一战线的政权下,这两个阶级是朋友而不是敌人,这是中国社会的矛盾的特殊性所规定了的。中国的经济落后,在解放以前,"现代工业产值不过只占全国国民经济总产值的10%左右。为了对付帝国主义的压迫,为了使落后的经济地位提高一步,中国必须利用一切于国计民生有利而不是有害的城乡资本主义因素,团结民族资产阶级,共同奋斗"。② 中国革命胜利以后,主要的剥削阶级即地主阶级和官僚资产阶级已经消灭了,"剩下一个民族资产阶级,在现阶段就可以向他们中间的许多人进行许多适当的教育工作。等到将来实行社会主义即实行私营企

---

① 《毛泽东选集》第二卷,第 613 页。
② 毛泽东:《论人民民主专政》。

業国有化的时候,再进一步对他们进行教育和改造的工作。人民手里有强大的国家机器,不怕民族资产阶级造反"。① 所以,只要民族资产阶级遵守共同纲领,服从工人阶级的领导,发展于国计民生有利的企业,是能够助长国民经济的发展的。在另一方面,带有社会主义性质的国营经济和半社会主义性质的合作社经济,在大规模的计划化的经济建设过程中,必将有伟大的长足的进步。到了国家工业化和农业集体化将要实现的时候,由于私人企业的国有化的实行,社会主义因素就克服资本主义因素,社会主义在经济战线上就取得了决定性的胜利。在那个时候,民族资产阶级将由国家保障他们的工作,并保留他们的生活资料,他们原来的阶级地位也就消失了。所以,在工人阶级领导的人民民主专政的政权下,工人阶级和资产阶级的矛盾,不须经过爆发的阶段就会被克服的。

万千的学问家必须学会应用这个方法。我们首先要认识新社会的那个主要矛盾,认识社会主义的前途。其次要分析自己思想中的许多矛盾,如旧思想和新思想的矛盾、资产阶级思想和工人阶级思想的矛盾、自己的学问和新社会需要之间的矛盾、个人利益和社会利益的矛盾等等,而应当确定资产阶级思想和工人阶级思想的矛盾,作为主要矛盾,因而找出解决这个矛盾的方法。为要解决这个主要的矛盾,就必须从资产阶级的立场转到工人阶级的立场,克服资产阶级思想,培养工人阶级思想,用马克思列宁主义、毛泽东思想,把自己的头脑武装起来。只有用这样的方法,才能解决那个主要的矛盾,才能使个人的利益服从于社会的利益,才能使自己的学问和新社会的实际需要相结合,才能贡献出自己的一份力量于新社会的建设,和工人一道创造出社会主义的条件。

万千的实行家也必须学会应用这个方法,在自己的工作岗位上,为创造社会主义的前途而努力。新社会的各部门的建设工作都是新的工作,做这些新的工作,必然要遭遇到许多困难、许多问题及许多矛盾,必须善于分析那许多矛盾,用全力找出它的主要矛盾(即中心环节),然后想出解决它的方法,随着主要矛盾的解决,其他次要的服从的矛盾也会顺利地解决了。一阶段的矛盾解决了,新阶段的许多新矛盾又会簇生出来,我们要学会毛泽东同志所用的方

① 毛泽东:《论人民民主专政》。

146

法逐步地去解决它,才能做好自己岗位上的工作。

无论是学问家或实行家,若果不懂得这种方法,那就会找不到问题的中心,决不能贡献出适合于新社会所需要的为人民服务的学术,也不能胜任人民所交付的实际工作。

不能把过程中所有的矛盾平均看待,必须把它们区别为主要的和次要的两类,着重于抓住主要的矛盾,已如上述。但是在各种矛盾之中,不论是主要的或次要的,矛盾着的两个方面,又是否可以平均看待呢?也是不可以的。无论什么矛盾,矛盾的诸方面,其发展是不平衡的。有时候似乎势均力敌,然而这只是暂时的和相对的情形,基本的形态则是不平衡。矛盾着的两方面中,必有一方面是主要的,他方面是次要的。其主要的方面,即所谓矛盾起主导作用的方面。事物的性质,主要是由取得支配地位的矛盾的主要方面所规定的。

[说明]前面已经说过,当我们分析过程中的各种矛盾时,不能把那些矛盾都看成同样平均的东西,而必须从那些矛盾中找出能起领导的、决定的作用的主要矛盾来,然后才能找出解决这主要矛盾的方法,顺次解决其他许多次要的服从的矛盾。但为要找出解决主要矛盾的方法,还须分析那主要矛盾的两个方面谁是主要的,谁是非主要的,然后才能正确地解决这个主要矛盾。实际上,任何矛盾,无论是主要矛盾或非主要矛盾,其矛盾的两方面,也必有一方是主要的,一方是非主要的。因为无论什么矛盾,矛盾的两方面的发展都是不平衡的。或者是矛的一方面势力大,或者是盾的一方面势力大,矛盾双方势均力敌的形态,只是暂时的相对的,而基本的形态总是不平衡的。我们知道,矛盾即是运动,如果矛盾双方永远地绝对地势均力敌,那就会变为永久的绝对的静止而没有什么运动了。静止只是运动的一种形式,只是暂时的相对的,而永久的绝对的静止是决不能有的。所以矛盾双方的势力常是不平衡的,其中必有一方是主要的(即力量大),另一方是次要的(即力量小)。其主要的方面,即是在这个矛盾中起主导作用(即起支配作用)的一方面。事物的性质固然要由其中所包含的特殊矛盾所规定,然而细加分析,则主要地是由取得支配地位的矛盾的主要方面所规定的(附带要解说一句,原文中所说的"矛盾的主要方

面"、"矛盾起主导作用的方面",两者的意思是相同的)。

然而这种情形不是固定的,矛盾的主要和非主要的方面互相转化着,事物的性质也就随着起变化。在矛盾发展的一定过程或一定阶段上,主要方面属于甲方,非主要方面属于乙方;到了另一发展阶段或另一发展过程时,就互易其位置,这是依靠事物发展中矛盾双方斗争的力量的增减程度来决定的。

我们常常说"新陈代谢"这句话。新陈代谢是宇宙间普遍的永远不可抵抗的规律。依事物本身的性质和条件,经过不同的飞跃形式,一事物转化为他事物,就是新陈代谢的过程。任何事物的内部都有其新旧两个方面的矛盾,形成一系列的曲折的斗争。斗争的结果,新的方面由小变大,上升为支配的东西;旧的方面则由大变小,变成逐步归于灭亡的东西。而一当新的方面对于旧的方面取得支配地位的时候,旧事物的性质就变化为新事物的性质。由此可见,事物的性质主要地是由取得支配地位的矛盾的主要方面所规定的。取得支配地位的矛盾的主要方面起了变化,事物的性质也就随着起变化。

[说明]事物矛盾的主要方面和非主要方面,常是互相转化,并不是固定不变的。这种转化,使得事物的性质也随着发生变化。在矛盾发展的一定过程或一定阶段上,主要方面属于甲方,即势力较大的一方;非主要方面属于乙方,即势力较小的一方。但到了另一发展阶段或另一发展过程时,原来占主要地位的一方就转变到非主要方面,而原来占非主要地位的一方则转变到主要方面。这种转变,是依靠事物发展中矛盾双方斗争力量的增减程度来决定的。

矛盾的主要方面和非主要方面,为什么由于双方斗争力量的消长而互相转化呢?这是因为矛盾中原来占主要地位的一方是陈旧的东西,势力虽大,却是要衰亡的东西;而原来占非主要地位的一方是新生的东西,势力虽小,却是要成长的东西。我们常常说起"新陈代谢"这句话,是很有道理的。新陈代谢是宇宙间普遍的永远不可抵抗的规律。这就是说,旧东西的死灭和新东西的生长,是自然和社会的发展的规律。事物在其发展过程中,依其本身的性质和条件,经过不同的飞跃形式,一事物就转化为新事物,这就是新陈代谢的过程。任何事物的内部都有其旧的和新的两个方面的矛盾,即一方面是过去的、衰颓

148

着的、衰亡着的东西,一方面是将来的、发生着的、发展着的东西。这过去和将来、衰颓着的东西和发生着的东西、衰亡着的东西和发展着的东西之间的矛盾,即旧东西和新东西之间的矛盾,形成一系列的曲折的斗争。在斗争过程中,新东西的势力逐渐成长,由小变大;旧东西的势力逐渐衰退,由大变小。于是强弱易势,原来占居支配地位(即主要方面)的旧东西,就转变到被支配的地位(即非主要方面);原来处于被支配地位(即非主要方面)的东西,就转变到支配的地位(即主要方面)。到了这个时候,新东西战胜了旧东西,而旧事物的性质就变化为新事物的性质。由此可见,事物的性质虽由事物中的主要矛盾所规定,但穷其究竟,则实由取得支配地位的矛盾的主要方面所规定。主要矛盾的主要方面起了变化,事物的性质也就随着发生变化。这是新事物所以发生的根源。因为事物的性质原是由其中的特殊的矛盾所规定,如果那矛盾中没有新旧两方面的斗争,如果不是新的方面战胜了旧的方面,原来的事物就不能转变为新事物,这是很显然的。正因为原来事物中的矛盾的新的方面战胜了旧的方面,所以新事物才能发生。这个道理,下面还要举例说明。

在资本主义社会中,资本主义已从旧的封建主义社会时代的附庸地位,转化成了取得支配地位的力量,社会的性质也就由封建主义的变为资本主义的。在新的资本主义社会时代,封建势力则由原来处在支配地位的力量转化为附庸的力量,随着也就逐步地归于消灭了,例如英法诸国就是如此。随着生产力的发展,资产阶级由新的起进步作用的阶级,转化为旧的起反动作用的阶级,以致最后被无产阶级所推翻,而转化为私有的生产资料被剥夺和失去权力的阶级,这个阶级也就要逐步归于消灭了。人数比资产阶级多得多、并和资产阶级同时生长、但被资产阶级统治着的无产阶级,是一个新的力量,它由初期的附属于资产阶级的地位,逐步地壮大起来,成为独立的和在历史上起主导作用的阶级,以致最后夺取政权成为统治阶级。这时,社会的性质,就由旧的资本主义的社会转化成了新的社会主义的社会。这就是苏联已经走过和一切其他国家必然要走的道路。

[说明]现在举几个实例,说明新陈代谢的规律,说明事物的性质由取得

支配地位的矛盾的主要方面所规定的规律。

封建社会的主要矛盾，是农民阶级和封建阶级的矛盾。但是到了资本主义在封建社会中孕成以后，资本主义和封建主义的矛盾，便变成了主要矛盾，这个矛盾的阶级表现，是资产阶级和封建阶级的矛盾。在最初的时候，矛盾的主要方面属于封建阶级，其势力是非常庞大的；资产阶级不过是第三等级，受着封建阶级的统治，其势力微不足道。但资产阶级是发生着的、进步的阶级。在矛盾的发展过程中，资本主义经济瓦解了封建经济，资产阶级的势力就成长壮大起来，转到了起主导作用的方面，而封建阶级的势力就逐渐衰亡下去，由于资产阶级革命的胜利，封建社会就转变为资本主义社会。于是封建势力就由原来处在支配地位的力量转化为附庸力量，随着也就逐步地归于消灭了。例如17、18世纪英法等国资产阶级革命前后的情形，就是这样的。

进到了资本主义社会以后，无产阶级和资产阶级的矛盾，成为主要的矛盾。无产阶级虽然是和资产阶级同时发生，而且人数比资产阶级多得多，但因为在经济上被剥夺了生产资料，在政治上又受着资产阶级的统治，其势力是很弱小的。至于资产阶级则占有着生产资料，又掌握着国家政权，其势力是很强大的。所以从最初起，资产阶级是站在矛盾的主要方面。但随着资本主义的发展，资产阶级就由原来起进步作用的阶级转变为起反动作用的阶级，由新的东西转变为旧的东西了。无产阶级是最进步最革命的阶级，是以实现全人类的解放来求得自己解放的阶级。所以在阶级斗争中，无产阶级的势力就成长起来、壮大起来，成为独立的和在历史上起主导作用的阶级，以致最后夺取政权成为统治阶级。资产阶级终于被无产阶级所推翻，转化为私有的生产资料被剥夺和失去权力的阶级，它也就逐步地归于消灭。于是社会的性质，就由资本主义社会转变为社会主义社会。俄国十月革命，正是新的社会主义制度代替旧的资本主义制度的实例，是社会性质由取得支配地位的矛盾的主要方面所规定的实例。苏联所走过的道路，也是其他国家必然要走的道路。

斯大林说："旧东西和新东西之间的斗争、衰亡着的东西和产生着的东西之间的斗争、衰颓着的东西和发展着的东西之间的斗争，就是发展过程的内在内容……"又说："旧东西衰亡和新东西生长是发展的规律。"又说："在辩证方法看来，最重要的不是现时似乎坚固，但已经开始衰亡的东西，而是正在产生、正在发展的东西,哪怕它现时似乎还不坚固,因为在辩证方法看来,只有正在产生、正在发展的东西,才是不可战胜的。"①这几句话,正是说明着新陈代谢这个规律的。

就中国的情形来说,帝国主义处在形成半殖民地这种矛盾的主要地位,压迫中国人民,中国则由独立国变为半殖民地。然而事情必然会变化,在双方斗争的局势中,中国人民在无产阶级领导之下所生长起来的力量必然会把中国由半殖民地变为独立国,而帝国主义则将被打倒,旧中国必然要变为新中国。

旧中国变为新中国,还包含国内旧的封建势力和新的人民势力之间的情况的变化。旧的封建地主阶级将被打倒,由统治者变为被统治者,这个阶级也就会要逐步归于消灭。人民则将在无产阶级领导之下,由被统治者变为统治者。这时,中国社会的性质就会起变化,由旧的半殖民地和半封建的社会变为新的民主的社会。

[说明]就中国的情形举例来说。

在帝国主义没有侵入以前,中国社会是封建社会,其主要矛盾是人民大众和封建制度的矛盾。这个矛盾包括农民阶级和地主阶级的矛盾。但在帝国主义侵入中国以后,中国社会就变成了半殖民地半封建社会,除了原有的人民大众和封建制度的主要矛盾以外,又出现了新的主要矛盾,即中华民族和帝国主义的矛盾。这个矛盾包容中国无产阶级和帝国主义国家的资产阶级的矛盾。因为"中国无产阶级的发生和发展,不但是伴随中国民族资产阶级的发生和发展而来,而且是伴随帝国主义在中国直接地经营企业而来。所以,中国无产阶级的很大一部分较之中国资产阶级的年龄和资格更老些,因而它的社会力量和社会基础也更广大些"。② 这是中国无产阶级能够领导中国革命的历史根源。但在中华民族和帝国主义这个主要矛盾中,最初,帝国主义站在矛盾的主要方面,其势力是异常强大的。帝国主义列强,首先"向中国举行多次的侵

① 斯大林:《论辩证唯物主义和历史唯物主义》。
② 《毛泽东选集》第二卷,第590页。

略战争,例如一八四〇年的英国鸦片战争,一八五七年的英法联军战争,一八八四年的中法战争,一八九四年的中日战争,一九〇〇年的八国联军战争。用战争打败了中国之后,帝国主义列强不但占领了中国周围的许多原由中国保护的国家,而且抢去了或'租借'去了中国的一部分领土"。① 于是,帝国主义列强就强迫中国订立了许多不平等条约,并根据不平等条约,对中国实行了政治的、经济的、文化的侵略和压迫,使中国变成了它们的半殖民地。正因为帝国主义取得了支配地位的矛盾的主要方面,所以中国的社会才变成了半殖民地社会。至于中华民族,从最初起,处于矛盾的非主要方面,人民大众,一面受着帝国主义的压迫,一面受着封建政治的压迫,不能组成强大的力量。并且清朝的封建政府,在帝国主义侵入后不久,就投降了帝国主义,而与帝国主义深相结合,共同压迫中国人民。但中国人民,一百多年来,对帝国主义列强进行了一系列的英勇的斗争,从鸦片战争、太平天国运动、对英法联军战争、中法战争、中日战争、义和团运动、"五四"运动,直到抗日战争,都表现了中国人民反帝国主义的英勇的坚强的革命精神。在长期的反帝国主义的革命过程中,在"五四"运动以前,中国无产阶级还停顿在自在的阶级的状态,还不曾起来领导这个革命,而民族资产阶级又没有领导这个革命的能力,所以中华民族还处于矛盾的非主要方面。但到"五四"运动的时候,中国无产阶级已转变为自为的阶级,随着它的司令部——中国共产党也成立了。于是中国人民反帝国主义的革命力量,就在中国共产党和无产阶级领导下,逐渐地成长起来。到了抗日战争时期,中国共产党所领导的抗日民族统一战线,使中华民族的势力日趋壮大,终于取得了支配地位的矛盾的主要方面,打败了日本帝国主义。最后经过第三次国内革命战争,把美蒋匪帮赶出了中国大陆。于是中国由半殖民地变成了独立国,旧中国变成了新中国——中华人民共和国。

旧中国变为新中国,还包含国内旧的封建势力和新的人民势力之间的情况的变化。因为帝国主义和封建势力相结合,把中国社会变为半殖民地半封建社会的过程,也就是中国人民反抗帝国主义及其走狗的过程。所以中华民族和帝国主义、人民大众和封建制度这两个主要矛盾,虽然在革命发展的各个

---

① 《毛泽东选集》第二卷,第 591 页。

阶段上，由于革命情势的变化，其中只有一个是主要矛盾，而其另一个是非主要矛盾，这是在前面已经说过的。在实际上，这两个主要矛盾是密切结合着，有时两者汇合成一个主要矛盾。一个解决了，另一个也必随着解决，或者同时解决。在抗日战争胜利以后，中华民族和日本帝国主义的矛盾是解决了，但抗战胜利以后，中国必须成为人民共和国，即接连着要解决人民大众和封建制度的矛盾。可恨蒋介石匪帮却与美帝国主义连成一气，大举反共反人民，要把中国变成美帝国主义一国的殖民地，希图在中国维持帝国主义、封建主义、官僚资本主义三位一体的独裁政治。中国人民忍无可忍，向美蒋匪帮进行了三年多的解放战争，取得了伟大的胜利，人民大众和封建制度的矛盾，随着中华民族和帝国主义的矛盾的解决而同时解决了。于是旧的封建地主阶级就由统治者变成了被统治者，这个阶级终于被消灭了。而人民大众在无产阶级领导之下，由被统治者变成了统治者。由于这两个主要矛盾的解决，中国社会的性质就起了变化，由旧的半殖民地和半封建的社会，变成了社会主义的社会。

这种互相转化的事情，过去已有经验。统治中国将近三百年的清朝帝国，曾在辛亥革命时期被打倒；而孙中山领导的革命同盟会，则曾经一度取得了胜利。在1924年至1927年的革命战争中，共产党和国民党联合的南方革命势力，曾经由弱小的力量变得强大起来，取得了北伐的胜利；而称雄一时的北洋军阀则被打倒了。1927年，共产党领导的人民力量，受了国民党反动势力的打击，变得很小了；但因肃清了自己内部的机会主义，就又逐步地壮大起来。在共产党领导的革命根据地内，农民由被统治者转化为统治者，地主则做了相反的转化。世界上总是这样以新的代替旧的，总是这样新陈代谢、除旧布新或者推陈出新的。

[说明]矛盾的主要方面和非主要方面互相转化，新的事物代替旧的事物的事情，在中国革命的历史上，已经有了很多的经验。例如清代的封建帝国统治人民将近三百年之久，而孙中山领导的同盟会所策划的辛亥革命，终于取得胜利，推倒了清帝国，成立了中华民国的临时政府（只因为资产阶级的软弱性，临时政府成立不久，就和袁世凯所领导的封建势力相妥协，把革命胜利的

果实让给袁世凯。于是北洋封建军阀的势力,代替了清朝的封建势力,使这个革命终于流产)。

又如1924年至1927年的革命,最初的时候,北洋封建军阀的势力非常强大,而中国共产党和国民党在广东的势力却是很小,但由于中国共产党的领导,由于工农群众的运动的发展,革命势力便成长壮大起来,终于能够大举北伐,打倒了北洋封建军阀,取得了胜利(只因为中国共产党内部的机会主义领导集团,放弃了领导权,放弃了土地革命和武装斗争,使得匪帮背叛了革命,掠夺了胜利的果实,成立了和帝国主义勾结的国民政府,来压迫中国共产党和中国人民)。

1927年革命的失败,中国共产党和人民大众受了蒋介石匪帮的国民党反动派的打击,势力变得很小了,但中国共产党肃清了党内机会主义分子,重整了革命的阵营,使革命复兴起来,势力逐渐壮大,进行了10年土地革命战争。在红色区域以内,农民阶级打倒地主阶级,变成了统治者,而地主阶级则变成了被统治者。

由此可见,世界一切事物的发展,都是新陈代谢的过程,总是新事物代替旧事物,将来的东西代替过去的东西,产生着的东西代替衰亡着的东西,发展着的东西代替衰颓着的东西。社会主义社会代替半殖民地半封建社会,人民民主专政代替了蒋介石匪帮的法西斯专政,社会主义性质的国营经济代替了官僚资本主义的经济,民族的、科学的、大众的文化代替了封建的、买办的、法西斯主义的文化。在社会的生活中,经常有新生的东西代替了垂死的东西,新事业代替了旧事业;在人们的思想中,工人阶级的思想和非工人阶级的思想斗争,工人阶级思想必然取得优势,克服非工人阶级思想。一切的一切,都将由新的东西代替旧的东西。所以新陈代谢是宇宙间普遍的永久不可抵抗的规律。

革命斗争中的某些时候,困难条件超过顺利条件,在这种时候,困难是矛盾的主要方面,顺利是其次要方面。然而由于革命党人的努力,能够逐步地克服困难,开展顺利的新局面,困难的局面让位于顺利的局面。1927年中国革命失败后的情形,中国红军在长征中的情形,都是如此。现在的中日战争,中国又处在困难地位,但是我们能够改变这种情况,使中日双方的情况发生根本的变化。在相反的情形之下,顺利也能转化为困难,如果是革命党人犯了错误的话。1924年至1927年的革命的胜利,变为失败了。1927年以后在南方各省发展起来的革命根据地,至1934年都失败了。

[说明]在革命斗争中,也有矛盾双方互相转化的实例。有时革命斗争进行顺利,有时则遭逢困难。顺利和困难,形成矛盾的两极。当困难条件超过顺利条件时,困难是矛盾的主要方面,顺利是其次要方面。但共产党人是绝不向困难低头的,只要党的政治路线正确,通过共产党人的努力,就能够逐步地克服困难,开展顺利的新局面,因而困难的局面就让位于顺利的局面。反之,当革命顺利进行时,顺利是矛盾的主要方面,困难是其次要方面。但在这种时候,党的政治路线如果发生了错误,敌人就会乘机反攻,革命斗争就会逐步地陷于困难的局面,顺利就会转化为困难。这两种情形,在中国共产党领导人民革命的历史中,都是有过的。例如1924年至1927年的革命,在最初的时候,由于孙中山的国民党接受了中国共产党的主张,将国民党改组为有共产党人参加的反帝反封建的革命联盟,并决定实行联苏、联共和扶助工农的三大政策。在这种条件下,共产党领导着这个革命,很顺利地把全国的工人和广大的农民组织起来,并在军事上也领导了北伐战争,摧毁了北洋封建军阀的势力。这是革命斗争很顺利的局面。但自从孙中山去世以后,蒋介石匪帮就阴谋背叛革命,采取了一系列的反共的措施,而陈独秀机会主义领导集团,不但麻痹大意,不知提高警惕,反而放弃了对于革命的领导权,放弃了土地革命和武装斗争。结果,蒋介石匪帮在1927年公开反革命,给共产党以严重打击,使革命局势陷于极端困难的境地。这是革命斗争由顺利局面转化到困难局面的实例。

1927年革命失败以后,党的革命斗争陷于极端困难的地位,蒋介石匪帮的统治比以前的军阀更为凶恶,许多优秀党员和革命的工人农民,遭到了极野蛮的毒杀,全国突然转入了黑暗。但以毛泽东同志为首的马克思列宁主义者,接受了失败的教训,清除了党内的机会主义分子,集结了革命的力量,在敌人进攻的面前组织有序的退却和防御,并利用敌人内部的矛盾,争取革命运动的复兴。但当开始在白色势力包围中建立红色政权根据地之时,革命的困难条件是很多的,读了《井冈山的斗争》,便可知道。毛泽东同志却很正确地应用了矛盾法则分析了当时客观革命形势中的矛盾,研究了敌我双方的情况,指出革命高潮即将到来。同时,党决定了一系列的正确的政策,整党建军,紧紧依靠农民群众,推行土地革命。于是革命根据地的范围逐渐推广,到1930年已由江西发展到福建、安徽、河南、陕西、甘肃等地和海南岛,红军势力日趋壮大,粉碎了蒋介石匪帮几次的"围剿"。经过几次的大胜利,新的革命形势,也逐渐地接近于成熟了,这是革命斗争由困难的局面转变到顺利的局面的实例。不料革命情势正在顺利发展之时,党中央"左"倾机会主义领导集团,却把革命引到错误的方向,致使白色区域中党组织差不多全部遭到破坏,而在红色区域中排挤了毛泽东同志的领导,特别是排挤了毛泽东同志对于红军的领导。因而造成了第五次反"围剿"的大失败,不得不开始了两万五千里的长征。于是由红军胜利和国民党统治区群众运动高涨所表现出来的革命复兴就被破坏了。

在长征中,由于党中央在军事上继续发生错误,使红军数次陷入危险境地并受到了极大的损失。自从遵义会议确立了毛泽东同志在全党的领导地位以后,才使中央红军克服了军事上的、政治上的和自然界的无数困难,胜利地完成了两万五千里的长征,在陕北建立了革命根据地,重整了革命的阵容,从困难的局面转到了顺利的局面。

又如就1937年开始的抗日战争来说。在最初的时候,日帝国主义占居矛盾的主要方面,中国则处在非主要方面,敌强我弱,敌之进攻顺利,我之防御困难。但如毛泽东同志的分析,"日本的长处是其战争力量之强,而其短处则在其战争本质的退步性、野蛮性,在其人力、物力之不足,在其国际形势之寡助"。"中国的短处是战争力量之弱,而其长处则在其战争本质的进步性和正义性,在其是一个大国家,在其国际形势之多助。"[1]中国共产党根据中日战争互相矛盾着的这些基本特点,规定了抗日的一切政治上的政策和军事上的战略战术,领导着广大人民的民族统一战线,终于取得了抗战的胜利。

---

① 《毛泽东选集》第二卷,第416、417页。

又如就第三次国内革命战争来说：当 1946 年 7 月，蒋匪帮发动全国规模的反革命战争的时候，共有军事力量四百余万人，又有美帝国主义者大量的军事援助，早已利用时间完成了进攻的准备，其局面当然是顺利的。但从蒋介石匪帮发动反革命战争的那一天起，毛泽东同志早就断定我们不但必须打败蒋介石，而且能够打败他。果然，到了 1947 年 12 月，毛泽东同志在中共中央会议上报告《目前形势和我们的任务》时，中国人民解放军早已打退了美蒋匪帮数百万反动军队的进攻，并使自己转入了进攻；扭转蒋匪帮的反革命车轮，使之走向消灭的道路，推进了自己的革命车轮，使之走向胜利的道路。解放战争的历史，完全证实了毛泽东同志论断的正确。

又如我们的新国家成立之时，首先遭遇到财政经济困难的局面，财政收支不能平衡，物价波动，金融不稳定，这是蒋介石匪帮长期破坏的结果，也受了官僚资本的残余势力的影响。但由于人民政府财政经济政策的正确，由于毛主席的英明领导和全国人民的奋勇劳动，由于土地改革的完成、工商业的调整、国家机构所需经费的节减，由于"三反"和"五反"运动的伟大成就，在短短两年多的期间内，在排除种种困难而又大踏步前进的情况下，我国的财政经济情况就已经根本好转了。

在新国家建设的前途中，经常要遇到种种困难，但在中国共产党和革命人民面前，任何困难都是可以克服的。只要我们能够善于学习马克思列宁主义，学习毛泽东思想，信任群众，紧紧地和群众一道，集中群众的智慧，我们是完全能够克服任何困难而前进的。

　　研究学问的时候，由不知到知的矛盾也是如此。当我们刚才开始研究马克思主义的时候，对于马克思主义的无知或知之不多的情况，和马克思主义的知识之间，互相矛盾着。然而由于努力学习，可以由无知转化为有知，由知之不多转化为知之甚多，由对于马克思主义的盲目性改变为能够自由运用马克思主义。

[说明]研究学问的时候，由不知到知，也是矛盾双方的互相转化。例如当人们开始学习马克思列宁主义的时候，对于马克思列宁主义是无知的。无

知和有知之间形成一个矛盾。但若努力进行学习，就可以由无知到有知，由知之不多到知之更多。这是一种情形。若要进一步追问：一个人对马克思列宁主义的有知或知之更多，是否真知或真的知之更多？这要拿他的行动来鉴定，看他所学得的马克思列宁主义的知识，能否在行动上表现出来，知识和行动能否统一。如果单只知道马克思和列宁的著作中的文句和意义，而在行动上却是另外一套，那所谓"知"就和不知相等，甚至比不知还要坏。说到这里，就要涉及阶级的立场问题。因为马克思列宁主义的理论是关于自然和社会发展的科学，是关于被压迫和被剥削群众革命的科学，是关于社会主义在一切国家中胜利的科学，是关于共产主义社会建设的科学。这种科学是工人阶级思想的体系，只有工人阶级和完全站在工人阶级立场的人们，才能把所学得的关于这个科学的知识作为行动的指南，把知识和行动统一起来。他们学得这个科学的知识越多，越是能够在革命和建设的实际工作中去运用它。只有这样，才能克服对于马克思列宁主义的盲目性，而转变到能够自由运用马克思列宁主义。

有人觉得有些矛盾并不是这样。例如，生产力和生产关系的矛盾，生产力是主要的；理论和实践的矛盾，实践是主要的；经济基础和上层建筑的矛盾，经济基础是主要的；它们的地位并不互相转化。这是机械唯物论的见解，不是辩证唯物论的见解。诚然，生产力、实践、经济基础，一般地表现为主要的决定的作用，谁不承认这一点，谁就不是唯物论者。然而，生产关系、理论、上层建筑这些方面，在一定条件之下，又转过来表现其为主要的决定的作用，这也是必须承认的。当不变更生产关系，生产力就不能发展的时候，生产关系的变更就起了主要的决定的作用。当如同列宁所说"没有革命的理论，就不会有革命的运动"①的时候，革命理论的创立和提倡就起了主要的决定的作用。当着某一件事情（任何事情都是一样）要做，但是还没有方针、方法、计划或政策的时候，确定方针、方法、计划或政策，也就是主要的决定的东西。当着政治文化等等上层建筑阻碍着经济基础的发展的时候，对于政治上和文化上的革新就成为主要的决定的东西了。我们这样说，是否违反了唯物论呢？没有。因为我

---

① 列宁：《做什么？》，第一章第四节。

们承认总的历史发展中是物质的东西决定精神的东西,是社会的存在决定社会的意识;但是同时又承认而且必须承认精神的东西的反作用,社会意识对于社会存在的反作用,上层建筑对于经济基础的反作用。这不是违反唯物论,正是避免了机械唯物论,坚持了辩证唯物论。

[说明]矛盾的主要方面和非主要方面互相转化,上面已经举了很多实例说明了,但是抱着机械唯物论见解的人们,却说有些矛盾的双方并不互相转化。例如有人说,生产力和生产关系的矛盾,生产力是主要方面,两者的地位并不互相转化。这种见解是不合于唯物辩证法的。在辩证唯物论看来,在生产力和生产关系的矛盾中,生产力是生产中最活动最革命的要素,是生产发展过程中决定的要素。生产关系是和生产力的发展程度相适合的。"生产力怎样,生产关系就必须怎样。""先是社会生产力变化和发展,然后,人们的生产关系、人们的经济关系依赖这些变化、与这些变化相适应地发生变化。"①生产力对于生产关系占居主要地位,当然是很明显的。但在另一方面,生产关系也影响生产力的发展,生产力也依赖生产关系。生产关系虽然是依赖生产力的发展而发展,但同时它也反转来影响生产力。因为社会的生产力是不断地向前发展的。当生产关系适合于生产力的性质和状况,并使生产力有发展余地时,它能助长生产力的发展;反之,当生产关系不适合于生产力的性质和状况,并使生产力无发展余地时,它就障碍生产力的发展。这是生产关系对于生产力的反作用。在这种时候,生产关系对于生产力就占居主要地位了。不过这种情况不能持久,生产关系不能长此落后于生产力的发展,它迟早必定适合于生产力的发展水平,适合于生产力的性质。这即是说,生产力仍要占居矛盾的主要地位。但是,生产关系为什么能障碍生产力的发展呢? 因为生产力说明着人们用怎样的生产工具生产他们的物质资料的问题,而生产关系则是说明着生产资料归谁所有的问题,即归社会所有或归个人所有的问题。在阶级社会中,生产资料归特殊阶级所独占,而别的阶级则丧失生产资料。例如在资本主义社会中,生产资料归资产阶级所独占,无产阶级则除劳动力以外,一无所

---

① 斯大林:《论辩证唯物主义和历史唯物主义》。

有。所以资本主义的生产关系,即是资产阶级和无产阶级的关系,是剥削和被剥削的关系,即是财产关系。资本主义社会的生产关系障碍生产力的发展,即是资本家的财产关系起着障碍的作用。这种障碍生产力发展的实例,便是资本主义国家中所发生的经济危机。因为生产资料的资本主义私有制是和生产过程的公共性质,和生产力的性质不相适合的,所以才发生经济危机。为要使生产力得以顺利发展,就必须打破资本主义的生产关系,建立适合于生产过程的公共性质,即适合于生产力的性质的新生产关系——社会主义的生产关系。这是必须由无产阶级革命来实现的。在社会主义社会中,生产关系一定要适合于生产力的性质这一经济法则,仍然是发生作用的,即生产关系落后于生产力的发展的事实仍是客观地存在着。但以生产资料的社会所有制为基础的社会主义的生产关系和生产力的矛盾,是非对抗性的矛盾,人们一旦发现生产关系不适合于生产力的发展时,随时可以改变那种生产关系使适合于生产力的性质,促进生产力的向前发展。

有人说,理论和实践的矛盾,实践是矛盾的主要方面,它们的地位并不互相转化。这种见解同样是错误的。革命的实践对于革命的理论,固然占居主要地位,但革命的实践若果没有革命的理论做指导,就会变为盲目的实践,必然要遭到失败。列宁说过:"没有革命的理论,就不会有革命的运动。"所以当着无产阶级要实行革命而缺乏革命理论做指导的时候,革命的理论的创立和提倡,就要起主要的决定的作用了。就中国人民一百多年来革命的历史来看。从 1840 年的鸦片战争开始,经过太平天国运动、中法战争、中日甲午战争、戊戌政变、义和团运动、辛亥革命,以迄"五四"运动以前为止,中国人民反帝反封建的革命,是不屈不挠、再接再厉地进行着,但因为一直没有建立起与中国革命的具体实践相结合的革命理论,所以都没有得到胜利。在这个期间,"先进的中国人,经过千辛万苦,向西方国家寻找真理。洪秀全、康有为、严复和孙中山,代表了在中国共产党出世以前向西方寻找真理的一派人物"。"中国人向西方学得很不少,但是行不通,理想总是不能实现。多次奋斗,包括辛亥革命那样全国规模的运动,都失败了。"①但自从十月革命给我们送来了马克思

①　《论人民民主专政》。

列宁主义这个放之四海而皆准的普遍真理以后,中国革命的面貌就起了变化了。毛泽东同志说:"灾难深重的中华民族,一百年来,其优秀人物奋斗牺牲,前仆后继,摸索救国救民的真理,是可歌可泣的。但是直到第一次世界大战和俄国十月革命之后,才找到马克思列宁主义这个最好的真理,作为解放我们民族的最好的武器,而中国共产党则是拿起这个武器的倡导者、宣传者和组织者。马克思列宁主义的普遍真理一经和中国革命的具体实践相结合,就使中国革命的面目为之一新。"①而马克思列宁主义的普遍真理与中国革命的具体实践之结合,正是毛泽东思想。中国人民革命由于有了毛泽东思想的指导,所以能够从胜利走向胜利。这是革命理论对于革命实践起着主要的决定的作用之良好的例证。

又如我们要做任何一件工作(即实践),必须有一定的方针、方案、计划和政策,作为工作的指导。这方针、方案、计划和政策,对于那个工作就成为主要的决定的东西。现在,我们新国家为了准备大规模的经济建设,正在制订着伟大的经济计划,作为全国人民奋斗的目标。计划对于建设的主要的决定的作用是很明显的。

有人说,经济基础和上层建筑的矛盾,经济基础是矛盾的主要方面,它们的地位并不互相转化。这种见解同样也是错误的。"基础是社会发展的一定阶段上的社会经济制度。上层建筑是社会的政治、法律、宗教、艺术、哲学的观点,以及同这些观点相适应的政治、法律等设施。"②基础是第一性的东西,上层建筑是第二性的东西,是从基础产生的东西。斯大林所说基础是社会发展在某一阶段上的社会经济制度,即是和一定发展阶段上的生产力水平相适合的生产关系的总和。随着生产力由一个阶段发展到较高的阶段时,生产关系也随着发展到较高的阶段,即一种社会经济制度转变为较高阶段的经济制度。所以社会的经济基础随着生产力的变化、发展而变化、发展的。由于社会的经济基础变化,那从基础产生并适合于基础的上层建筑也随着发生变化。上层建筑是为基础服务的。在对抗性的社会中,上层建筑是独占生产资料的阶级

---

① 《毛泽东选集》第三卷,第754页。

② 斯大林:《马克思主义和语言学问题》。

为了巩固对自己有利的经济制度而建立的,是它用以统治被剥夺了生产资料的阶级的工具。这个统治工具分为物质的和精神的两种。物质的统治工具,是国家、法庭和警察之类的强制机关。精神的统治工具,是政治、法律、宗教、艺术、哲学的观点。而那些强制机关的政治法律制度,则是与那些观点相适合的。例如帝国主义国家,资产阶级为了统治无产阶级,不但利用法庭和警察(有时调用军队)镇压无产阶级的反抗;并且利用学校、书店、报馆、教会、戏院、电影公司、广播电台等等,传播资产阶级思想,企图在精神上麻醉无产大众,借以维持资本主义私有制。所以资本主义社会的上层建筑反映资本主义的经济基础,并为经济基础服务。经济基础对于上层建筑,占居主要地位,这是很明白的道理。但是,上层建筑虽由基础产生并反映基础,却并不是说上层建筑对于基础是完全被动的、消极的东西。上层建筑一旦成立以后,它对于基础就具有能动的、积极的力量。斯大林说:"上层建筑是由基础产生的,但这绝不是说,上层建筑只是反映基础,它是消极的、中立的,对自己基础的命运、对阶级的命运、对制度的性质是漠不关心的。相反地,上层建筑一出现,就成为极大的积极力量,积极促进自己基础的形成和巩固,采取一切办法帮助新制度去根除,去消灭旧基础和旧阶级。不这样是不可能的。基础创立上层建筑,就是要上层建筑为它服务,要上层建筑积极帮助它形成和巩固,要上层建筑为消灭已经过时的旧基础及其旧上层建筑而积极斗争。"①所以,上层建筑一旦成立以后,就成为极大的积极的力量,它能加速社会的发展,也能延缓或阻碍社会的发展。例如资产阶级推翻封建社会以后,就建立了适合于资本主义经济制度的上层建筑——资产阶级的国家机关和资产阶级的政治、法律、宗教、艺术、哲学等观点,积极帮助资本主义经济制度的形成和巩固,并采取一切办法帮助资本主义的制度来摧毁和消灭封建主义的制度与封建阶级,因而使资本主义得以向前发展。但是到了生产力发展到一定程度时,就和资本主义的生产关系发生冲突,而资本主义的生产关系就障碍新生产力的发展,于是,资本主义的经济基础就发生动摇而逐渐衰亡下去。可是,资产阶级却凭借资本主义的上层建筑,镇压无产阶级的革命运动,企图保存那衰亡着的资本主义的

---

① 斯大林:《马克思主义和语言学问题》。

经济基础。于是,资本主义的上层建筑就阻碍社会的发展。在新生产力和资本主义的生产关系互相冲突的基础上,就产生出马克思主义。马克思主义就动员无产阶级,组织无产阶级。无产阶级组织起来,就成为强大的革命力量,能够推翻资本主义的上层建筑,建立起革命的政权,用强力消灭资本主义的经济制度,建立社会主义的经济制度。中国半殖民地半封建的生产关系,多年来阻碍着新生产力的发展,可是封建的买办的法西斯主义的上层建筑却竭尽全力保存着腐朽的衰亡的经济基础。但用毛泽东思想武装着的工人阶级及其司令部中国共产党,组织了以工人阶级为领导,以工农联盟为基础,并团结小资产阶级和民族资产阶级的人民民主统一战线,成为强大的革命力量,终于推翻了国民党反动政府,建立了人民民主专政的国家,消灭了半殖民地半封建的经济制度,建立了社会主义的经济制度。由此可见,上层建筑虽由经济基础产生,而在它产生以后,却成为强大的积极的力量。

从上面那些说明看来,生产力、实践、经济基础,一般地表现着为主要的决定的作用,这是毫无疑问的,然而,生产关系、理论、上层建筑这些方面,在一定条件之下,又转过来表现其为主要的决定的作用,这也是必须要承认的。我们这种说法,是合乎辩证唯物论的。因为我们承认:在总的历史发展中,物质的东西决定精神的东西,社会的存在决定社会的意识。这就是说:承认社会的物质生活、社会的存在是第一性的现象;社会的精神生活、社会的意识是第二性的现象。精神生活是物质生活的反映,社会意识是社会存在的反映。总起来说,社会的思想、理论、观点等是社会物质生活条件的反映。我们必须从社会物质生活条件去说明社会的思想、理论、观点,绝不能从社会的思想、理论、观点去说明社会物质生活条件。即是要从社会存在去说明社会意识,决不能从社会意识去说明社会存在。所以,社会存在对于社会意识具有决定的作用。但是不能因此就说社会意识对于社会存在没有反作用。在社会历史和社会生活中,社会意识也具有积极的反作用。在对抗性的社会里,有旧的社会的思想、理论和观点,也有新的社会的思想、理论和观点。前者是为腐朽的反动的阶级的利益服务的,它们所起的反作用,是阻碍社会的发展;后者是为新兴的革命阶级的利益服务的,它们对于旧社会的反作用,是消灭旧社会,建立新社会。所以当着旧社会开始衰亡,当着社会物质生活条件已在社会面前提出新任务时,就产生出新的社会的思想、理论和观点,成为新兴的革命阶级的精神武器,化为物质的力量,能够摧毁旧的社会生活秩序,建立新的社会生活秩序。反映了中国社会发展规律的毛泽东思想一经掌握了人民大众,便成为强大的物质力量,所以中国的人民革命能够从胜利走向胜利。社会意识对于社会存在的反作用,是非常重大的。

在研究矛盾特殊性的问题中,如果不研究过程中主要的矛盾和非主要的矛盾以及矛盾之主要的方面和非主要的方面这两种情形,也就是说不研究这两种矛盾情况的差别性,那就将陷入抽象的研究,不能具体地懂得矛盾的情况,因而也就不能找出解决矛盾的正确的方法。这两种矛盾情况的差别性或特殊性,都是矛盾力量的不平衡性。世界上没有绝对平衡发展的东西,我们必须反对平衡论,或均衡论。同时,这种具体的矛盾状况,以及矛盾的主要方面和非主要方面在发展过程中的变化,正是表现出新事物代替旧事物的力量。对于矛盾的各种不平衡情况的研究,对于主要的矛盾和非主要的矛盾、主要的矛盾方面和非主要的矛盾方面的研究,成为革命政党正确地决定其政治上和军事上的战略战术方针的重要方法之一,是一切共产党人都应当注意的。

[说明]前面说过,事物的性质,主要的是由取得支配地位的矛盾的主要方面所规定的。单一的事物只有一对矛盾,其性质由这矛盾占主要地位的一方面所规定。例如就甲物撞击乙物这件事来说,甲物是起作用的乙方,如果它的力量大于乙物的力量,就向着起作用力量的方向运动。反之,就向着乙物起反作用力量的方向运用。复杂的事物,则有许多对的矛盾,其中必有一对是主要矛盾,这事物的性质就由这主要矛盾中占主要地位的一方面所规定。例如生物的内部有许多对的矛盾,其中生的因素和死的因素的矛盾是主要矛盾,生物的生长是由于生的因素占主要地位;反之,如果死的因素占居主要地位,这生物便趋于衰亡而至于死灭。又如资本主义社会的主要矛盾是无产阶级和资产阶级的矛盾。当资产阶级还占居主要地位时,社会之资本主义的性质不变;反之,到了无产阶级占居主要地位时,资产阶级便被打倒,社会主义社会便代替资本主义社会。所以在研究矛盾的特殊性问题时,必先分析过程中的主要

矛盾和非主要矛盾,捉住那主要矛盾,然后更进而研究矛盾的主要方面和非主要方面及其互相转化的必然性。必须这样,才能找出解决那主要矛盾的方法。倘若有人不照这样去具体地分析这两种矛盾情况的差别性,而只是作抽象的研究,那就不能具体地了解矛盾的情况,就不能找出解决矛盾的正确方法。

上述两种矛盾情况的差别性或特殊性,都是矛盾力量的不平衡性。主要矛盾和非主要矛盾是不平衡的,矛盾的主要方面和非主要方面也是不平衡的。正因为矛盾力量的不平衡,所以事物才有变化,才有发展,旧事物才转变为新事物。世界上没有绝对平衡发展的东西,若说有平衡,也只是暂时的相对的。因此,我们必须反对平衡论,或均衡论。机械唯物论者布哈林,是提倡所谓均衡论的人。他用力学上的术语代入黑格尔的唯心的神秘的辩证法,作出了"均衡—均衡的破坏—均衡的再建"的公式,冒充马克思主义的辩证法。他认为社会发展的原因不在于社会内部,而在于社会外部,在于社会和自然的相互关系中。他主张社会的发展,由社会和自然的相互关系所决定,社会和自然间的均衡和矛盾,决定社会内部的均衡和矛盾,阶级的矛盾就是社会和自然的矛盾的结果。因此,布哈林主张一切经济政策应当从设置均衡的必要出发,不许破坏均衡,而实现国民经济的均衡。所以他对于当时社会主义的大产业和小商品的农业经济之间的矛盾,认为是破坏了均衡,因而主张发展小商品农业经济,停止社会主义大产业的发展,使两者保持均衡。这种见解显然是反革命的。因为小商品农业经济时时刻刻在产生资本主义,如果要保持两者的均衡,那就等于保持社会主义和资本主义的均衡了。这种反动的均衡论,我们必须反对它。正因为事物的矛盾中的新旧力量是不平衡的,正因为新的力量必然地成长壮大起来,终于能够战胜旧的力量,新事物才能发生。所以这种具体的矛盾情况,以及矛盾的主要方面和非主要方面在发展过程中的变化,正是表现出新事物代替旧事物的力量。

无产阶级及其政党领导革命的时候,必须善于应用事物的矛盾法则,研究革命过程中的矛盾的特殊性,从许多复杂的矛盾中,找出主要的矛盾和非主要的矛盾,研究矛盾的主要方面和非主要方面,然后才能正确地创造出革命的理论,决定政治上和军事上的战略战术的方针。毛泽东同志应用事物的矛盾法则,分析半殖民地半封建的中国人民革命过程中许多复杂的矛盾,从其中找出两个主要的矛盾,即中华民族和帝国主义的矛盾与人民大众和封建制度的矛盾。而解决这两个主要矛盾的方法,是反帝国主义反封建主义的新民主主义革命。毛泽东同志更进而指出这两个主要矛盾,在革命过程中的各发展阶段上,有时两个主要矛盾中只有一个占居主要地位,其他则降居次要地位。例如在 1924 年至 1927 年的革命战争中,人民大众和北洋封建军阀政府之间的矛盾,成为主要的矛盾;在 1927 年以后的十年土地革命战争时期,人民大众与蒋介石匪帮政府之间的矛盾成为主要矛盾;在抗日战争时期,中华民族与日帝国主义之间的矛盾,成为主要的矛盾,其他则降居次要地位。又如第三次国内革命战争时期,美帝国主义和蒋介石匪帮公开站在一个极端,中国人民大众则站在另一个极端,于是两个主要矛盾合成为一个主要矛盾。毛泽东同志在领导革命的各个时期中,抓住各个时期的主要矛盾,研究了矛盾的主要方面和非主要方面及其互相转化的必然性,决定了不同的政治上和军事上的战略战术方针。例如:在十年土地革命战争时期,毛泽东同志分析了蒋匪帮的反动政权与人民大众之间的矛盾,认定敌强我弱,敌据城市,我据农村,敌方显然占居主要地位。但"中国是一个经过了一次革命的、政治经济发展不平衡的、半殖民地的大国,这是中国革命战争的第一个特点。这个特点,不但基本地规定了我们政治上的战略和战术,而且也基本地规定了我们军事上的战略和战术"。① 由于政治上和军事上的战略战术方针的正确,所以革命力量逐渐发展,新的革命形势也就逐渐接近于成熟。只因为后来"左"倾机会主义领导的错误,才使这一次革命的复兴遭受了重大的挫折。其次,在抗日战争时期,毛泽东同志抓住了中华民族和日帝国主义这个主要矛盾,指出了"日本的军力、经济力和政治组织力是强的,但其战争是退步的、野蛮的,人力、物力又不充足,国际形势又处于不利。中国反是,军力、经济力和政治组织力是比较地弱的,然而正处于进步的时代,其战争是进步的和正义的,又有大国这个条件足以支持持久战,世界的多数国家是会要援助中国的。——这些,就是中日战争互相矛盾着的基本特点。这些特点,规定了和规定着双方一切政治上的政策和军事上的战

---

① 《毛泽东选集》第一卷,第 173 页。

略战术,规定了和规定着战争的持久性和最后胜利属于中国而不属于日本"①。毛泽东同志和中国共产党基于这个主要矛盾的两方面之具体的分析,决定了抗日革命战争的政治上和军事上的战略战术方针,进行了14年的抗战,建立了19个解放区,壮大了人民解放军,终于能够配合苏联出兵东北,打败了日帝国主义,取得了伟大的胜利,为后来的人民民主革命在全国的胜利奠定了巩固的基础。其次,在第三次国内革命战争时期,蒋介石匪帮和人民大众之间的矛盾成为主要的矛盾。毛泽东同志分析这个矛盾的两个方面,认定蒋介石匪帮"军事力量的优势,只是暂时的现象,只是临时起作用的因素,美国帝国主义的援助,也只是临时起作用的因素;蒋介石战争的反人民的性质,人心的向背,则是经常起作用的因素;而在这方面,人民解放军则占着优势。人民解放军的战争所具有的爱国的正义的革命的性质,必然要获得全国人民的拥护。这就是战胜蒋介石的政治基础"。② 所以,从蒋介石发动反革命战争之日起,毛泽东同志就早已断定我们必须打败蒋介石,而且能够打败他。为了打败蒋介石,毛泽东同志规定了十大军事原则作为人民解放军打败蒋介石的主要方法。果然解放战争进行了一年多,人民解放军就已经打退了蒋介石的进攻,迫使他转入防御地位,而人民解放军则由防御转到进攻,走向了胜利的道路。

由此可见,对于矛盾的各种不平衡情况的研究,对于主要矛盾和非主要矛盾、主要矛盾的方面和非主要矛盾的方面的研究,成为革命政党决定其政治上和军事上的战略战术方针的重要方法之一。

五、矛盾诸方面的同一性和斗争性

在懂得了矛盾的普遍性和特殊性的问题之后,我们必须进而研究矛盾诸方面的同一性和斗争性的问题。

同一性、统一性、一致性、互相渗透、互相贯通、互相依赖(或依存)、互相

---

① 《毛泽东选集》第二卷,第417—418页。
② 毛泽东:《目前形势和我们的任务》。

联结或互相合作,这些不同的名词都是一个意思,说的是如下两种情形:第一,事物发展过程中的每一种矛盾的两个方面,各以和它对立着的方面为自己存在的前提,双方共处于一个统一体中;第二,矛盾着的双方,依据一定的条件,各向着其相反的方面转化。这些就是所谓同一性。

列宁说:"辩证法是这样的一种学说:它研究对立怎样能够是同一的,又怎样成为同一的(怎样变成同一的),——在怎样的条件之下它们能够互相转化,成为同一的,——为什么人的头脑不应当把这些对立看作死的、凝固的东西,而应当看作生动的、有条件的、可变动的、互相转化的东西。"①

列宁这段话是什么意思呢?

[说明]我们在前面,已经研究了矛盾的普遍性、矛盾的特殊性以及两者的联系。我们已经知道:所谓矛盾的普遍性,是说矛盾存在于一切的自然现象、社会现象和思想现象的过程中,并贯穿于一切过程的始终;矛盾即是运动,即是事物,即是世界。但矛盾的普遍性,寄存于一切个别事物的矛盾的特殊性之中,是从无数的矛盾的特殊性之中抽离出来的。我们必先认识多数个别事物的矛盾的特殊性,把它们概括起来,才能认识事物的矛盾的普遍性。然后再根据矛盾的普遍性的认识,去认识新的事物的矛盾的特殊性,才能定出解决这特殊的矛盾的方法。马克思列宁主义是综合各个历史时代的各种特殊的阶级矛盾的研究而创造的无产阶级世界革命的普遍真理;毛泽东思想是根据马克思列宁主义解决中国革命过程的特殊的复杂的阶级矛盾的理论与策略。这是在前面已经说到的。所以我们研究了阶级矛盾的普遍性之后,必须进而具体地分析一个革命过程的特殊的阶级矛盾,定出解决这特殊的阶级矛盾的方法,作为革命的总路线,然后进而探求革命过程的发展各阶段的阶级矛盾的特殊的变化,具体地规定解决的方法。在研究革命过程的复杂的阶级矛盾时,特别重要的是分别主要的阶级矛盾和非主要的阶级矛盾,研究主要的阶级矛盾和非主要的阶级矛盾的各方面;并且要抓住各个发展阶段上的主要的阶级矛盾,研究这个主要矛盾的双方中的主要方面和非主要方面及其互相转化的必然

---

① 引自列宁:《黑格尔〈逻辑学〉一书摘要》。

性。革命的阶级,必须运用革命的方法,解决这个主要矛盾,社会才呈现出新的局面。中国人民革命,解决了中华民族和帝国主义的矛盾(就中国大陆说的)与人民大众和统治阶级的矛盾,所以出现了社会主义社会。

在研究了矛盾的普遍性、矛盾的特殊性、主要的矛盾和矛盾的主要方面以后,我们可以进一步来研究矛盾诸方面的同一性和斗争性的问题了。

矛盾的同一性,即是矛盾的统一性或一致性,又如说,矛盾的互相渗透、互相贯通、互相依赖、互相依存、互相联结、互相合作,这些名词虽然不同,而意义都是相同的。这意义包括两个方面:第一,事物发展过程中的矛盾,形成对立的两极,一极的存在以他极的存在为前提,两极中如果缺少了一极,就不能成为对立了。并且,对立的两极同处于一个统一体之中,即同处于一个事物的发展过程中,它们虽互相对立,却又互相联系,互相渗透,形成统一。第二,矛盾着的两方面,在其发展过程中,依据一定的条件,各向着其相反的方面转化。这些就是矛盾的同一性。

矛盾的同一性问题,是辩证法的基本问题。列宁说:"辩证法是这样的一种学说:它研究对立怎样能够是同一的,又怎样成为同一的(怎样变成同一的),——在怎样的条件之下它们互相转化,成为同一的,——为什么人的头脑不应当把这些对立看作死的、凝固的东西,而应当看作生动的、有条件的、可变动的、互相转化的东西。"列宁这个关于辩证法的定义,可以分为三方面来理解:

第一,矛盾双方怎样能够是同一的?

第二,矛盾双方在怎样的条件下互相转化,成为同一的?

第三,人的头脑为什么必须把矛盾当作生动的、有条件的、可变动的、互相转化的东西去考察?

下面就这三个问题分别说明。

一切过程中矛盾着的各方面,本来是互相排斥、互相斗争、互相对立的。世界上一切事物的过程里和人们的思想里,都包含着这样带矛盾性的方面,无一例外。单纯的过程只有一对矛盾,复杂的过程则有一对以上的矛盾。各对矛盾之间,又互相成为矛盾。这样地组成客观世界的一切事物和人们的思想,并促使它们发生运动。

如此说来，只是极不同一，极不统一，怎样又说是同一或统一呢？

原来矛盾着的各方面，不能孤立地存在。假如没有和它作对的矛盾的一方，它自己这一方就失去了存在的条件。试想一切矛盾着的事物或人们心中矛盾着的概念，任何一方面能够独立地存在吗？没有生，死就不见；没有死，生也不见。没有上，无所谓下；没有下，也无所谓上。没有祸，无所谓福；没有福，也无所谓祸。没有顺利，无所谓困难；没有困难，也无所谓顺利。没有地主，就没有佃农；没有佃农，也就没有地主。没有资产阶级，就没有无产阶级；没有无产阶级，也就没有资产阶级。没有帝国主义的民族压迫，就没有殖民地和半殖民地；没有殖民地和半殖民地，也就没有帝国主义的民族压迫。一切对立的成分都是这样，因一定的条件，一面互相对立，一面又互相联结、互相贯通、互相渗透、互相依赖，这种性质，叫做同一性。一切矛盾着的方面都因一定条件具备着不同一性，所以称为矛盾。然而又具备着同一性，所以互相联结。列宁所谓辩证法研究"对立怎样能够是同一的"，就是说的这种情形。怎样能够呢？因为互为存在的条件。这是同一性的第一种意义。

[说明]现在先说明矛盾双方怎样能够是同一的？

我们已经知道，一切自然过程、社会过程和思想过程中，都包含着矛盾；而矛盾着的两方面，都是互相排斥，互相斗争，互相对立的。一个单纯的过程，只有一对矛盾，例如力学的运动过程，只有作用和反作用的矛盾，两者互相排斥，互相斗争，互相对立。至于复杂的过程，则有一对以上的矛盾，例如前面所说"在中国资产阶级民主革命过程中，有中国社会各被压迫阶级和帝国主义的矛盾，有人民大众和封建制度的矛盾，有无产阶级和资产阶级的矛盾，有农民及城市小资产阶级和资产阶级的矛盾，有各个反动的统治集团之间的矛盾等等，情形是非常复杂的"。这许多对矛盾的双方，是互相排斥，互相斗争，互相对立的。并且任何一对矛盾和其他任何一对矛盾，都是互相矛盾的。例如中国社会各被压迫阶级和帝国主义的矛盾，是中国人民对外国帝国主义的斗争，而人民大众和封建制度的矛盾，是人民大众对国内代表封建制度的统治阶级的斗争。所以这两对矛盾之间，一则是民族革命，一则是民主革命，两者间是

170

有差别的,因而是有矛盾的。又如无产阶级和资产阶级的矛盾,是无产者对有产者的斗争,而小资产阶级和资产阶级的矛盾,是小有产者对大有产者的斗争。所以这两对矛盾之间也是有矛盾的。至于反动统治集团之间的矛盾,是同一统治阶级内部的矛盾,而其他任何一种矛盾则是阶级和阶级之间的矛盾,所以两对矛盾间也是有矛盾的。因此,在复杂过程中的各对矛盾之间,都互相成为矛盾。客观世界的一切事物和人们的思想,都是这样地由矛盾组成的,一切事物和人们思想的运动和发展,都是由矛盾斗争所推动的。

照上面所说,矛盾双方既然是互相排斥,互相斗争,互相对立,那就是极不同一,极不统一,为什么说矛盾双方能够是同一或统一呢?

我们在前面已经说过,矛盾双方是对立的两极,一极的存在,以他极的存在为前提。任何一极都不能孤立地存在。假如对立的一极不存在,其他一极也就失其存在。不论是客观上矛盾着的事物,或者是人们主观上矛盾着的概念,若果是矛盾中的一方失其存在,其他一方也绝不能独立地存在。例如生和死、上和下、祸和福、顺利和困难,都是矛盾的两极,一方不存在,他方也不存在。又如地主和佃农、资产阶级和无产阶级、帝国主义和殖民地或半殖民地,也都是矛盾的两极,同样地,其中任何一极如不存在,其他一极也就不能孤立地存在。

矛盾双方正因为互为存在的条件,所以它们虽然互相对立,却又互相依存,而处于一个统一体之中。地主和佃农,在封建社会中,是基本的对立,又是基本的构成部分。地主独占土地,不肯劳动,靠出租土地给无地农民,剥削地租为生;佃农因缺乏土地,不得不向地主租取土地耕种,忍受地主的剥削,向地主缴纳地租,过着牛马般的生活。地主靠剥削佃农为生,佃农则忍受地主的剥削为生,双方是互相依赖,互相联系。在另一方面,地主镇压佃农的反抗,非刑拷打,无所不用其极,佃农被迫不得不组织起来,反抗地主,发动农民革命。所以佃农和地主之间,一方面互相斗争,一方面又互相依赖,在农民革命未取得胜利以前,佃农和地主仍然处在封建社会的统一体之中,能够是同一的。

又如无产阶级和资产阶级,在资本主义社会中,是主要的矛盾,又是基本的构成部分。资本家因为独占了生产资料,就购买劳动者的劳动力,生产商品,剥削剩余价值,紧紧地依靠劳动者来养活他。劳动者因为缺乏生产资料,为了活命,不得不出卖劳动力于资本家,为资本家创造剩余价值,这便是忍受资本家对他的剥削而过着非人的生活。但无产阶级为了自己阶级的解放,不能不组织起来,向着资产阶级进行经济的政治的斗争,而资产阶级为了镇压无产阶级的反抗,除了利用国家权力以外,还派遣工贼和特务,用种种手段,破坏无产阶级的革命斗争。这两个阶级虽然互相对立,互相排斥,而资本家仍然要剥削劳动者,劳动者仍然要忍受资本家的剥削,即双方还是要互相联系,互相依赖。非到无产阶级推翻资产阶级之日,双方依然要处于资本主义社会这个统一体之中。但是中国的工人阶级和民族资产阶级的关系,却呈现着特殊的形态。这是阶级矛盾的特殊性。在新中国成立以前,民族资产阶级是在赞成工人阶级所领导的反帝反封建的革命条件下,和工人阶级结成统一战线的;在新中国成立以后,它是遵守共同纲领、接受工人阶级和国营经济的领导,发展于国计民生有利的事业的条件下,继续着和工人阶级结成统一战线的(关于这一层,后面还要说到)。

又如帝国主义者和被压迫民族之间的矛盾,是帝国主义世界的基本构成部分。帝国主义者用军事的、政治的、经济的、文化的侵略手段,压迫着殖民地或半殖民地的人民;用倾销商品、输出资本和采集原料的掠夺方式,剥削着殖民地或半殖民地人民。殖民地或半殖民地人民,因为军事力量薄弱,不能抵抗帝国主义的进攻,因为农业、手工业的摧残和新式工业的幼稚,不能不向帝国主义者购买商品,输出原料,并出卖劳动力,忍受帝国主义者的剥削。在压迫和被压迫、剥削和被剥削的关系上,殖民地或半殖民地人民和帝国主义者之间,有着千丝万缕的联系。当殖民地或半殖民地人民有了民族自觉进行反帝国主义斗争时,帝国主义者便密切注意调查反帝国主义阵营中的情况,或者利用它的走狗和民族败类,采取直接的或间接的、军事的或政治的、外部的或内部的许多恶毒手段,来破坏或打击殖民地或半殖民地的民族革命。而殖民地或半殖民地的民族革命阵营,则组成反帝的广泛统一战线,分析帝国主义阵营中的各种矛盾,并利用那些矛盾,针对敌我双方的优点和缺点,决定解决矛盾的方法。但在帝国主义势力未打倒以前,它和殖民地或半殖民地民族,虽然互相对立,互相斗争,却仍处于帝国主义世界这个统一体之中。

如上所述,一切矛盾的两极,由于一定的条件,一方面互相排斥,互相斗争,互相对立;另一方面却又互相联系,互相依存,互相渗透。这样的性质,就叫做同一性。一切矛盾着的两极,都由于一定条件而具备着不同一的性质,所以叫做矛盾;但又具备着同一性,所以又互相联系。前面所引用的列宁的话:"对立怎样能够是同一的",是指这种情形说的。所谓"能够是同一的",就因为矛盾双方互为存在的条件。这是同一性的第一种意义。

然而单说了矛盾双方互为存在的条件,双方之间有同一性,因而能够共处于一个统一体中,这样就够了吗? 还不够。事情不是矛盾双方互相依存就完了,更重要的,还在于矛盾着的事物的互相转化。这就是说,事物内部矛盾着的两方面,因为一定的条件而各向着和自己相反的方面转化了去,向着它的对立方面所处的地位转化了去。这就是矛盾的同一性的第二种意义。

为什么这里也有同一性呢? 你们看,被统治的无产阶级经过革命转化为统治者,原来是统治者的资产阶级却转化为被统治者,转化到对方原来所占的地位。苏联已经是这样做了,全世界也将要这样做。试问其间没有在一定条件之下的联系和同一性,如何能够发生这样的变化呢?

[说明]现在再说明矛盾双方在怎样的条件下互相转化,成为同一的。

前面已经说明了,矛盾双方互为存在的条件,所以双方之间具有同一性,因而能够共处于一个统一体之中。但是矛盾双方虽然一方面互相联系,互相依存,互相渗透,而在另一方面却是互相排斥,互相斗争,互相对立。矛盾双方正因为互相排斥,互相斗争,互相对立,所以它们在一定条件之下,必然互相转化。这种互相转化的必然性,正是旧事物变为新事物的关键。前面说过,事物中矛盾双方的力量是不平衡的,其中必有一方占居主要地位,而其他一方则占居非主要地位。即最初旧东西的一方占居主要地位,新东西的一方占居非主要地位。当旧东西的一方占居主要地位时,那事物的性质由旧东西的一方所规定。但在矛盾双方的斗争过程中,新东西的力量必然成长壮大起来,逐渐地超过旧东西的力量,由以前的非主要的地位,转变到主要的地位,而旧东西就转变到非主要的地位。于是事物的性质,由占主要地位的新东西的一方所规定,即旧事物转变为新事物。这就是说,事物内部矛盾着的两方面,在一定条件下,各向着和自己相反的方面转化,向着它的对立方面所处的地位转化。这就是矛盾的同一性的第二种意义。

无产阶级和资产阶级,在资本主义社会中是对立的两极。资产阶级最初占居主要地位,是统治阶级,无产阶级则处于非主要地位,是被统治阶级。但到了无产阶级有了阶级自觉,自己组成为一个阶级而用马克思主义武装起来时,它受自己阶级的司令部——共产党的领导,向着资产阶级进行革命,终于能够推翻资产阶级的政权,建立起无产阶级专政的国家。于是资产阶级所独占的生产资料全被剥夺,变成了被统治者,而无产阶级变成了统治者。于是资产阶级专政转变为无产阶级专政。原来的资产阶级专政,是资产阶级对无产阶级的独裁;现在的无产阶级专政,是无产阶级对资产阶级的独裁。原来由资产阶级占居统治地位的两个阶级的同一,现在则转变为由无产阶级占居统治地位的两个阶级的同一,即旧的对立的同一转变为新的对立的同一了。

无产阶级和资产阶级的矛盾双方的互相转化,在社会主义的苏联已经显现了出来,全世界的一切民族,都将循着同一的轨道向前迈进。由此可见,假如无产阶级和资产阶级之间,没有在一定的条件之下的联系和同一性,是不会发生这样的变化的。

曾在中国近代历史的一定阶段上起过某种积极作用的国民党,因为它的固有的阶级性和帝国主义的引诱(这些就是条件),在 1927 年以后转化为反革命,又由于中日矛盾的尖锐化和共产党的统一战线政策(这些就是条件),而被迫着赞成抗日。矛盾着的东西这一个变到那一个,其间包含了一定的同一性。

[说明]就国民党由革命转变到反革命的历史来看,也可以看出矛盾着的东西在一定条件下互相转化的同一性。国民党的前身同盟会,原是民族资产阶级、小资产阶级、买办阶级和地主阶级排满革命派的松散的同盟。其中民族资产阶级和小资产阶级,可以成为民主革命的力量,特别是民族资产阶级在当时是这个革命的领导者。至于买办阶级和地主阶级,原是民主革命的敌人,他们所以加入同盟会,也只是赞成排满的革命而已。所以同盟会虽是革命的组

织,却早已潜伏着反革命的因素,即包含革命和反革命的矛盾。但由于孙中山的领导,革命的力量逐渐成长壮大起来,终于爆发了辛亥革命。这是当时国民党的积极作用的表现。可是资产阶级的革命性未曾彻底发挥,而它的妥协性滋长起来,以致把革命的果实让渡于北洋封建军阀,使辛亥革命终于流产。于是国民党中潜伏着的反革命派投降了帝国主义和反动派。从此以后,孙中山另组中华革命党,继续进行资产阶级民主革命的斗争,但党的成分仍是不纯的,有民族资本家,有小资产者,也有买办和地主。这就注定着这样的党不能领导中国革命取得胜利,而终于遭到失败。

"孙中山在绝望里,遇到了十月革命和中国共产党。孙中山欢迎十月革命,欢迎俄国人对中国人的帮助,欢迎中国共产党同他合作。"[①]他在 1924 年把国民党改组为有共产党人参加的反帝反封建的革命联盟。这时的国民党,包含着革命因素和反革命因素的矛盾,即共产党人所领导的革命势力和买办地主所领导的反革命势力之间的矛盾。在这个矛盾之中,共产党人所领导的工农群众的革命势力,压倒了反革命势力(即占居主要地位),所以能在北伐战役中,摧毁了北洋封建军阀。但在革命进行中,代表买办和地主阶级利益的蒋介石派的反革命势力,阴谋背叛革命,向着共产党进攻,而共产党的机会主义领导集团,却节节退让,放弃了革命领导权,放弃了武装斗争和土地革命,致使反革命势力滋长,由非主要地位转到了主要地位。蒋介石反动派代表着买办和地主阶级的利益,与共产党和工农群众为敌,并且受了帝国主义的引诱(如答应放弃领事裁判权和协定关税,并供给借款等),终于在 1927 年公开背叛了革命,建立了代表帝国主义、封建主义和买办阶级利益的政权。国民党由革命转变到反革命,是在于它的固有的阶级的本性和帝国主义引诱等条件之下,成为同一的。

1927 年以后的国民党,仍然包含着反动派和革命派的矛盾。反动派是代表大地主、大资产阶级的蒋介石集团,基本上是英美买办集团;革命派即是当时的左派。反动派成了国民党的主体,直到国民党覆灭之日为止,完全占居矛盾的主要地位,所以使国民党变成了反革命的政党。但是反革命的国民党,何

---

① 毛泽东:《论人民民主专政》。

以到了 1937 年也赞成抗日的民族革命呢？这是在下列几个条件之下被迫而转变的。第一，由于中日矛盾的尖锐化，全国人民都起来要求抗日；第二，由于中日矛盾的尖锐化，日帝国主义向我们全国的进攻，危害着它的政权和地主大资产阶级的财产；第三，由于中日矛盾的尖锐化，日本有独吞中国的可能，直接地危害英美帝国主义者在中国的利益和英美买办集团的利益；第四，最重要的是由于共产党的抗日的民族统一战线政策，争取着全国人民进入这个战线，也争取英美买办阶级和地主阶级进入这个战线，蒋介石集团如果还不赞成，它必将在全国人民抗日的大潮流之中归于消灭；第五，国民党的左派赞成抗日。由于上述的条件，以蒋介石反动集团为主体的国民党，为了自己阶级的利益（也为了阴谋在抗日战争中消灭共产党），就接受了共产党的主张而赞成抗日的民族革命。

但是代表大地主大资产阶级的国民党反动派，是在上述的条件之下被迫而赞成抗日，并且是怀着阴谋而赞成抗日的，所以在抗日战争初期，除了在东战场和日本军队打了一次硬仗以外，以后便是节节后退，终于退守西南，消极抗日，积极反共，企图削弱共产党的力量，保存和积聚自己的力量。后来到了人民解放军配合苏联出兵东北迫使日本投降之后，国民党反动派便依靠军队在数量上的优势，和美帝国主义在政治上经济上军事上的援助，发动了反共反人民的战争，它由赞成抗日革命又转变到了反革命。最后，它在这反革命的战争中，终于被中国共产党所领导的人民革命所打倒。由此可见，国民党由革命转化为反革命，即矛盾着的东西这一个变到那一个，其间包含了一定的同一性。

我们实行过的土地革命，已经是并且还将是这样的过程，拥有土地的地主阶级转化为失掉土地的阶级，而曾经是失掉土地的农民却转化为取得土地的小私有者。有无、得失之间，因一定条件而互相联结，二者具有同一性。在社会主义条件之下，农民的私有制又将转化为社会主义农业的公有制，苏联已经这样做了，全世界将来也会这样做。私产和公产之间有一条由此达彼的桥梁，哲学上名之曰同一性，或互相转化、互相渗透。

[说明]中国无产阶级所领导的反帝反封建的革命,是资产阶级民主革命。这个资产阶级民主革命的基础,是农民土地革命。所以中国共产党在第一次国内革命战争时期,以毛泽东同志为首的布尔什维克,早就领导着农民实行反封建的土地制度的斗争。到了第二次国内革命战争时期,中国共产党就在红色区域实行了土地革命,所以这个时期被称为10年土地革命战争时期。后来抗日战争发生,共产党为了争取千百万群众进入抗日民族统一战线,为了要和代表地主阶级利益的国民党共同抗日,才暂时停止土地革命,实行减租减息的政策。但到抗日战争胜利结束,而国民党反动派向人民进攻的时候,形势完全变化了。一方面,参加了抗日战争的广大的农民群众,对于土地有迫切的要求;另一方面,为了继续进行反封建的革命,不能不消灭地主阶级,所以共产党在1946年5月,发出了一个指示,停止减租减息,实行土地革命,没收地主阶级的土地,分配给无地或少地的农民。1947年10月和1948年5月,共产党公布了《怎样分析阶级》的文件,发动广大农民,推行了土地改革运动。中华人民共和国成立以后,1950年6月30日,中央人民政府颁布了《中华人民共和国土地改革法》,新解放地区就按照这个土地改革法,进行土地改革。现在,全国除了少数地区以外,土地改革已经基本完成了。在土地革命过程中,原来独占土地的地主阶级,利用土地剥削农民,现在则当作一个阶级被消灭掉了。原来没有土地的农民,忍受着地主的剥削,现在却转变为取得土地的小生产者了。从前农民受地主的压迫,现在工人农民则对地主实行专政,地主在农民监视之下,从事劳动改造。像这样,土地的有无和得失之间,农民和地主因一定条件而互相联系,两者具有同一性。

农民土地革命的胜利,是在工人阶级的领导之下实现的。工人阶级领导下的工农联盟,是新民主主义的革命和建设的基本动力。"推翻帝国主义和国民党反动派,主要是这两个阶级的力量。由新民主主义到社会主义,主要依靠这两个阶级的联盟。"①这就是说,在新民主主义革命中,工人阶级领导农民阶级,首先推翻反动统治阶级,实行土地革命,接着又要领导农民阶级走向社会主义和共产主义。所以土地革命的目的,是在于推翻封建的土地制度和封

---

① 毛泽东:《论人民民主专政》。

建的生产关系,实现耕者有其田的农民土地所有制,建立互助合作的新生产关系,发挥农民生产的积极性,提高农业的生产力,提高农民的物质生活和文化生活的水平,为国家的工业化创造条件。新国家成立以来,全国农业生产得到了空前的发展,粮食生产已赶上抗日战争以前的最高年产量(不久即将超过它),棉花生产早已超过了从前的最高年产量,已能够完全供给全国纺织工业之用,同时农民的生活也逐年改善了。这些都是土地改革以后的伟大的成就。

土地改革的结果虽有上述的成就,但农业经济并不停顿在这个阶段。因为小土地私有制的经济是个体的、分散的、落后的小农经济。这种小农经济,还不能高度地发展生产力,它一方面不能使广大的农民最后脱离穷困的境地,另一方面又会引起阶层分化,产生出资本主义。所以工人阶级领导的人民政权,必须领导农民"组织起来",向着合作化、集体化的前途迈进。毛主席说:"严重的问题是教育农民。农民的经济是分散的,根据苏联的经验,需要很长的时间和细心的工作,才能做到农业社会化。没有农业社会化,就没有全部的巩固的社会主义。农业社会化的步骤,必须和以国有企业为主体的强大的工业的发展相适应。人民民主专政的国家,必须有步骤地解决这个国家工业化的问题。"①事实上,农民阶级在中国共产党和人民政府领导之下,已经开始走上了合作化、集体化的道路。截至 1952 年上半年,全国农村已成立互助组 600 万个,农业生产合作社 3000 多个,全国组织起来的农户有 3500 多万户,约占全国总农户 40%。由此可见,全国的农民已经向着合作化的前途迈进了,农民的私有制将转化为社会主义农业的公有制了。社会主义农业的公有制,在苏联已经实现了。我国今日正在开始向着这个方向走,将来全世界也要向着这个方向走的。像这样在私产和公产之间,有一条由此到彼的桥梁(共产党的领导和教育、农民自觉地、积极地组织起来以及国家工业化等条件),哲学上把它叫做同一性,或互相转化、相互渗透。

巩固无产阶级的专政或人民的专政,正是准备着取消这种专政,走到消灭任何国家制度的更高阶段去的条件。建立和发展共产党,正是准备着消灭共

---

① 毛泽东:《论人民民主专政》。

产党和一切政党制度的条件。建立共产党领导的革命军,进行革命战争,正是准备着永远消灭战争的条件。这许多相反的东西,同时却是相成的东西。

[说明]无产阶级专政,有三个基本方面:"(1)利用无产阶级政权来镇压剥削者,保卫国家,巩固和其他各国无产者之间的联系,促进世界各国革命的发展和胜利。(2)利用无产阶级政权来使被剥削的劳动群众完全脱离资产阶级,巩固无产阶级和这些群众的联盟,吸引这些群众参加社会主义建设事业,保证无产阶级对这些群众实行国家领导。(3)利用无产阶级政权来组织社会主义社会,消灭阶级,过渡到无阶级的社会,即过渡到社会主义社会。"①巩固无产阶级专政,就是彻底地、坚决地、完全地加强这三个基本方面的工作,创造出取消无产阶级专政,走到消灭任何国家制度的条件。毛主席在《论人民民主专政》中说:"'你们不是要消灭国家权力吗'?我们要,但是我们现在还不要,我们现在还不能要。为什么?帝国主义还存在,国内反动派还存在,国内阶级还存在。我们现在的任务是要强化人民的国家机器,这主要地是指人民的军队、人民的警察和人民的法庭,借以巩固国防和保护人民利益。以此作为条件,使中国有可能在工人阶级和共产党的领导之下稳步地由农业国进到工业国,由新民主主义社会进到社会主义社会和共产主义社会,消灭阶级和实现大同。"到了那时,如果帝国主义在世界上已经消灭,专政不存在了,任何国家制度也消灭了。

又如,共产党是工人阶级的先进的有组织的部队,是工人阶级的阶级组织的最高形式,是无产阶级专政或人民专政的工具,是全体党员的意志和行动的统一。共产党的建立和发展,是在于指挥工人阶级和广大的人民群众推翻压迫者剥削者的阶级,建立无产阶级专政或人民专政的国家,建设社会主义社会和共产主义社会,消灭阶级和实现大同。到了帝国主义在世界完全消灭的时候,国家不存在,共产党也不存在了。所以毛主席在前著中说:"阶级消灭了,作为阶级斗争的工具的一切东西,政党和国家机器,将因其丧失作用,没有需要,逐步地衰亡下去,完结自己的历史使命,而走到更高级的人类社会。我们

---

① 斯大林:《列宁主义问题》,第 133 页。

和资产阶级政党相反。他们怕说阶级的消灭,国家权力的消灭和党的消灭。我们则公开声明,恰是为着促使这些东西的消灭而创设条件,而努力奋斗。共产党的领导和人民专政的国家权力,就是这样的条件。"

就战争消灭战争一事来说,共产党建立革命军,进行革命战争,正是准备着永远消灭战争的条件。为什么? 因为共产党所领导的革命战争,是阶级革命战争和民族革命战争。阶级革命战争的目的,在推翻资本主义制度,建立社会主义制度,消灭阶级的压迫与剥削;民族革命战争的目的,是打倒帝国主义,实现民族的独立与自由,消灭民族的压迫与剥削。帝国主义者所进行的战争是阶级反革命战争和民族反革命战争,前者的目的是巩固阶级的压迫与剥削,后者的目的是巩固民族的压迫与剥削。至于帝国主义者相互间争夺世界霸权的战争,根本上是反革命的。所以只有用革命战争反对反革命战争,用民族革命战争反对民族反革命战争,用阶级革命战争反对阶级反革命战争,才能消灭帝国主义,消灭阶级和民族的压迫和剥削。只有全世界实现了共产主义,消灭了帝国主义,才能最后消灭战争。"人类社会进步到消灭了阶级,消灭了国家,到了那时,什么战争也没有了,反革命战争没有了,革命战争也没有了,非正义战争没有了,正义战争也没有了,这就是人类的永久和平的时代。"①

大家知道,战争与和平是互相转化的。战争转化为和平,例如第一次世界大战转化为战后的和平,中国的内战现在也停止了,出现了国内的和平。和平转化为战争,例如 1927 年的国共合作转化为战争,现在的世界和平局面也可能转化为第二次世界大战。为什么是这样? 因为在阶级社会中战争与和平这样矛盾着的事物,在一定条件下具备着同一性。

一切矛盾着的东西,互相联系着,不但在一定条件之下共处于一个统一体中,而且在一定条件之下互相转化,这就是矛盾的同一性的全部意义。列宁所谓"怎样成为同一的(怎样变成同一的),——在怎样的条件之下它们互相转化,成为同一的",就是这个意思。

---

① 《毛泽东选集》第一卷,第 158 页。

[说明]前面提到,现代的战争分为革命战争和反革命战争两大类。战争的目的,原在于消灭战争,实现和平,但也只有革命战争消灭了反革命战争,才能实现真正的和平。资本主义国家中的无产阶级战胜了资产阶级,就能实现国内真正的和平;被压迫民族的劳动人民战胜了帝国主义及其走狗的统治阶级,就能实现民族内真正的和平。但如果要实现"人类的永久和平的时代",那只有在全世界的无产阶级和被压迫民族最后消灭了帝国主义及其走狗,才能达到。在世界帝国主义没有消灭以前,一个国家的阶级革命战争,或一个民族革命战争,在取得胜利以后,虽然可以实现国内的和平,但和平还是不能确保,因为有帝国主义者要向这些国家侵略,战争还是不能避免,如苏联过去遭受帝国主义者的侵略,中国现在遭受美帝国主义者的威胁(侵略台湾和侵略我们的邻邦朝鲜)。在另一方面,如果反革命战争压倒了革命战争,虽然表面上可以出现暂时的和平,但革命战争不久仍将爆发。至于帝国主义者相互间的战争(属于反革命战争),当一方战胜另一方以后,虽然可以出现暂时的和平,但战争不久仍要爆发,如第一次世界大战以后,又出现了第二次世界大战。

所以在世界帝国主义没有消灭以前,战争与和平是互相转化的,战争可以转化为和平,和平也可以转化为战争。例如第一次世界大战,是帝国主义者相互间重新分割世界的战争。这次战争的结束,由于十月革命的胜利,沙俄帝国主义首先消灭了,德、意两帝国主义失败了。另一方面,英、法、日等14个资本主义国家进攻苏联的战争,也被苏联打败了。从那个时候起,世界转化到战后的和平的局面。但这种和平只是暂时的,因为帝国主义本身就是战争的体系,所以日本帝国主义者从1931年起,侵入了中国的东北和华北,意大利帝国主义者侵入了阿比西尼亚,接着日、德、意三个帝国主义者成立了反共轴心,发动了第二次世界大战,其目的在于征服苏联、中国、东南欧和东南亚,并进而分割世界(结果,这三个帝国主义者倒下去了),这是世界规模上战争与和平互相转化的实例。再就中国过去的情形来说,和平与战争也是互相转化的。例如1924年至1927年的国共合作,在革命势力范围内,是和平的局面,但到1927年蒋介石匪帮背叛革命以后,共产党便领导工农群众发动反蒋匪帮的革命战争——第二次国内革命战争,这是和平转化为战争的实例。1931年"九一八"事变发生以后,共产党号召全国人民起来抗日;同时也呼吁国民党停止内战,一致抗日。直到1936年,国民党方在各种条件(如前述)下,停止内战,实现了和平的局面,这是由战争转化为和平的实例。但阶级革命战争如果不能消灭阶级反革命战争,国内的真正和平是不能实现的。所以只有经过了第三次国内革命战争,即经过了革命战争消灭了反革命战争,我中华人民共和国才实现了国内真正的和平。不过这个和平的确实保证,仍须全国人民提高警惕,加强国防建设,保卫我们的祖国,使不受帝国主义者的侵犯。

从上述各段的说明看来,我们可以知道,一切矛盾着的东西,是互相联系着的,它们不但共处于一个统一体之中,而且在一定条件下可以互相转化。这就是矛盾同一性的全部意义。列宁所说对立"怎样成为同一的(怎样变成同一的),——在怎样的条件之下它们互相转化,成为同一的"这一段话的意思,也就可以完全理解了。

"为什么人的头脑不应当把这些对立看作死的、凝固的东西,而应当看作生动的、有条件的、可变动的、互相转化的东西"呢?因为客观事物本来是如此的。客观事物中矛盾着的诸方面的统一或同一性,本来不是死的、凝固的,而是生动的、有条件的、可变动的、暂时的、相对的东西,一切矛盾都依一定条件向它们的反面转化着。这种情况,反映在人们的思想里,就成了马克思主义的唯物辩证法的宇宙观。只有现在的和历史上的反动的统治阶级以及为他们服务的形而上学,不是把对立的事物当作生动的、有条件的、可变动的、互相转化的东西去看,而是当作死的、凝固的东西去看,并且把这种错误的看法到处宣传,迷惑人民群众,以达其继续统治的目的。共产党人的任务就在于揭露反动派和形而上学的错误思想,宣传事物的本来的辩证法,促成事物的转化,达到革命的目的。

[说明]唯物辩证法,是马克思列宁主义党的世界观。它的党性在认识领域中的表现,就是:我们对于客观事物的认识,必须正确地暴露事物中的矛盾、矛盾的运动、发展及其互相转化的必然性,并且必须站在矛盾的新生的一方面。当认识现代社会时,必须无掩饰地、无隐藏地、忠实地、暴露这一社会的阶级的矛盾、斗争以及由于斗争的发展而转变为它的反对物的必然性,并且必须

站在进步的、革命的阶级即无产阶级的立场,来指出解决矛盾的方法。这是党性在认识方面的表现,也是考察事物的唯一正确的科学的态度。

正因为客观事物中矛盾着的诸方面的同一性,是生动的、有条件的、可变动的、暂时的、相对的东西,一切矛盾都依一定条件而向它们的反面转化,所以反映事物的矛盾的同一性的思想,就具有辩证的灵活性。这种辩证的灵活性,是在革命斗争和建设工作中认识矛盾并解决矛盾所不可缺少的东西。例如中国共产党和国民党斗争的历史,就表明了两党的矛盾是生动的、有条件的、可变动的、向着相反的方面转化的。毛泽东同志为什么对于国民党采取"又联合又斗争"的政策呢?联合而又斗争,正是矛盾。这个矛盾的政策,正是解决两党的矛盾的正确的策略。这是辩证灵活性的表现。又如,在新中国成立后,在"三反"和"五反"的运动中,工人阶级对于民族资产阶级,也采取"又联合又斗争"的政策,这也是辩证的灵活性的表现。所以马克思主义的唯物辩证法的宇宙观,首先要求人们对于社会的认识必须具有党性,即站在无产阶级的立场,暴露出社会中的阶级矛盾,并进而解决这个矛盾;其次要求人们的思想必须反映出对象的运动的矛盾性,具有辩证的灵活性,考察矛盾运动的情况,定出解决矛盾的方法。

资产阶级以及为它服务的形而上学家,从前是一味否认事物有矛盾,否认社会有阶级,企图愚弄无产大众,以证明资本主义社会是万古长存的。但由于自然科学的发展,暴露了各种自然现象的矛盾,由于社会斗争的发展,表现了阶级矛盾的尖锐化,资产阶级和形而上学家知道社会和自然的矛盾,再也不能长此隐瞒下去了,迫不得已也承认自然和社会是有矛盾的。但他们却故弄玄虚,在各种矛盾之间筑起万里长城,把矛盾双方看作僵死的、凝固的、不动的东西,其间并不互相转化。他们因此企图证明资本家是从原始时代的渔人和猎夫发展起来的,因为渔人和猎夫有钓竿和弓箭,即是资本。有资本家就有劳动者,可见劳资两个阶级是古已有之,将来仍会继续存在,资本家永远不能转变为劳动者,资本主义社会永远不能转变为社会主义社会。他们以这种见解做根据,制造出种种反动学说,企图迷惑人民群众,以达其继续统治的目的。

共产党人在对于事物的认识上,到处表现出党性,揭发反动派和形而上学隐藏阶级斗争和阶级矛盾的反动见解,并和它们作坚决的斗争。同时,他坦直而公开地站在无产阶级的立场,忠实地反映一切社会过程的阶级斗争和阶级矛盾,促成阶级矛盾的运动和转变,来达到革命的目的。

所谓矛盾在一定条件下的同一性,就是说,我们所说的矛盾乃是现实的矛盾,具体的矛盾,而矛盾的互相转化也是现实的、具体的。神话中的许多变化,例如《山海经》中所说的"夸父追日"①,《淮南子》中所说的"羿射九日"②,《西游记》中所说的孙悟空七十二变③和《聊斋志异》④中的许多鬼狐变人的故事等等,这种神话中所说的矛盾的互相变化,乃是无数复杂的现实矛盾的互相变化对于人们所引起的一种幼稚的、想象的、主观幻想的变化,并不是具体的矛盾所表现出来的具体的变化。马克思说:"任何神话都是用想象和借助想象以征服自然力,支配自然力,把自然力加以形象化;因而,随着这些自然力之实际上被支配,神话也就消失了。"⑤这种神话中的(还有童话中的)千变万化的故事,虽然因为它们想象出人们征服自然力等等,而能够吸引人们的喜欢,并且最好的神话具有"永久的魅力"(马克思),但神话并不是根据具体的矛盾之一定的条件而构成的,所以它们并不是现实之科学的反映。这就是说,神话或童话中矛盾构成的诸方面,并不是具体的同一性,只是幻想的同一性。科学地反映现实变化的同一性的,就是马克思主义的辩证法。

[说明]前面曾经引用过列宁的话:马克思主义的活的灵魂,就在于具体

① 《山海经》是中国战国时代(公元前403—前221年)的一部著作。夸父是《山海经》上记载的一个神人。据说:"夸父与日逐走。入日,渴欲得饮,饮于河渭。河渭不足,北饮大泽。未至,道渴而死。弃其杖,化为邓林。"(《海外北经》)
② 羿是中国古代传说中的英雄,"射日"是关于他善射的著名故事。据汉朝人刘安(公元前2世纪时的贵族)所辑《淮南子》一书说:"尧之时,十日并出,焦禾稼,杀草木,而民无所食。猰貐、凿齿、九婴、大风、封豨、修蛇,皆为民害。尧乃使羿……上射十日而下杀猰貐。……万民皆喜。"东汉人王逸(公元2世纪时的著作家)关于屈原诗篇《天问》的注释说:"淮南言,尧时十日并出,草木焦枯。尧命羿仰射十日,中其九日……留其一日。"
③ 《西游记》是16世纪中国的一部神话小说。孙悟空是《西游记》上的主角,他是一个神猴,有七十二变的法术,无论鸟兽虫鱼草木器物或人类,他都能够随意变化。
④ 《聊斋志异》是17世纪清朝人蒲松龄收集民间传说写成的一本小说集,短篇小说共431篇,大部分是叙述神仙狐鬼的故事。
⑤ 马克思:《政治经济学批判导论》。

地分析具体的情况。在这里所说的情况,即是具体的矛盾。我们所说的矛盾在一定条件下的同一性,是指具体的矛盾说的。具体的矛盾即是现实的矛盾,因而矛盾的转化,也是具体的、现实的。我们研究事物时,必须善于区别具体的、现实的矛盾和非具体的、非现实的矛盾。具体的、现实的矛盾,是我们研究的对象,而非具体的、非现实的矛盾,则不须加以研究。非具体的、非现实的矛盾之中,还有一类空想的、幻想的矛盾和许多神奇古怪的变化(即转化),那不是属于科学研究的范围。例如中国有一部《山海经》的书,多半谈论一些神奇的事情,其中有一段说到"夸父追日"的故事,说有一个神人名叫夸父,他从东方起追着太阳走,太阳落了山,他口渴得很,就喝渭河的水,他把渭河的水喝干了还觉得不够,要到北边的大泽中去喝水,还没有到达大泽,就在路上渴死了。他丢掉的手杖,变成了邓林。这是夸父追日,手杖转变为邓林的神话。还有《淮南子》书中说到"羿射九日"的故事,说中国氏族时代,有个酋长名叫做尧,当时有十个太阳同时出来,热度太高,把五谷和草木都晒死了,害得人民没有粮食可吃,尧于是叫一个会射箭的名叫羿的人,射下了九个太阳,所以从此只剩下一个太阳了。这是解决太阳热度和植物间的矛盾的神话。还有一部名《西游记》的神话小说,说有一个神猴名叫孙悟空,一个筋斗能翻十万八千里,他有七十二变的法术,无论是虫鱼鸟兽草木器物或人类,都能够随意变化。这是说猴子能够随意变化的神话。还有《聊斋志异》一部书,主要是讲狐狸精和鬼变女人、狼和虎也能变女人的故事。这一类神话中所说的一种东西转变为别种东西、矛盾着的东西之能够互相变化,完全是一些幼稚可笑的、空想的、幻想的变化。这一类的变化,是无数复杂的现实矛盾的互相变化在人们头脑中交错起来,再加上一些幻想、空想和一些迷信传说拼凑而成的。这一类随意拼凑和捏造的变化,并不是具体的矛盾所表现出来的具体的变化,不能成为科学研究的对象,这是不用多说的。

神话的产生,诚如马克思所说,是与自然力支配人类一事有关的。当自然力未被人类所支配的时候,人们总是用想象和借助想象以征服自然力,支配自然力,把自然力加以形象化,因而造出神话来。如前面所述的"羿射九日"、"夸父追日",又如希腊古代所传太阳神、地神、水神、火神等类的神话,都是由于人类被自然力所支配的缘故而创造出来的。但到自然力实际上被人类所利用所支配的时候,神话也就消失了。

神话中千变万化的故事,固然是人们要征服自然力的想象,还有童话中所传各种变化的故事,也是一样的。譬如有的童话中说可以点石成金,可用魔斧劈开金银山,可用魔杖显出美丽的田园和住宅,可以使各种动物变为人,等等,也可以说是出于征服自然力的想象。像这一类神话或童话能够吸引人们的喜欢,例如苏联的童话电影片《美丽的华西丽沙》(是教育人们爱劳动的影片)中,一个蛤蟆能够变成美丽的小姑娘,观众非常喜欢看它。可见最好的神话或童话,是具有"永久的魅力"的。但神话或童话中所说的变化,毕竟是凭着想象和幻象构成的,并不是根据具体的矛盾之一定的条件而构成的,所以它们并不是现实之科学的反映。神话或童话中所描写的矛盾及其转化,并不是具体的、现实的矛盾的同一性,只是空想的、幻想的同一性,是不合乎科学的。至于科学地反映现实变化的同一性的,只有马克思主义的辩证法。

为什么鸡蛋能够转化为鸡子,而石头不能够转化为鸡子呢?为什么战争与和平有同一性,而战争与石头却没有同一性呢?为什么人能生人不能生出其他的东西呢?没有别的,就是因为矛盾的同一性要在一定的必要的条件之下。缺乏一定的必要的条件,就没有任何的同一性。

[说明]当我们研究矛盾的同一性之时,必须考虑到那个矛盾是不是具体的、现实的矛盾?即矛盾双方是不是因斗争而引起运动和发展,并在一定条件下互相转化?若果矛盾双方不能因斗争而引起运动和发展,并在一定条件下互相转化,那就不是具体的、现实的矛盾,这样的矛盾,就不能成为科学研究的对象。因为那样的研究是无意义的。世界的事物是千差万别的,差别即是矛盾,人们的思想固然可以把任一事物和别一事物,作为矛盾看待,但若这两个事物并不互相联系,互相贯通,互相依存,并且不因两者的斗争而运动,而发展,而互相转化,那就不是具体的矛盾,因而也不能有矛盾的同一性。例如石头和小鸡虽有矛盾(即差别),却没有同一性,因为石头在任何条件下不能转化为小鸡。但鸡蛋在一定孵化的条件下,则可以转化为小鸡,因为鸡蛋和小鸡是具有同一性的。又如男女媾精,女人怀孕,能够生出小人来,但决不能生出

非人的异物,这因为胎儿和小人之间具有同一性,而与非人的异物则不能有同
一性。又如战争与和平具有同一性,两者在一定的必要的条件之下,可以互相
转化。但战争与石头则不能有同一性,战争在任何条件下,绝不能转化为
石头。

所以我们学习运用矛盾法则时,要把对象分解为两个对立的部分,而两者
必须互相联系、互相渗透、互相依存;同时又互相排斥、互相对立、互相斗争,并
且它们在一定的必要的条件下,互相转化。像这样对立的两部分,才算是具体
的、现实的矛盾,才具有矛盾的同一性。要在对象中探求具体的矛盾,是一件
困难的工作,第一必须开动脑筋,用心思索,第二必须具有关于对象的全部知
识,如果单只知道矛盾法则而没有关于对象的全部知识,就不能探求出在一定
必要条件下互相转化的那种矛盾同一性。我们不能在事物中乱定矛盾,如鸡
蛋与石头、战争与石头那类的矛盾,因为这样的矛盾,缺乏一定的必要的条件,
没有矛盾的同一性。

为什么俄国在 1917 年 2 月的资产阶级民主革命和同年 10 月的无产阶级
社会主义革命直接地联系着,而法国资产阶级革命没有直接地联系于社会主
义的革命,1871 年的巴黎公社终于失败了呢? 为什么蒙古和中亚细亚的游牧
制度又直接地和社会主义联系了呢? 为什么中国的革命可以避免资本主义的
前途,可以和社会主义直接联系起来,不要再走西方国家的历史老路,不要经
过一个资产阶级专政的时期呢? 没有别的,都是由于当时的具体条件。一定
的必要的条件具备了,事物发展的过程就发生一定的矛盾,而且这种或这些矛
盾互相依存,又互相转化,否则,一切都不可能。

[说明]一个事物,由于矛盾的斗争的发展而转变为新事物,是在一定的
必要的条件下实现的。这一定的必要的条件,是旧事物转变为新事物的最重
要的关键。同样,一个社会,由于阶级斗争的发展而转变为新社会,也是在一
定的必要的条件下实现的。如果缺乏了一定的必要的条件,社会的变革是不
可能的。

为什么俄国 1917 年 2 月的资产阶级民主革命能够转变为 10 月的无产阶

级社会主义革命呢？这个转变（即联系）是具有一定的必要的条件的。我们知道，帝国主义是垂死的资本主义，是社会主义革命的前夜，革命运动正在全世界各国发展着。一方面，帝国主义联合一切反革命势力（包括封建主义在内）压迫一切革命势力；另一方面，无产阶级联合一切革命势力（包括被压迫民族和贫苦农民大众）反抗一切反革命势力。在这种时候，无产阶级为要推翻帝国主义，就必须同时推翻封建主义。在这样的形势下，像俄国当年那样的资本主义有了相当发展的国家，无产阶级在 1905 年的资产阶级民主革命中争取了领导权，早就准备着由资产阶级民主革命过渡到无产阶级社会主义革命。所以，列宁是把这两个革命当作一根链条的两个环节看的。至于由 1917 年的二月革命到十月革命的转变，是有其客观和主观的必要条件的。当时的客观条件是：（1）二月革命原是工人、农民和兵士为了推翻沙皇制度和反对战争而发动的，其目的在于获得和平、面包和土地，可是资产阶级临时政府，却勾结沙皇余孽和英法帝国主义者继续进行帝国主义战争，并压迫和剥削人民，使人民得不到和平、土地和面包，人民已是不愿意照旧生活下去，而反动的资产阶级被工人的斗争弄得软弱无力，地主被农民弄得垂头丧气，即是说统治阶级已不可能照旧生活下去；（2）被压迫的工人、农民和士兵的贫困和灾难，一天比一天深重；（3）人民群众走投无路，被迫着要起来革命。这三者主要地是当时革命的客观条件。至于革命的主观条件是：（1）工人阶级革命斗争情绪的高涨；（2）工人阶级和农民大众结成了广大的同盟；（3）马克思列宁主义武装着的布尔什维克党和伟大的领袖列宁、斯大林。正因为有了这些主观条件和那些客观条件结合起来，所以十月革命就能够胜利地实现了。

为什么法国资产阶级革命没有直接地联系于社会主义革命呢？这因为当时正是世界资产阶级革命的时代，资产阶级是进步的、革命的阶级，它代表着新的生产方式——资本主义的生产方式，推翻了中世纪的封建的黑暗的统治，建立了比封建国家进步的资产阶级国家，大大地促进了生产力的发展。资本主义社会中的基本矛盾、即无产阶级和资产阶级的矛盾，在 19 世纪前后的时期，还没有发展到对抗的阶段，无产阶级还没有成长为自觉的、自为的阶级。资本主义，正在走着上坡路。所以上述无产阶级革命的客观条件和主观条件，都没有形成，当然谈不到资产阶级革命和社会主义革命的直接联系的问题。

当年巴贝夫一派的共产主义运动的失败,便是一个例证(巴贝夫曾参加 1789 年的法国大革命,他曾经拟了一个实现共产主义的计划,得到了一般贫民的同情,但他没有组织劳动者,也没有联系农民,而只是联系军队,企图夺取政权,结果失败了)。

为什么 1871 年的巴黎公社终于失败了呢? 我们知道,1871 年法国巴黎工人革命,创造了巴黎公社,成为无产阶级社会主义共和国的一定形式,它是无产阶级专政的国家的雏形,是俄国工农兵苏维埃的先驱。这是无产阶级革命的重要的历史经验之一。但巴黎公社为什么失败了呢? 这因为那个时期,是帝国主义的矛盾还没有充分发展的时期,是无产阶级革命还不是必不可免的直接实践的时期。换句话说,在那个时期,无产阶级革命的客观条件和主观条件还没有具备,巴黎的无产阶级还没有组织坚强、久经革命锻炼的党,又不曾和农民阶级结成同盟,致使农民的后备力量还站在资产阶级方面,还有,巴黎公社成立以后,对于资产阶级及其反抗的镇压,并没有彻底去做,对敌人太过于宽容。这一切都是巴黎公社所以失败的原因。

为什么蒙古和中亚细亚的游牧制度又直接地和社会主义联系了呢? 落后的游牧制度的民族,要跳过资本主义阶段,直接地转向于社会主义,其主要条件是社会主义国家的直接援助。俄国无产阶级在十月革命以后,立即实行了民族殖民地的革命,首先帮助国内各被压迫民族的人民,推翻各民族内的压迫者,在国际主义基础上,团结各民族结成苏维埃社会主义共和国联盟;其次,援助蒙古人民,推翻自己的压迫者,建立了蒙古人民共和国。由于社会主义国家的直接援助,落后民族的人民,便可以跳过资本主义的阶段,直接走向于社会主义了。

为什么中国的革命可以避免资本主义的前途,可以和社会主义直接联系起来,不要走西方国家的历史老路,不要经过一个资产阶级专政的时期呢? 这因为中国革命是世界无产阶级社会主义革命的一部分,它是中国共产党和无产阶级所领导的人民大众反帝反封建的革命。所以中国共产党所领导的整个中国革命的运动,是由新民主主义革命到社会主义革命的运动,其最后目的则在于力争社会主义社会和共产主义社会的最后完成。在革命胜利以后,新社会是无产阶级所领导的人民民主专政的国家,绝不是资产阶级专政的国家,是社会主义、共产主义的前途,绝不是资本主义的前途。这是毛主席多年前应用马克思列宁主义,根据中国社会发展的规律所奠定了的总的政治路线。自从革命胜利,伟大的中华人民共和国建立以后,帝国主义势力早被赶出了中国大陆,官僚资产阶级、地主阶级和一切反革命残余,已经消灭了,我们新国家的基础已经巩固了。在经济方面,社会主义性质的国营经济取得了领导地位,私人资本主义经济只能在国营经济的领导下,在共同纲领所规定的范围内,发展于国计民生有利的事业,到了实现社会主义时,私人企业都将国有化,资本主义就失其存在了。我们有一个强大的、久经革命锻炼的、有马克思列宁主义毛泽东思想武装着的、采取批评与自我批评的方法的、密切联系广大群众的中国共产党,有工人阶级所领导的人民民主专政的、强大的国家机器,有占全国人口百分之八九十的工人和农民的坚强联盟,还有列宁斯大林所领导的社会主义的苏联以及其他国际援助,在这些条件之下,保证着我们的新国家稳步地由农业国进到工业国,由半封建半殖民地国家变为社会主义国家。

总起来说,在阶级社会中,有革命阶级和反动阶级的斗争,革命的阶级为要战胜反动的阶级,使社会转变为高一级的社会,必须具备一定的客观和主观的必要的条件,才能实现。正因为有了一定的必要的条件,所以两个对立的阶级能够共处在一个社会中,互相联系、互相依存,而又互相斗争、互相转化。如果没有一定的必要的条件,就没有互相依存,也不能互相转化,即没有矛盾的同一性。

同一性的问题如此。那末,什么是斗争性呢? 同一性和斗争性的关系是怎样的呢?

列宁说:"对立的统一(一致、同一、均势),是有条件的、一时的、暂存的、相对的。互相排斥的对立的斗争则是绝对的,正如发展、运动是绝对的一样。"①

列宁这段话是什么意思呢?

一切过程都有始有终,一切过程都转化为它们的对立物。一切过程的常

_____

① 列宁:《关于辩证法问题》。

住性是相对的,但是一种过程转化为他种过程的这种变动性则是绝对的。

[说明]矛盾的同一性问题,前面已经说明了,现在来说明矛盾的斗争性问题,以及同一性和斗争性的关系。

前面所说明的矛盾的同一性,包括两个意义:(1)事物发展过程中的矛盾双方,互为存在的条件,共处于一个统一体之中;(2)矛盾双方,依一定条件而互相转化,成为同一。正因为矛盾的双方互为存在的条件,而共处于一个统一体之中(如同无产阶级与资产阶级,互相依存、互相联系、互相渗透,而共处于资本主义社会之中),所以双方能够是同一的;正因为矛盾双方依一定条件而互相转化(如同无产阶级和资产阶级,互相排斥、互相斗争、互相对立,到了客观和主观条件具备时,无产阶级就推翻资产阶级而占居统治地位),所以成为同一。因此,列宁所说"对立的统一(一致、同一、均势),是有条件的、一时的、暂存的、相对的"这句话的意思,是非常明显的。但所说的矛盾的同一性之中,本来包含着矛盾的斗争性。事物过程中的矛盾双方,因一定条件而互相转化,成为同一,这就是原来的矛盾的同一转变为新的矛盾的同一,就是旧事物转变为新事物。转变即是发展,事物的发展,是通过矛盾的斗争而显现出来的。前面所引用的列宁的一句话:"发展是对立面的统一(统一物之分为两个互相排斥的对立面以及它们之间的互相关联)。"这就是说,矛盾的同一性之中,包含了矛盾的斗争性。矛盾的斗争性,是一切事物的运动和发展的根源。一切事物的运动和发展,是绝对的,矛盾的斗争也是绝对的。所以,列宁说"互相排斥的对立面的斗争则是绝对的,正如发展、运动是绝对的一样"。

一切过程,都由于内部的矛盾的斗争而运动,而发展,由于一种形式而转变为和它相反的另一种形式。这样的转变是绝对的。但在某一过程没有转变以前,它还是原来的形式,这就显现出这一过程的常住性。但这种常住性却是相对的,它迟早还是由于矛盾斗争的发展而转变为他种形式。例如资本主义社会,由于无产阶级和资产阶级的斗争而运动,而发展,而转变为社会主义社会,这种转变是绝对的。但在无产阶级革命的客观和主观条件没有成熟以前,还不能推翻资产阶级,社会之资本主义的性质不变,这就显现出资本主义社会的常住性。但这种常住性不能长久保持,由于阶级斗争的发展,资本主义社会必然转变为社会主义社会。所以一切过程的常住性是相对的,而一种过程转变为他种过程的这种变动性却是绝对的。这个道理,下面要详细说到。

　　无论什么事物的运动都采取两种状态,相对地静止的状态和显著地变动的状态。两种状态的运动都是由事物内部包含的两个矛盾着的因素互相斗争所引起的。当着事物的运动在第一种状态的时候,它只有数量的变化,没有性质的变化,所以显出好似静止的面貌。当着事物的运动在第二种状态的时候,它已由第一种状态中的数量的变化达到了某一个最高点,引起了统一物的分解,发生了性质的变化,所以显出显著变化的面貌。我们在日常生活中所看见的统一、团结、联合、调和、均势、相持、僵局、静止、有常、平衡、凝聚、吸引等等,都是事物处在量变状态中所显现的面貌。而统一物的分解,团结、联合、调和、均势、相持、僵局、静止、有常、平衡、凝聚、吸引等等状态的破坏,变到相反的状态,便都是事物在质变状态中、在一种过程过渡到他种过程的变化中所显现的面貌。事物总是不断地由第一种状态转化为第二种状态,而矛盾的斗争则存在于两种状态中,并经过第二种状态而达到矛盾的解决。所以说,对立的统一是有条件的、暂时的、相对的,而对立的互相排除的斗争则是绝对的。

　　[说明]我们已经知道,任何事物的运动,都由于内部的矛盾的斗争,即新因素与旧因素的斗争。当斗争发展到一定高度时,新因素就克服旧因素,旧事物就转变为新事物。但在这种转变没有实现以前,事物的变化是不大的。所以任何事物的运动都采取两种状态,第一种是相对地静止的状态,第二种是显著地变动(即转变)的状态,即是量变和质变的状态,也就是进化的和革命的状态。当着事物的运动在第一种状态的时候,事物中所发生的量变,在最初是不显著的,是缓慢的,往后就逐渐积累起来,准备着质变的成熟的条件,但在量变还没有达到某一最高点以前,事物不会发生质变,显出好似静止的状态,例如俄国革命,在 1917 年 11 月 7 日以前,仍只是量变的状态,只是使根本的质变趋于成熟的程度,而俄国社会之资本主义的性质未变。但是当着事物的运动进到第二种状态的时候,量变就达到了某一个最高点(即物理学上所说的临界点),旧事物死亡,新事物诞生了,这是性质的变化,是突然地、飞跃地、由

一种过程转变到另一种过程。俄国十月革命的爆发,正是这样的一种转变,沙皇制度和资产阶级的俄国死亡了,社会主义的苏联诞生了。

在矛盾斗争的过程中,由于一定的条件,矛盾的斗争常变为矛盾的统一的局面。我们在日常生活中,常常看到互相反对的双方,在一定的条件之下,显出团结、联合、调和、均势、相持、僵局、静止、有常、平衡、凝聚、吸引等状态,这都是事物处在量变状态中所显现的面貌。但是在这类统一的局面中,并不是矛盾的斗争已经停止了,只不过是双方暂时休战,而斗争仍然是继续着的,它们重整斗争的阵容,准备开始新的斗争。例如我们看到战争中互不相让的局面,并不是战争已经停止了,只不过是暂时的拉锯战,暂时分不出胜负来,而双方大战的准备是在进行着的。所以到了斗争进到一定的阶段时,由于量的变化的积累,矛盾中的新生的、进步的方面就取得优势,于是统一的局面就转到抗争的局面,团结转到分裂,联合转到分立,调和转到破裂,均势显出强弱,相持转到相斗,僵局转到活局,静止(相对的)转到运动(转变),有常转到无常,平衡显出高下,凝聚转到分离,吸引转到排斥,这一切都是事物向反对方面的转变,是由量变向质变的转变,是一个过程到另一个过程的转变。这是飞跃的变化,连续性断绝的变化,向反对物转变的变化。这是量变到质变的法则的表现。这样显著的变化,都是由于事物内部包含的两个矛盾着的因素互相斗争所引起的。所以事物总是不断地由第一种状态转化为第二种状态,而矛盾的斗争则存在于两种状态中,并经过第二种状态而到达于矛盾的解决。中国共产党所领导的28年间的人民革命的战争,也是遵循着这个法则而发展的。

上面所说的运动的第一种状态,即量变的状态,是说明对立的统一是有条件的、暂时的、相对的;运动的第二种状态,是说明对立的斗争是绝对的。任何事物的发展,都必然地由第一种状态进到第二种状态,决不停顿在第一种状态。所以革命的人,总是向前看,决不向后看。

前面我们曾经说,两个相反的东西中间有同一性,所以二者能够共处于一个统一体中,又能够互相转化,这是说的条件性,即是说在一定条件之下,矛盾的东西能够统一起来,又能够互相转化;无此一定条件,就不能成为矛盾,不能共居,也不能转化。由于一定的条件才构成了矛盾的同一性,所以说同一性是有条件的、相对的。这里我们又说,矛盾的斗争贯穿于过程的始终,并使一个过程向着他过程转化,矛盾的斗争无所不在,所以说矛盾的斗争性是无条件的、绝对的。

[说明]前面已经说过,矛盾的同一性是有条件的。第一,矛盾双方互为存在的条件,共处于一个统一体之中,所以能成为矛盾而具有同一性。如果两者没有互为存在的条件,就不能成为矛盾,也没有同一性。前面的例子中所说的无产阶级和资产阶级互为存在的条件,共处于资本主义社会中,所以两者成为矛盾而具有同一性;又如农民阶级和地主阶级也互为存在的条件,共处于封建的或半封建的社会中,所以两者也成为矛盾而具有同一性。至于前例所说的鸡蛋和石头、战争和石头之间,却没有互为存在的条件。即没有鸡蛋而石头仍然存在,反之亦然;没有战争而石头仍然存在,反之亦然。所以它们不能成为矛盾,更不能有同一性。第二,矛盾双方,依一定条件而互相转化,所以具有同一性。如果矛盾双方在任何条件下并不互相转化,就没有同一性。无产阶级推翻了资产阶级,建立了社会主义国家,无产阶级变成了统治者,而资产阶级则变为被统治者,所以它们具有同一性;农民阶级推翻了地主阶级,在无产阶级领导下变成了新社会的主人,而地主阶级则变成了被统治者,所以它们具有同一性。至于鸡蛋和石头、战争和石头,在任何条件下,也不能互相转化,双方决不能有同一性。由于一定的条件才构成了矛盾的同一性,所以说同一性是有条件的、相对的。

矛盾原是互相排斥、互相对立、互相斗争的双方,它们之所以具有同一性,是因为双方互为存在的条件,并依一定的条件而互相转化,而双方的斗争,非到过程终结之时是决不停止的。前面所说的相对地静止的状态,也只是斗争的一种形式,并不意味着斗争的完全停止,如前面所说的团结、联合、调和、均势、相持、僵局等等,都是意指着矛盾的同一,但在这种同一中,矛盾的斗争仍是继续着。矛盾的斗争贯穿于过程的始终,并使一过程转变为另一过程。当新过程开始时,新的矛盾的斗争也同时开始。矛盾的斗争存在于一切事物或过程中,所以说矛盾的斗争性,是无条件的、绝对的。

在共产党以前和国民党的关系中,我们也可以看出相对的矛盾的同一和绝对的矛盾的斗争。在第一次国内革命战争时期,代表资产阶级和地主的国民党,接受了共产党的主张,赞同反帝反封建的革命,并实行联俄联共和扶助工农政策,在这种条件下,两党实行了合作。但共产党所领导的工农革命运动,显然是对国民党所代表的资产阶级和地主的斗争。由于斗争的发展,因蒋介石匪帮的反革命,矛盾的同一就完全转到了矛盾的斗争,进入了第二次国内革命战争时期。抗日战争发生以后,党又在"一致抗日"的条件下,建立了统一战线。但由于联合中的斗争的发展,到了抗日战争结束以后,又因蒋介石发动了反共反人民的内战,矛盾的同一又完全转到了矛盾的斗争,进入了第三次国内革命战争时期,结局是共产党所领导的人民革命,摧毁了国民党反动派在中国的统治,建立了中华人民共和国。由此可见,矛盾的同一是有条件的、相对的,而矛盾的斗争是无条件的、绝对的。

有条件的、相对的同一性和无条件的、绝对的斗争性相结合,构成了一切事物的矛盾运动。

我们中国人常说:"相反形成。"①就是说相反的东西有同一性。这句话是辩证法的,是违反形而上学的。"相反"就是说两个矛盾方面的互相排斥,或互相斗争。"相成"就是说在一定条件之下两个矛盾方面互相联合起来,获得了同一性。而斗争性即寓于同一性之中,没有斗争性就没有同一性。

在同一性中存在着斗争性,在特殊性中存在着普遍性,在个性中存在着共性。拿列宁的话来说,叫做"在相对的东西里面有着绝对的东西"。②

[说明]有条件的相对的同一性和无条件的绝对的斗争性,是客观事物或过程所固有的性质。正因为矛盾的同一性与矛盾的斗争性相结合,所以引起事物或过程的运动和发展,而由一种形态转变为别种形态。矛盾贯穿于一切

---

① 这句话始见班固(公元1世纪时中国著名历史家)所著《前汉书》卷三十《艺文志》,以后就颇为流行。班固的原文如下:"诸子十家,其可观者,九家而已。皆起于王道既微,诸侯力政,时君世主,好恶殊方。是以九家之术,蜂出并作,各引一端,崇其所善,以此驰说,取合诸侯。其言虽殊,辟犹水火,相灭亦相生也。仁之与义,敬之与和,相反而皆相成也。"
② 列宁:《关于辩证法问题》。

过程的始终,任何过程最初是矛盾的同一,在矛盾的同一中,包含着不显著的矛盾的斗争,所以呈现出相对地静止的状态,往后由于斗争的激化,矛盾的新生的一方面就战胜垂死的一方面,矛盾的同一就完全破裂,这一过程就转变为新的过程,形成为新的矛盾的同一。所以矛盾的同一性和矛盾的斗争性,在任何事物或过程中,都是不可分离地结合着。我们运用矛盾法则研究任何过程时,决不可以把矛盾的同一性和斗争性割裂开来,或者只认识矛盾的同一性而忽视其斗争性,或者只认识矛盾的斗争性而忽视其同一性。如果是这样,就会违反唯物辩证法,甚至要陷入机会主义的立场。这是要严密注意的。

首先,当我们认识运动的第一种状态、即相对地静止的状态,决不能把事物看成没有变化的东西。因为相对地静止的状态是量变的状态。量变的状态,在适当的时间以内,虽不破坏事物的根本性质(即质),即事物还是原来的事物。但量变还是变化,是质变的准备,并且在量变的过程中,事物的质虽不变,而事物的其他许多属性还是变化。这样的变化到了临界点时,仅仅加上的一点细小的变化,就会引起质变。例如资本主义社会发展到帝国主义阶段时,目前基本上虽然还处于量变的状态,但变化还是很重大的,自由竞争的属性被垄断所否定了,并且阶级矛盾激化了,无产阶级革命的客观条件具备了。到了这种时候,只要共产党能够团结广大的无产阶级和劳动人民,选定适当的时机,运用正确的战略与战术,就可以打倒帝国主义,实现社会主义。这是十月革命的经验。

其次,如果只看到过程的矛盾的同一而忽视矛盾的斗争,就不可避免地引出对立调和论。前面所说的德波林派只知从矛盾的同一性之中探求辩证法的本质,而不能理解列宁所说的"对立的同一是相对的,对立的斗争是绝对的"这个命题,因而陷入了唯心论的对立调和论。又如,反动的布哈林派,把矛盾的同一误解为完全的平衡,从苏联社会主义建设的时期,主张社会主义要素和资本主义要素的平衡发展,而富农可以和平地"长入"社会主义,这也是反动的对立调和论。这种对立调和论,是右倾机会主义,是主张不需要革命就可由资本主义进到社会主义的改良主义,从前第二国际所属各个机会主义的政党就持有这种反马克思主义的观点。还有,在中国新民主主义革命过程中,主张"一切联合,否认斗争"的见解,也属于对立调和论。

再次，若果只看到过程中的矛盾的斗争而忽视矛盾的同一，就会引导到"左"倾机会主义。有一个生物学家居维叶，主张生物自然界的发展是由突变所引起的一次一次的飞跃来完成的。这就是说，质变是没有量变的准备的，生物自然界时时处在质变状态中，只有质变，没有量变；只有革命，没有进化。这种见解，是辩证法所排斥的，因为量变和质变、进化和革命，是同一运动中的两个必要的形态。欧洲无政府工团主义者，反对组织群众实行革命斗争的训练和准备的工作，而企图用阴谋的冒险主义的策略，一举而实现无政府社会，这也是否认进化而单纯主张革命、即不做革命的准备而实行革命的"左"的空谈。还有，在我们的新民主主义革命史中，即在第二次国内革命战争时期，"左"的机会主义者，主张"一切斗争，否认联合"，主张红军进攻中心城市，一举而实现革命的政策，也是主张质变而否认量变的偏向。

所以由相对地静止的状态进到显著地变动的状态，即由量变进到质变的状态，是一切事物发展的规律，因而由被压迫阶级所进行的革命的变革，是完全自然的和不可避免的现象。"这就是说，要在政治上不犯错误，就要做革命者，而不要做改良主义者。"①

中国人流传着"相反相成"这一句话，就是说两个相反的东西有同一性。这句话是合乎辩证法的，是与形而上学相反的。资产阶级形而上学们原来不承认事物之中有矛盾，即不承认有相反的东西。往后因为社会斗争和自然科学所暴露的自然现象的矛盾，他们也不得不承认矛盾，承认社会有阶级对立，但他们却把这样的对立看作死板的、凝固的、不变的东西。他们认为资本家永远是资本家，劳动者永远是劳动者，两者并不互相转化，因而相反的东西并不具有同一性。这是资产阶级代言人拥护资本主义的谬论。至于辩证法，则认为"相反"的两个方面是互相排斥、互相斗争的，但它们在一定条件之下，却又互相依存、互相联系，具有同一性，这就是"相成"。

矛盾的同一性，原是斗争着的两个方面的同一性，所以矛盾的斗争性是寄存于矛盾的同一性之中，如果没有矛盾的斗争性，就不能有矛盾的同一性。

从前面的说明看来，我们可以领会列宁所说"在相对的东西里面有着绝

① 斯大林：《论辩证唯物主义和历史唯物主义》。

对的东西"这句话的道理,即绝对的矛盾的斗争性寄存于相对的矛盾的同一性之中,绝对的矛盾的普遍性、共性寄存于相对的矛盾的特殊性、个性之中。所以我们研究任何事物或过程的矛盾时,必须从相对的东西中看出绝对的东西,才能找出解决矛盾的方法。

六、对抗在矛盾中的地位

在矛盾的斗争性的问题中,包含着对抗是什么的问题。我们回答道:对抗是矛盾斗争的一种形式,而不是矛盾斗争的一切形式。

在人类历史中,存在着阶级的对抗,这是矛盾斗争的一种特殊的表现。剥削阶级和被剥削阶级之间的矛盾,无论在奴隶社会也好,封建社会也好,资本主义社会也好,互相矛盾着的两阶级,长期地并存于一个社会中,它们互相斗争着,但要待两阶级的矛盾发展到了一定的阶段的时候,双方才取外部对抗的形式,发展为革命。阶级社会中,由和平向战争的转化,也是如此。

炸弹在未爆炸的时候,是矛盾物因一定条件共居于一个统一体中的时候。待至新的条件(发火)出现,才发生了爆炸。自然界中一切到了最后要采取外部冲突形式去解决旧矛盾产生新事物的现象,都有与此相仿佛的情形。

[说明]我们已经知道,世界一切事物(或过程),都含有内在的矛盾,都由于矛盾斗争的发展,而转变为新的事物。但在这一切矛盾之中,按照它们的本性来说,有对抗性的矛盾和非对抗性的矛盾的区别。所谓对抗性的矛盾,就是说,这种矛盾的斗争发展到一定的程度时,采取外部对抗的形式,即采取"爆发"的形式,由旧事物转变为新事物。就阶级社会的阶级矛盾的外部对抗形式来说,这就是社会革命。至于非对抗性的矛盾,即是矛盾的斗争的发展,不采取外部对抗的形式,即不采取"爆发"的形式,可以使旧事物转变为新事物。所以,在矛盾斗争性的问题中,矛盾可以是对抗性的,也可以不是对抗性的。所以矛盾的斗争虽然无所不在,而对抗则是矛盾斗争的一种形式,而不是矛盾斗争的一切形式,这是要特别注意的。

对抗矛盾之特殊的显著的表现,是阶级社会的阶级斗争。这是从矛盾的本性发生的。例如在奴隶制社会中,奴隶主独占一切生产资料,奴隶不但全无生产资料,反而变成奴隶主的生产资料的一部分,即所谓"能够说话的工具"。奴隶过着普通动物一般的生活,专为奴隶主而劳动,并且奴隶主对奴隶操着生杀予夺之权。奴隶不但在经济上和政治上完全处于无权的状态,并且也得不到法律的保障。奴隶和奴隶主,在其阶级利害的完全冲突的基础上,从最初起就开始着阶级斗争。这个阶级斗争的发展,到了一定程度时,就立刻出现于表面,爆发为奴隶暴动,即奴隶革命。又如在封建社会中,封建地主阶级独占着土地等生产资料,那些农奴式的农民是没有土地的,他们不能不在封建地主的土地上耕种,对地主缴纳一定的劳役地租、实物地租或货币地租。农民在经济上是完全无权的,他们忍受着封建地主阶级的超经济的剥削(如封建地主阶级随时可以凭着一纸的命令或文告去剥削农民);他们在政治上也是无权的。所以农民阶级和封建地主阶级,从最初起就开始着阶级斗争,这斗争的发展,到了实在不能忍受封建地主阶级的压迫和剥削时,他们就爆发了农民暴动或农民革命。这农民革命,在欧洲和中国的历史上,是屡见不鲜的大事件。又如在资产阶级社会中,资产阶级独占着生产资料,它在社会生产制度中处于发号施令的地位,无产阶级处于被剥削的非人的境遇。资产阶级掌握着国家政权,无产阶级在政治上完全没有权利可言。一切物质的和精神的财富都集中于资产阶级,而贫穷和苦难则集中于无产阶级。无产阶级只有将劳动力出卖给资本家,忍受剥削。资产阶级用尽一切力量巩固资本主义社会制度,无产阶级则只有推翻这个制度才能真正得到解放。所以,无产阶级和资产阶级从资本主义生产方式形成的时候起,双方的斗争一直是发生着发展着。随着资本主义的发展而转进到帝国主义阶段,无产阶级对资产阶级的斗争,就采取外部对抗的形式,发展为无产阶级革命。又如前面所说,中华民族和帝国主义的矛盾,人民大众和封建制度的矛盾,都是对抗性的矛盾,都是要用革命方法去解决的。又如前面所说的由和平到战争的转变,都是战争着的双方的对抗性的矛盾的表现。

对抗性的矛盾斗争,发展到一定程度,常采取爆炸的形式,这正和炸弹的爆炸一样。当炸弹在没有爆炸以前,炸弹中各种矛盾着的爆炸物,由于一定的装置,在一定条件下,仍处于一个统一体制中,不致发生爆炸。但到了新的条

199

件(即发火)出现时,它就发生爆炸。这样的爆炸,就是对抗性的矛盾斗争的表现。阶级社会中的阶级革命,也是爆炸。植物的种子在适当的条件下冲破表皮而发芽,鸡蛋在孵化过程中,雏鸡破壳而出,也都是采取爆炸的形式。物理学上的阳电和阴电的接触,发出火花和音响,化学上的某些元素的化合,也采取爆炸的形式,产生出新的东西。这些都是对抗性的矛盾斗争向外部表现的实例。

认识这种情形,极为重要。它使我们懂得,在阶级社会中,革命和革命战争是不可避免的,舍此不能完成社会发展的飞跃,不能推翻反动的统治阶级,而使人民获得政权。共产党人必须揭露反动派所谓社会革命是不必要的和不可能的等等欺骗的宣传,坚持马克思列宁主义的社会革命论,使人民懂得,这不但是完全必要的,而且是完全可能的,整个人类的历史和苏联的胜利,都证明了这个科学的真理。

[说明]认识对抗在矛盾中的地位,认识无产阶级的不妥协的阶级革命的必然性,这对于我们是极其重要的。这种认识使我们懂得:在阶级社会中,革命和革命战争是不可避免的,除此以外,无产阶级不能完成社会发展的飞跃,不能推翻反动的统治阶级,而使人民获得政权。中国共产党如果不组织工人和农民用武装的革命反对武装的反革命,那就绝不能推翻美蒋匪帮的反动统治,建立人民民主专政的中华人民共和国,这是非常明显的。

斯大林说:"既然发展是通过内在矛盾的揭露,通过基于这些矛盾的对立势力的冲突来克服这些矛盾而进行的,那就很明显,无产阶级的阶级斗争是完全自然的和必不可避免的现象。这就是说,不要掩饰资本主义制度的各种矛盾,而要暴露和揭开这些矛盾,不要熄灭阶级斗争,而要把阶级斗争进行到底。这就是说,要在政治上不犯错误,就要执行无产阶级的不调和的阶级政策,而不要执行使无产阶级利益同资产阶级利益相协调的改良主义政策,不要执行使资本主义'长入'社会主义的妥协主义政策。"①

① 斯大林:《论辩证唯物主义和历史唯物主义》。

列宁斯大林所领导的革命,所以能够从胜利走向胜利,取得最伟大的胜利,主要的原因是始终用不妥协的阶级政策,教育了工人阶级,粉碎了一切改良主义的反动理论,毫不假借地揭穿了阶级调和的谬论。

现代资本主义各国的社会党,用改良主义欺骗着工人阶级。它们实际上是拥护资本主义的资产阶级政党,它们用所谓"社会民主主义"来对抗马克思主义,用"阶级调和"来代替阶级斗争。有的社会党人甚至于声言工人阶级是"空洞的抽象的"名词,企图由此消灭无产阶级和资产阶级的对立,并证明两者之间没有斗争。改良主义的资本家的奴才们,虽然实行着这类卑鄙无耻的欺骗,而无产阶级对于资产阶级斗争的尖锐化,却不断地爆发为革命斗争,这是历史的事实。像上述资产阶级的改良主义者,在中国也是有的。例如有些统治阶级的代言人,极力宣称中国社会没有阶级和阶级斗争,因而反对中国共产党所领导的阶级革命,而企图在中国实现所谓无阶级调和的社会。这完全是反动的见解。所以共产党人必须揭露反动派所谓社会革命是不必要的和不可能的等等欺骗的宣传,坚持马克思列宁主义的社会革命论,并使一切劳动人民知道,这不但是完全必要的,而且是完全可能的。这个科学的真理,是人类的历史和苏联的胜利所证明了的。

但是我们必须具体地研究各种矛盾斗争的情况,不应当将上面所说的公式不适当地套在一切事物的身上。矛盾和斗争是普遍的、绝对的,但是解决矛盾的方法,即斗争的形式,则因矛盾的性质不同而不相同。有些矛盾具有公开的对抗性,有些矛盾则不是这样。根据事物的具体发展,有些矛盾是由原来还非对抗性的,而发展成为对抗性的;也有些矛盾则由原来是对抗性的,而发展成为非对抗性的。

[说明]"不同质的矛盾,只有用不同质的方法才能解决。"所以解决对抗性的矛盾的方法,和解决非对抗性的矛盾的方法是不同的。上面所说解决对抗性的阶级矛盾的方法,是坚决实行马克思列宁主义的社会革命,但这并不是说对于非对抗性的阶级矛盾也适用同样的革命方法。我们必须具体地研究矛盾斗争的情况,才能决定解决具体矛盾的方法,不应当把上面所说的公式不适

当地套在一切事物的身上。因为非对抗性的矛盾,在其本性上,是和对抗性的矛盾不同的。例如工人阶级和农民阶级的矛盾,即是非对抗性的矛盾。在资本主义社会中,无产阶级是丧失了生产资料的阶级,而农民阶级却把自己的经济建筑在小私有财产的基础之上,而这种小私有财产则是产生资本主义的根源。所以两者在资本主义社会中,就其阶级地位来说,是矛盾的。但农民阶级在其本性上是双重性的阶级。一方面,劳动农民是劳动阶级,因为他以自己的劳动谋生,并受着资本主义的剥削,一旦破产,就会变为无产者。在另一方面,它是小私有者阶级,从事小商品生产,培养着资本主义的基础。只有估计到农民这种双重性,才能正确地解决关于建设社会主义时期中的工人阶级与劳动农民之间的矛盾。因为这两个阶级,在反对资本主义的剥削,反对贫困与破产的斗争中,其利益是共同的。两个阶级间的非对抗性的矛盾,不但不排斥它们的共同利益,反而能在共同利益发展的基础上,自行克服它们之间的矛盾。这样,就使农民在工人阶级的领导下,与工人结成巩固的联盟,向着社会主义迈进。这是苏联过去解决工人和农民之间的矛盾的历史所证明了的。

但无论是对抗性或非对抗性的矛盾,其矛盾的斗争,则是相同的。因为矛盾和斗争是普遍的、绝对的,只不过解决矛盾的方法,则因矛盾的性质不同而不相同。即如工人阶级和农民阶级的矛盾的斗争还是存在的,其间并不包含有矛盾的调和。非对抗性的矛盾,也不是可以用调和的方法解决的,而是用对于农业与农民实行社会主义的改造的方法来解决的。

有些矛盾具有公开的对抗性。例如现代资本主义国家的无产阶级和资产阶级的矛盾、被压迫民族和帝国主义的矛盾等,都是具有公开的对抗性的矛盾。但是有些矛盾,却不是这样,这要依据事物的具体发展情况来决定。在某种特殊的情况下,非对抗性的矛盾可以转变为对抗性的矛盾。例如在资本主义社会的初期时代,互相矛盾着的无产阶级和资产阶级,长期地并存于一个社会之中,它们虽然互相斗争着,却还不曾采取外部对抗的形式,直到两阶级的矛盾发展到一定阶段时,双方才采取外部对抗的形式,即无产阶级实行社会主义革命。又如在无产阶级革命的时期,无产阶级和富农(即乡村资产阶级)的矛盾,还不曾采取外部对抗的形式,但到了社会主义建设和农业集体化的时期,富农就被当作资产阶级而消灭了。在另一种特殊情况下,原来是对抗性的矛盾,可以发展为非对抗性的矛盾。例如,中国的工人阶级和民族资产阶级,无疑地是带有对抗性的矛盾。但"民族资产阶级在现阶段上,有其很大的重要性。我们还有帝国主义站在旁边,这个敌人是很凶恶的……为了对付帝国主义的压迫,为了使落后的经济地位提高一步,中国必须利用一切于国计民生有利而不是有害的城乡资本主义因素,团结民族资产阶级,共同奋斗"①。在共同奋斗的过程中,工人阶级对于民族资产阶级,是实行着又联合又斗争的政策的。到了将来"实行社会主义即实行私营企业国有化的时候,再进一步对他们进行教育和改造的工作。人民手里有强大的国家机器,不怕民族资产阶级造反"②。所以中国工人阶级和民族资产阶级的矛盾的斗争,不至于采取外部对抗的形式,即爆发的形式。这就是说,像这样原带有对抗性的矛盾,可以发展为非对抗性的矛盾。

共产党内正确思想和错误思想的矛盾,如前所说,在阶级存在的时候,这是阶级矛盾对于党内的反映。这种矛盾,在开始的时候或在个别的问题上,并不一定马上表现为对抗的。但随着阶级斗争的发展,这种矛盾也就可能发展为对抗性的。苏联共产党的历史告诉我们:列宁、斯大林的正确思想和托洛茨基、布哈林等人的错误思想的矛盾,在开始的时候还没有表现为对抗的形式,但随后就发展为对抗的了。中国共产党的历史也有过这样的情形。我们党内许多同志的正确思想和陈独秀、张国焘等人的错误思想的矛盾,在开始的时候也没有表现为对抗的形式,但随后就发展为对抗的了。目前我们党内的正确思想和错误思想的矛盾,没有表现为对抗的形式,如果犯错误的同志能够改正自己的错误,那就不会发展为对抗性的东西。因此,党一方面必须对于错误思想进行严肃的斗争,另一方面又必须充分地给犯错误的同志留有自己觉悟的机会。在这样的情况下,过火的斗争,显然是不适当的。但如果犯错误的人坚持错误,并扩大下去,这种矛盾也就存在着发展为对抗性的东西的可能性。

---

① 毛泽东:《论人民民主专政》。
② 毛泽东:《论人民民主专政》。

[说明]共产党内的正确思想和错误思想的矛盾，即是工人阶级思想和非工人阶级思想的矛盾、马克思列宁主义思想和反马克思列宁主义思想的矛盾。这样的矛盾，在阶级存在的时候，是阶级矛盾对于党内的反映，是混入党内的投机分子的思想和忠实党员的思想的矛盾。这样的矛盾，在最初的时候，或者在个别的问题上，并不一定马上表现为对抗性的。但随着阶级斗争的发展，这种矛盾就可能发展为对抗性的矛盾。苏联共产党的历史告诉我们：列宁、斯大林的正确思想和托洛茨基、布哈林等人的错误思想的矛盾，正是经由了上述的发展过程。托洛茨基原是混入党内的反列宁主义的孟什维克分子，他一贯地戴着"左派"的假面具，主张所谓纯工人的政府，把农民的一切阶层（不分富农、中农和贫农）看成革命的对象，反对以工人和劳动农民联盟为基础的无产阶级专政，反对新经济政策，否认"单独一国建设社会主义的可能"的列宁主义的理论，反对社会主义建设。他在列宁抱病和逝世的期间，居然组织反党的托、季（即托洛茨基和季诺维也夫）集团，提出反列宁主义的政纲，阴谋成立自己的反苏维埃的反革命的政党。托派的阴谋遭到列宁斯大林党的打击以后，仍不甘心失败，竟在1927年十月革命节，公开向党和苏维埃国家举行抗议的示威，变成了叛党叛国的分子。其次，布哈林也是反列宁主义的右倾机会主义者，是现代机械唯物论者，是不懂辩证法的"理论家"。他是坚决主张资本主义可以和平"长入"社会主义的人，他拥护富农而企图在苏联恢复资本主义。他对于阶级斗争问题、阶级斗争尖锐化问题、农民问题、新经济政策和市场关系问题、工人发展的速度和城乡结合的新形式问题等等，都有一套反列宁主义的偏见。当联共决定实行对富农坚决进攻时，布哈林派便组成了反党集团，即"布、李集团"（布哈林、李可夫集团），公开拥护富农，反对党的政策。托、季集团用所谓"不断革命"的"左"的词句，掩盖其投降主义的实质，而布、李集团则公开用右的词句拥护乡村的资产阶级。这两个集团终于结合起来，执行外国资产阶级间谍机关的意旨，企图摧毁联共和苏维埃国家。他们的罪行被揭发以后，终于都遭到了清洗。这是党内正确思想和错误思想的矛盾由非对抗形式发展为对抗形式的实例。

在中国共产党的历史中，也有过和上面所说相同的例子。譬如陈独秀的右倾机会主义偏向，在党成立以后不久的期间，还不显著。但到了1924年以后全国革命猛烈发展的时候，"当时共产党的领导者陈独秀，对于无产阶级领导民主革命，共产党人领导国共合作、领导北伐战争的根本任务，一直抱着消极的软弱的态度"①。他对于农民的土地斗争，没有采取坚决的积极的政策；对于建立群众的武装，从不予以注意。他甚至对于蒋介石反动集团的进攻，也处处做了机会主义的让步，致使蒋介石反共的军事势力日趋强大。他的右倾机会主义路线，到了 1927 年更为明显。因为当时工农群众的革命斗争非常猛烈，引起了国民党中的地主资产阶级分子的恐惧和反抗，陈独秀此时却幻想用让步和妥协的方法来稳定那些地主资产阶级分子，使他们不离开革命阵线，以便"挽救革命"。结果，共产党越让步，反动势力越高涨，终于引起了 1927 年革命的失败。陈独秀派右倾机会主义路线，与以毛泽东同志为首的布尔什维克路线，变成了对抗性的矛盾。从此陈独秀派走上了与托洛茨基派结合进行反党活动的反革命道路。其次，张国焘原是混入党内的投机分子，是一个政治两面派的人物，阴险狡诈，极不老实。他惯于拉拢一部分人，打击另一部分人，抬高自己在党内的地位，阴谋篡夺党的领导。他的政治两面派的倾向，在长征期内就赤裸裸地表现出来了。他当时在徐向前同志所领导的红军中工作，"由于对革命前途丧失信心，曾经进行分裂和背叛党的活动，拒绝与中央红军一同由川西北北上，强迫军队向西康方面退缩，并非法地组织了另一个中央。由于毛泽东同志所采取的党内斗争的正确方针，由于朱德、任弼时、贺龙、关向应等同志的坚忍努力，叛徒张国焘的分裂阴谋很快地就完全失败了"②。从此，叛徒张国焘摇身一变成为蒋介石匪帮的特务了。这是中国共产党内部正确思想和错误思想的矛盾斗争由非对抗形式发展成为对抗形式的实例。

从此以后，由于毛泽东同志所采取的党内斗争的正确方针，党内的正确思想和错误思想的矛盾，没有表现为对抗的形式。虽然在抗日战争初期，党内曾经发生过反对党的抗日政策的右倾机会主义的偏向，但由于"毛泽东同志和这种错误思想进行了坚决的斗争，因而使这种错误思想在没有发生更大危害的时候就在实际工作中得到了克服了"③。

---

① 胡乔木：《中国共产党的三十年》。
② 胡乔木：《中国共产党的三十年》。
③ 胡乔木：《中国共产党的三十年》。

为了纠正党内的错误思想,毛泽东同志在 1937 年 7 月和 8 月,写了他的有名的哲学著作《实践论》和《矛盾论》,深刻而又通俗地解说了马克思列宁主义的认识论和辩证法,纠正了"左"右倾分子的教条主义和经验主义的错误。其后在抗日战争期中局势变化较少的时期,党采取了整风运动的方法,领导全党干部和党员认识和克服广泛存在于党内的伪装马克思列宁主义的小资产阶级思想作风,特别是主观主义的倾向、宗派主义的倾向和党八股,因而使党在思想上大大地提高一步,并且使全党空前地团结起来了。

采取批评与自我批评的方法,解决党内正确思想与错误思想的矛盾,是使党进步的原动力。所以,党一方面必须对于有错误思想的党员进行严肃的斗争,另一方面必须充分地给犯错误的同志留有自己觉悟的机会,使他能够自我检讨,改正自己的错误思想,使不致发展到与党的正确思想相对抗。在这样的情况下,过火的斗争,虽然是不适当的。但犯了错误的同志,如果坚持自己的错误不肯改正,反而让它发展到与党的正确思想相对抗,那就是丧失党性,这是与党员的资格不相容的。

经济上城市和乡村的矛盾,在资本主义社会里面(那里资产阶级统治的城市残酷地掠夺乡村),在中国的国民党统治区域里面(那里外国帝国主义和本国买办大资产阶级所统治的城市极野蛮地掠夺乡村),那是极其对抗的矛盾。但在社会主义国家里面,在我们的革命根据地里面,这种对抗的矛盾就变成非对抗的矛盾,而当到达共产主义社会的时候,这种矛盾就会消灭。

[说明]经济上城市和乡村的矛盾,在资本主义社会中,是极其对抗的矛盾。在资本主义国家中,资本家的工业集中于城市。资本家首先从乡村买进原料,制成商品,销售给乡村的农民,实现其所剥削的剩余价值。其次,商品的卖出与原料的买进,大都是通过商业资本家进行的。商业资本家常用高价将工业品卖给农民,而用低价向农民买进原料。这种不等价的交换,是对于乡村农民的残酷剥削。再次,乡村的金融命脉,操纵在城市的银行资本家手中,银行资本家通过信贷制度,剥削着广大的乡村。所以城市和乡村对立的经济基础,"是资本主义制度下工业、商业、信贷制度的整个发展进程所造成的对农

民的剥削和大多数农村居民的破产"①。还有，在资本主义国家，由于农业的资本主义化，大规模的农业经营压倒了农民的小规模的经营，使得许多小农陷于破产与贫困，而沦为无产者。地主们把从农村剥削得来的地租用之于城市，从不考虑土壤的改良。农业资本家把剥削所得的利润也用之于城市，也不考虑土壤的改良。所以资本主义制度日益破坏着土地的肥沃程度。例如就现代的美国来说，在大资本家的掠夺下，使土壤涸竭，弄得大量可耕的土地与牧场变成不毛之地，把没有资本恢复土壤肥沃的大量小农，从土地上驱逐出去，使他们变为流浪者。肥沃的可耕的土地，变成贫瘠的荒原。正由于乡村日渐趋于贫困与荒凉，而乡村的文化也远远落后于都市。"因此，资本主义制度下的城市和乡村之间的对立，应该看作是利益上的对立。在这个基础上产生了农村对城市、对一般'城里人'的敌对态度。"②

经济上城市和乡村的矛盾，在当年中国的国民党统治区域里面，也是极其对抗的矛盾。乡村中的农民，身受帝国主义、封建主义和官僚资本主义的三重压迫和剥削，陷于贫困和破产的深渊。特别是外国帝国主义和本国大资产阶级所统治的城市，不但通过工业资本、商业资本和高利贷资本，猛烈地吮吸农民的血液，并且还用超经济的剥削方法，极野蛮地剥削农民。中国本是农业国家，粮食可以自给，而买办资产阶级每年却从美国输入大宗美麦，来破坏国内粮食市场。当帝国主义者要向中国农村购买某种原料时，官僚资本家们就伸出魔掌垄断这种原料市场。例如美帝国主义要收购桐油时，官僚资本家便利用政治力量，将收购价格压到最低，并用日益贬值的伪币支付。结果，农民出售桐油所得的代价，完全不能抵偿一年的工资，被迫把桐树砍了当柴烧。其他如茶叶和别的农产物的收购，也有同样的情形。所以，当年国民党统治区域中的城市，不但极野蛮地剥削着乡村，并且是极残酷地破坏着乡村。我们可以说，当年乡里人对于城里人的敌对关系，实际上是农民对于帝国主义和官僚资本主义的敌对关系。

城市和乡村的矛盾，在当时我国新民主主义革命根据地里面，就已在改变

---

① 斯大林:《苏联社会主义经济问题》。

② 斯大林:《苏联社会主义经济问题》。

为非对抗性的矛盾。因为工农联盟的革命的友谊,是促进城乡互助的动力。

城市和乡村间的对抗的矛盾,到了社会主义时代会完全消灭。斯大林说:"无疑地,在我国,随着资本主义和剥削制度的消灭,随着社会主义制度的巩固,城市和乡村之间、工业和农业之间利益上的对立也必定消失。结果也正是这样。社会主义城市、我国工人阶级在消灭地主和富农方面所给予我国农民的巨大帮助巩固了工人阶级和农民的联盟的基础,而不断地供给农民及其集体农庄以头等的拖拉机和其他机器,更使工人阶级与农民的联盟变成了他们之间的友谊。当然,工人和集体农庄农民,仍然是两个在地位上彼此不同的阶级。但是这个差别丝毫不削弱他们的友谊关系。恰恰相反,他们的利益是在一条共同线上,在巩固社会主义制度和争取共产主义胜利的共同线上。因此,过去乡村对城市的不信任,尤其是对城市的憎恨,连一点影子都没有了,这是毫不奇怪的。这一切都表明,城市和乡村之间、工业和农业之间的对立的基础,已经被我国现今的社会主义制度消灭了。"①

而当到达共产主义社会的时候,城乡间的非对抗性的矛盾也会消灭。

列宁说:"对抗和矛盾断然不同。在社会主义下,对抗消灭了,矛盾存在着。"②这就是说,对抗只是矛盾斗争的一种形式,而不是它的一切形式,不能到处套用这个公式。

[说明]列宁说:"对抗和矛盾断然不同。"我们必须善于区别对抗性的矛盾和非对抗性的矛盾,针对具体的情况,决定解决的方法。社会生活中的对抗性的矛盾,是阶级矛盾的表现,这类矛盾只有用不妥协的阶级斗争的方法才能解决。至于非对抗性的矛盾,则只有用社会主义改造的方法去解决。所以无产阶级革命的目的,是在于消灭社会生活中的对抗性的矛盾,建立无对抗的社会主义社会,但是许多非对抗性的矛盾仍是存在的。这些非对抗性的矛盾,可以逐步地用社会主义改造的方法去解决。所以列宁又说:"在社会主义下,对

---

① 斯大林:《苏联社会主义经济问题》。
② 见列宁对布哈林的《过渡期经济学》的评注。

抗消灭了,矛盾存在着。"

在社会主义下,对抗是消灭了。但是矛盾还是存在着。既然矛盾法则是自然、社会和思维的发展的一般法则,那就没有例外,它也是社会主义社会、共产主义社会的发展法则。所以无论在社会主义社会或共产主义社会,矛盾仍是社会发展的动力。不过这种矛盾是非对抗性的矛盾,它是在完全的新的社会规律的基础上,在社会主义社会各方面成员的利益的根本的共同线上发生作用的。斯大林指示我们说:"社会主义基本经济规律的主要特点和要求,可以大致表述如下:用在高度技术基础上使社会主义生产不断增长和不断完善的办法,来保证最大限度地满足整个社会经常增长的物质和文化的需要。"①为要在高度技术基础上使社会主义生产不断增长和不断完善,就必须不断地发展生产力。为要不断地发展生产力,就必须不断地解决生产力和生产关系的矛盾。"生产力是生产中最活动、最革命的力量。这种力量,就是在社会主义制度下也无可争辩地走在生产关系的前面。生产关系只是经过一些时候,才会被改造得适合于生产力的性质。"②所以生产力和生产关系的矛盾,在社会主义下,不会发展为对抗,社会有可能做到使生产关系适合于生产力的性质,能够及时地改进落后了的生产关系使适合于生产力的性质,使生产力不断地向上发展,因而可以促进社会由"各尽所能,按劳分配"的阶段迈进到"各尽所能,按需分配"的阶段。

由此可知,对抗只是矛盾斗争的一种形式,而不是它的一切形式。在社会生活中,对抗只是阶级社会中的矛盾斗争的形式,而不是社会主义社会中矛盾斗争的形式。由于对抗与矛盾的断然不同,用以解决对抗和矛盾的方法也断然不同,不能到处套用一个公式。

七、结 论

说到这里,我们可以总起来说几句。事物矛盾的法则,即对立统一的法

① 斯大林:《苏联社会主义经济问题》。
② 斯大林:《苏联社会主义经济问题》。

则，是自然和社会的根本法则，因而也是思维的根本法则。它是和形而上学的宇宙观相反的。它对于人类的认识史是一个大革命。按照辩证唯物论的观点看来，矛盾存在于一切客观事物和主观思维的过程中，矛盾贯穿于一切过程的始终，这是矛盾的普遍性和绝对性。矛盾着的事物及其每一个侧面各有其特点，这是矛盾的特殊性和相对性。矛盾着的事物依一定的条件有同一性，因此能够共居于一个统一体中，又能够互相转化到相反的方面去，这又是矛盾的特殊性和相对性。然而矛盾的斗争则是不断的，不管在它们共居的时候，或者在它们互相转化的时候，都有斗争的存在，尤其是在它们互相转化的时候，斗争的表现更为显著，这又是矛盾的普遍性和绝对性。当着我们研究矛盾的特殊性和相对性的时候，要注意矛盾和矛盾方面的主要的和非主要的区别；当着我们研究矛盾的普遍性和斗争性的时候，要注意矛盾的各种不同的斗争形式的区别；否则就要犯错误。如果我们经过研究真正懂得了上述这些要点，我们就能够击破违反马克思列宁主义基本原则的不利于我们的革命事业的那些教条主义的思想；也能够使有经验的同志们整理自己的经验，使之带上原则性，而避免重复经验主义的错误。这些，就是我们研究矛盾法则的一些简单的结论。

[说明]综合以上的说明，可以作如下的结论：

事物的矛盾法则，即对立统一的法则，是自然、社会和思维的发展的最普遍的根本法则。自然和社会的矛盾法则是客观的辩证法，思维的矛盾法则是主观的辩证法。主观的辩证法是客观的辩证法的反映。马克思主义的辩证法，就是论矛盾法则、即对立统一法则的学说。它是科学的宇宙观，是共产主义的宇宙观。它是科学研究和革命行动的指南，它指导我们去理解社会发展的规律及其革命的改造的道路。

在马克思主义辩证法出现以前，人们的思想受着资产阶级形而上学的支配。形而上学把自然现象和社会现象看作是没有变化的东西，一种现象和别种现象并无联系。它虽然也承认事物有运动，有发展，却主张运动是循环的运动，是机械的运动，主张发展是量的减少或增加。因此世界一切事物是没有变化的，社会是没有变化的，资本主义社会是万古长存的。这完全是资产阶级的反动的宇宙观。

　　和形而上学相反,马克思主义辩证法,综合了先行哲学的积极的成分、自然科学的新成就和社会发展的经验,形成完整的科学的新体系,不论在自然科学或社会科学的领域,都用新的、真正科学的辩证法,代替了陈腐的反动的形而上学的方法。这是人类认识史上的一个真正的大革命。正如马克思在《资本论》第二版跋文中所说,辩证法"在对现存事物的肯定的理解中,同时包含对现存事物的否定的理解,即对现存事物的必然灭亡的理解;辩证法对每一种既成的形式都是从不断的运动中,因而也是从它的暂时性方面去理解;辩证法不崇拜任何东西,按其本质来说,它是批判的和革命的"。

　　按照辩证唯物论的观点看来,世界一切的东西,无论是自然、社会的事物乃至主观的思维,都在运动着,发展着。一切东西的运动都是自我的运动。而其自我的运动的根源,是事物内部所包含的矛盾。一切东西都含有内在的矛盾,都由于矛盾的斗争而运动,而发展,而由一种形态转变为别种高级形态。敌对的社会,由于含有内的矛盾即阶级斗争,所以社会由一种形态转变为别种形态,资本主义社会转变为社会主义社会。所以矛盾存在于一切事物或过程之中,并贯穿于一切事物或过程的始终。当新过程代替旧过程而发生的时候,新过程又包含着新矛盾,开始它自己的矛盾的发展史。这是矛盾的普遍性和绝对性。

　　千差万别的事物各自具有其特殊的、不同质的矛盾。不同质的矛盾,要用不同质的方法去解决。资本主义国家中无产阶级和资产阶级的矛盾,要用无产阶级革命的方法去解决。殖民地、半殖民地、半封建社会中的本国民族和帝国主义的矛盾、人民大众和封建制度的矛盾,要用人民大众的民族民主革命的方法去解决。从事社会革命的人,必须认识该社会发展过程的根本矛盾的特殊性和矛盾双方的特点,认识那根本矛盾在发展过程中各阶段上所表现的特殊性和矛盾双方的特点。做一句话说,必须随时对于具体的矛盾作具体的分析,然后才能具体地应用马克思列宁主义,定出适当地解决具体矛盾的方法。这是矛盾的特殊性和相对性。

　　矛盾着的事物,互为存在的条件,因而能够共处于一个统一体之中(如同无产阶级和资产阶级互相依存,共处于资本主义社会之中)。但双方却又因互相斗争,而互相转化到相反的方面去(如同俄国无产阶级转化为统治阶级,俄国资产阶级转化为被统治阶级）。像这样矛盾双方依一定条件而具有同一性，这又是矛盾的特殊性和相对性。但是矛盾的斗争是无条件的，是不间断的，不论矛盾双方共居于一个统一体中（如劳资双方共处于资本主义社会中）的时候，特别是在它们互相转化（如同无产阶级变为统治者，资产阶级转变为被统治者）的时候，斗争不但继续进行，而且特别尖锐。这是矛盾的普遍性和绝对性。

当着研究矛盾的特殊性和相对性的时候，必须就复杂事物过程中的多数矛盾中，用全力找出那种起着领导的决定的作用的主要矛盾。抓住了这个主要矛盾，其他被领导被决定的矛盾就可以迎刃而解。但抓住了主要矛盾之后，还必须认识这矛盾的主要方面和非主要方面，认识这两方面的不平衡性，认识其新生的方面和腐朽的方面，依靠并扶持这新生的一方面克服那腐朽的一方面，使旧事物转变为新事物。

当研究矛盾的普遍性和斗争性的时候，必须注意矛盾的各种不同的斗争形式的区别。例如社会生活中的对抗性的矛盾，则用革命的方法去解决；但若是非对抗性的矛盾，则不能用革命的方式，而是用教育、改造或其他的方式去解决。

上面所说的那些要点，我们如果详细研究，懂得透彻，那就可以不犯错误或少犯错误。我们必须学会具体地分析具体的矛盾的方法，认识矛盾的普遍性和特殊性的联系，客观地、全面地、深入地去看问题，克服主观性、片面性和表面性，灵活地、具体地应用马克思列宁主义分析矛盾解决矛盾的方法，就可以克服教条主义的偏向，而有革命工作经验的同志们，也可以整理自己的经验，使之带上原则性，可以不重复经验主义的错误。这些，就是我们研究矛盾法则的一些简单的结论。

附　录

《实践论》——毛泽东思想的一个基础*

（1951.2）

一、《实践论》——无产阶级实践的哲学

　　毛泽东同志的《实践论》，是马克思列宁主义实践理论的发展，是毛泽东思想的一个基础，是辩证唯物论的基本原理与中国革命的具体实践的结合，它是中国革命行动的理论，是毛泽东的思想方法与工作方法的科学总结。

　　《实践论》特别指出辩证唯物论两个最显著的特征，即阶级性与实践性，表明了辩证唯物论是无产阶级革命的哲学。它首先说明实践是辩证唯物论的认识的基础，作为认识主体的人是属于特定历史阶段的社会的人，是属于特定社会的特定阶级的人，而人的实践也是社会的，主要的基本的实践是生产和阶级斗争。人类对于自然和社会的认识（知识），对于阶级社会的规律性的认识，都是在生产和阶级斗争的过程中得到的。毛泽东同志在另一个地方这样指出过："什么是知识？自从有阶级的社会存在以来，世界上的知识只有两门，一门叫作生产斗争知识，一门叫作阶级斗争知识。自然科学、社会科学，就是这两门知识的结晶，哲学则是关于自然知识和社会知识的概括和总结。此外还有什么知识呢？没有了。"所以在阶级社会中，阶级斗争的精神，贯穿于经济的政治的和文化的斗争的领域，因而，关于经济政治及文化领域的知识，

---

　　* 本文最初发表于 1951 年 2 月 1 日《人民日报》和《福建政报》1951 年第 2 期，略加修改后曾以《〈实践论〉——毛泽东思想的哲学基础》为题发表于《新建设》1951 年第 3 卷第 5 期。1951年 7 月，生活·读书·新知三联书店将《〈实践论〉——毛泽东思想的哲学基础》收入作者所著的《〈实践论〉解说》一书中出版。1978 年 4 月，生活·读书·新知三联书店在该书第 6 版中将《〈实践论〉——毛泽东思想的哲学基础》更换为《〈实践论〉——毛泽东思想的一个基础》，并对书中的文字作了一些必要的删节，对有关引文作了校订。——编者注

"无不打上阶级的烙印"。人类关于自然和社会的知识的历史,适应于社会实践发展的历史,"一步又一步地由低级向高级发展"。马克思主义的科学是在近代大工业发达而无产阶级展开阶级斗争的时代才形成的。正因为马克思主义是在无产阶级斗争中锻炼起来的,所以成为无产阶级革命的理论,它的真理性,首先由苏联的无产阶级革命的实践证明了。

列宁说过:"认识……认为在自己面前真实存在着的东西就是不以主观意见(设想)为转移的现存的现实(这是纯粹的唯物主义!)。人的意志、人的实践,本身之所以会妨碍自己目的的达成……就是因为意志把自己和认识分隔开来,并且不承认外部现实是真实存在着的东西(是客观真理)。必须把认识和实践结合起来。"毛泽东同志的《实践论》,正是发展了列宁的这一论点,在《实践论》中首先指出认识和实践的关系,就是知和行的关系;"实践、认识、再实践、再认识,这种形式,循环往复以至无穷,而实践和认识之每一循环的内容,都比较地进到了高一级的程度。这就是辩证唯物论的全部认识论,这就是辩证唯物论的知行统一观"。从毛泽东同志这样的结论看来,我们可以知道:人们的认识,是从实践发生而又复归于实践,认识必定不能离开实践,实践又必然地渗透于认识当中。

无产阶级的哲学——辩证唯物论是和无产阶级分不开的。马克思说得好:"哲学把无产阶级当作自己的物质武器,同样地,无产阶级也把哲学当作自己的精神武器"。所以,这一哲学是当作无产阶级斗争的精神武器,在无产阶级阶级斗争中,由马克思所创造所锻炼出来的,它为着无产阶级,并专属于无产阶级。它是一种既具有实践性又具有阶级性的科学。倘若有人把辩证唯物论单纯地当成一门书本上的学问,那便是根本不懂得无产阶级哲学的物质基础,因而也就永远不会明白辩证唯物论是战斗的唯物论;同样,倘若有人没有站在无产阶级的立场,单是主观地企图盗用无产阶级的武器,那也就是永远做不到的事情。

1947 年,在解放战争期中,毛泽东同志在中共中央会议上发表的《目前形势和我们的任务》的报告里,在指出人民解放军所以打败蒋匪帮的主要方法之后,接着说:"蒋介石匪帮和美国帝国主义的在华军事人员,熟知我们的这些军事方法。……但是所有这些努力,都不能挽救蒋介石匪帮的失败。这是因为我们的战略战术是建立在人民战争这个基础上的,任何反人民的军队都不能利用我们的战略战术。"毛泽东同志这样的论述,正是论证着无产阶级的军略思想有着高度的实践性和阶级性,其他阶级是不能盗用的。

《实践论》正是这种军略思想的哲学基础,因而《实践论》也就必然是无产阶级的实践的哲学。

二、《实践论》——论证了实践是真理的唯一标准

认识是否是真理,要拿什么标准来鉴定呢? 这鉴定的标准,只是实践。毛泽东同志在《实践论》里,特别强调了这一点。早年马克思指出过:"关于离开实践的思维是否具有现实性的争论,是一个纯粹**经院哲学**的问题。"企图在实践以外,提出"人的思维是否具有客观的真理性"这一问题,乃是经院哲学,那是资产阶级御用学者的工作,我们不但要鄙弃它,而且要打击它,斗争它。读过了毛泽东同志的《实践论》,便可以透彻地了解,只有实践才能证明认识的真理,纠正认识的错误。列宁曾不断地指出过:"人的和人类的实践是认识的客观性的验证、准绳",只有"实践才提供着真理的客观标准"。斯大林也指出过:"科学所以叫做科学,就是很仔细地倾听实践的呼声;所以,辩证唯物论的认识论把实践提到第一的地位。"

毛泽东同志在领导中国人民的革命斗争中,用马克思列宁主义的普遍真理,结合中国革命的具体实践,认识了中国由半封建半殖民地社会进入社会主义社会,必须经历新民主主义的阶段。这一认识的真理性,已由中国人民革命的胜利和新中国建设的成就所完全证明了。又如毛泽东同志在领导反帝的斗争中,分析国际间的情势,估计中国人民和世界人民的巨大力量,认识美帝国主义内部各方面的矛盾,就断定美帝国主义是一个纸老虎。这一认识的真理性,也由中国志愿军与朝鲜人民军在朝鲜粉碎美帝国主义侵略军的战争中,完全证明了。所以实践所证明为真理的那种认识,又反过来能够指导实践,在这里也得到了说明。

为什么只有实践才是认识的真理性的唯一标准,除此以外再没有别的标

准呢？这有两个理由：第一，认识从实践发生，为实践服务，是实践的一个因素。我们做某种工作，遇到困难，发生了问题，于是就想办法，认识这困难的症结所在，就依照这一认识的指示去做，困难果然克服了。这一认识便是真理了。我们开始荆江分洪工程时，困难重重，但我们运用科学的知识，定出克服这些困难的方法，照着去做，这伟大的荆江分洪工程便胜利地完成了。这分洪工程的完工，是我们人民实践的产物，而我们对于这工程所运用的知识（认识），就体现于这工程之中。这表示着知识是实践的成分，并与实践相统一。第二，认识离开实践，就失去其社会的意义。认识是意识的活动，是社会生活的一部分。假使人们物质的生产的实践，一经停止，社会生活就跟着停止，意识的活动也失其存在了。所以，真理的标准，只是实践。

马克思说："劳动过程结束时得到的结果，在这个过程开始时就已经在劳动者的表象中存在着，即已经观念地存在着。他不仅使自然物发生形式变化，同时他还在自然物中实现自己的目的，这个目的是他所知道的，是作为规律决定着他的活动的方式和方法的，他必须使他的意志服从这个目的。"这即是说，人要制造某种东西，就必须对操作的对象与工具有充分的研究，预先在头脑中拟好图案，然后按照去实现它。所以，我们要从事于物质的生产，或进行阶级斗争，或做科学的实验，必先就各种客观条件，做详细的研究，有了明确的认识，然后照着去做，以期达到思想中所预想的结果。只有这样，我们的认识才会发生力量，才能指导实践，增加我们胜利的信心和勇气。

但是，人们的认识常有因为不能正确地反映外界事物的规律性，以致引起实践上的失败，不能达到预想的结果。譬如罢工斗争、军队作战、民族革命都不能取得胜利，是什么原因呢？这只是因为人们的认识没有按照外界过程的实况去反映这些过程的规律性，所以在实践活动中都不能达到预想的结果。人们要想在工作中达到预想的结果，必先正确地认识外界的规律性，然后适应于这种规律性去工作，才能胜利地成功，否则便招致失败。但"失败者成功之母"，中国人民革命的战争，曾经历了大小若干次的胜利与失败，而由于人民领袖毛泽东同志能够吸取这些次胜利与失败的经验，逐步认识了这一革命战争的发展规律，创造了适应于这规律的战术与战略，终于取得最后的胜利。

　　还有,为真理之标准的实践,完全是客观的。我们依据对于某一自然物的认识去改造它的时候,若能达到预想的结果,这认识便是真理,反之便是谬误。真理与谬误,由实践来鉴定,完全是客观的,绝不杂有主观的成分。

　　总之,真理的标准只能是实践,此外别无标准。毛泽东同志的《实践论》,正是极其精辟地论证了这一点。

三、《实践论》——发展了的马克思列宁主义的认识论

　　列宁说过:"从生动的直观到抽象的思维,并从抽象的思维到实践,这是认识真理、认识客观实在的辩证的途径。"《实践论》发展了列宁这一原理,把由感觉(直觉)到思维和由思维到实践这两个过程,分别做了透辟的说明。在由感觉到思维这一认识发展过程中,指出感觉是认识的低级阶段,思维是认识的高级阶段;前者是感性认识,后者是论理认识或理性认识。在前一阶段,只看到事物的现象、外部联系;在后一阶段,却能认识事物的本质、内部联系。只有从感性认识进到理性认识,人们才能发现事物的规律性,引出论理的结论。但这两个认识阶段,并不互相独立,互相隔绝;两者的差别,只是相对的,不是绝对的;两者互为条件,互相渗透。所以说,"理性认识依赖于感性认识,感性认识有待于发展到理性认识,这就是辩证唯物论的认识论"。哲学上的唯理论和经验论,不懂得感性认识与理性认识的辩证法的联系,把两者割裂开来,各执一偏之见。唯理论只承认理性的实在性,所以它流于主观主义;经验论只承认经验(感觉的重复)的实在性,所以它流于庸俗事务主义。

　　毛泽东同志指示我们"从实际出发","从客观存在的事实出发","从客观真实情况出发",就是从感性认识的材料出发。革命工作者担任某一任务时,必先调查"周围环境"以及和这一任务有关的一切条件,搜集有关的一切材料,吸取群众的经验,详细调查各阶层的生活及其相互关系,即"详细地占有材料",作为"了解情况"的根据。于是我们来了解这些材料,进入思维过程,运用思考能力,就所有材料,"加以去粗取精、去伪存真、由此及彼、由表及里

的改造制作功夫"，"找出周围事变的内部联系，作为我们行动的向导"。这便是由感性认识到理性认识的过程。

1925—1927年大革命时期，毛泽东同志主持农民运动工作，认识到农民问题是中国革命的基础，而广大农民群众是工人阶级的同盟军，他早已建立了革命政权以工人阶级为领导以工农联盟为基础的理论。他于1927年1月至2月，就湘潭、湘乡、衡山、醴陵、长沙5个典型县农运情况，做了系统周密的调查，分析了农民各阶层的生活情况及其相互关系，认定农民有莫大的力量，能"冲决一切束缚他们的罗网，朝着解放的路上迅跑"；而没有贫农便没有革命。所以，依靠并发动贫雇农，团结中农，中立富农，消灭地主阶级的反封建主义的革命理论，早在那时候树立了。

《实践论》分析了由感觉到思维的认识过程以后，接着分析由思维到实践的认识过程，即由理论到实践的过程。关于革命具体环境所得的理性的认识，即是革命理论。这种理论只有在革命的实践中得到了证明，才是真理。所以，毛泽东同志说："真正的理论在世界上只有一种，就是从客观实际抽出来又在客观实际中得到了证明的理论。"在这里，《实践论》发展了马克思所说的"哲学家们只是用不同的方式**解释**世界，而问题在于**改变**世界"的这一原理，主张我们的认识不仅以暴露客观的规律性为满足，而十分重要的问题是"在于拿了这种对于客观规律性的认识去能动地改造世界"。接着，《实践论》更进一步发展了列宁"没有革命的理论，就不会有革命的运动"的学说，发挥了理论对于实践的重要性，进而说明理论与实践的统一的问题。理论由实践发生，仍需回到实践中，由实践来证明。由实践证明的理论，才能组织实践，推动实践。所以理论与实践两者形成统一，其统一的基础是实践。

此外，毛泽东同志对于相对真理与绝对真理的关系问题，也做了精辟的论述。从他的论述里，我们可以知道：客观世界是可以完全认识的，这是客观的真理。世界既然可以完全认识，人类就能达到于绝对真理。但客观世界，我们不能一次地、完全地、无条件地认识它，而只能近似地、有条件地、逐渐地去认识它，即只能是相对真理的认识。随着社会实践的世代绵延的发展，人类一步又一步地认识世界的新方面，即由低向高地到达于各阶段的相对真理的认识，这各阶段的相对真理，汇成为"绝对真理的长河"，而绝对真理成为相对真理的总计。

人类社会都要到达于共产主义——这是马克思在百年前认识人类社会所得到的结论。这一结论是客观的绝对的真理。由于全世界劳动人民的努力，已经逐步接近于这一绝对真理了。世界劳动人民在改造世界的斗争中，一面改造世界，一面又改造自己的本性，"改造主观世界同客观世界的关系"，"世界到了全人类都自觉地改造自己和改造世界的时候，那就是世界的共产主义时代"。

四、《实践论》——革命行动的指针

《实践论》在最后对我们特别指出思想与实践的统一联系的问题，本来人类的认识，常是适应于客观世界的变化发展而变化发展的。在特定的历史时期，基于当时革命的具体形势的正确认识而拟订的策略、计划、方案等，在当时革命具体形势没有显著变化时，只要是具备了适当的条件，是可以达到预想的目的的。但到革命的具体形势已经发生了显著的变化时，那就必须分析当前的形势，来决定新的任务，因而从前的策略、计划、方案就必须加以改正，才能达到预想的新结果。

革命的形势是不断发展的。毛泽东同志最善于应用辩证唯物论的武器，对于新鲜事物有敏锐的感觉，不断地从分析新的形势中"找出方针，制定政策，拿出办法来"。中国革命的胜利，正是说明着这一事实。

我们知道：马克思列宁主义的理论，是解决一切问题的钥匙，而作为马克思列宁主义与中国革命实际相结合的毛泽东思想的一个基础——《实践论》，自然就是指导中国革命行动与建设新中国的总方针。在现在，中国人民正面临着一个新兴的时代，一切都随着时代的发展而滋长着。新时代必然带来新事物，因而也就必然产生着新问题。我们为要向前看，为要使主观不落后于客观，为要使思想不落后于实际，为要使思想与实践相结合，那就必然要勇于正确认识新事物，善于解决新问题，不能让认识落后于形势的发展而开倒车，不自觉地堕落为顽固派。毛泽东同志的《实践论》，正是批判了这一点，指示给我们奋斗的方向。

在另一方面,毛泽东同志又批判了"左"倾冒险主义。这是主观认识超过于客观实践的发展。这和上边所指出的错误,虽然是由不同的两极出发,但在本质上,都同样是唯心的,都不合乎《实践论》。像这样的两种错误,必须加以纠正。毛泽东同志告诉我们:"我们的结论是主观和客观、理论和实践、知和行的具体历史的统一,反对一切离开具体历史的'左'的或右的错误思想。"

"客观现实世界的变化运动永远没有完结,人们在实践中对于真理的认识也就永远没有完结。"——这是《实践论》在最后给我们最大的启发和鼓励。当前的国际间的和国内的形势,也确切地说明了这一点。在 1950 年,中国人民刚一展开抗美援朝的运动的时候,美帝国主义是猖狂得很的,而今天的形势大不相同了。在 1950 年 3、4 月间,国内的经济情况尚未基本好转,而今天可以开展大规模经济建设了。我们面对着这些新形势、新事物、新发展,那就必然要在实践中把认识不断地提高。因为社会的发展到了今天的时代,正确地认识世界与改造世界的责任,已经历史地落在我们的身上。

在现在,在毛泽东同志领导下的新中国,一切都在飞跃地前进着。这时倘若我们不能掌握《实践论》中所指出的革命原理,对新鲜事物缺乏感觉,或让"胜利冲昏头脑",那便必然会犯右倾机会主义或"左"翼空谈主义的错误。这两种错误都是在认识过程中把认识和实践相分裂,其结果对革命是有害的。在领导生产中,不去有系统地总结和推广先进经验,而拘守着习惯了的陈旧的技术标准;在教学工作中,只啃书本不顾时事;那都是不对的,那都是从主观主义出发,那都是违背了《实践论》。所以说,我们为要保持认识与实践经常一致,少犯错误,那就必须透彻地领会《实践论》中的革命原理,掌握《实践论》中的革命原理。

苏联《真理报》郑重指出:毛泽东同志这一著作,是"发展了马克思列宁主义关于辩证唯物论的认识的基本原理,关于实践在认识过程中的作用的基本原理和关于革命理论在实际革命斗争中的意义的基本原理"。我们非常同意这样的指出。的确,《实践论》是一个极其富有指导意义的革命文献,它是毛泽东同志长期革命经验的科学总结,在这里综合了马克思列宁主义哲学的基本理论与中国革命指导原理,在今天中国人民抗美援朝保家卫国的伟大爱国主义运动当中,在全国人民积极从事生产建设和通过自我教育要求改造声中,《实践论》的发表是值得我们欢迎的,我们应当把它当作一个革命行动的指针来学习,应当认真地当作一个任务来学习。

（原载 1978 年 4 月生活·读书·新知三联书店出版的《〈实践论〉解说》,署名李达）

怎样学习《实践论》？[*]

（1951.6）

一、为什么要学习《实践论》？

毛泽东思想，是全国人民的革命与建设的指导思想，是全国人民所服膺与学习的对象。我们要很好地学习毛泽东思想，必须学习《实践论》。《实践论》是毛泽东思想的一个基础，是科学的思想方法与工作方法的总结。我们学习《实践论》，就是要领会毛泽东思想的实质、立场、观点与方法，用以深刻地认识中国革命与建设的实际问题，找出它的发展规律，作为实践的指导。

在我们新中国，当前有两大基本任务，要全国人民担当起来。第一是巩固人民民主专政，保卫祖国安全与世界和平；第二是努力进行建设，包括经济建设、国防建设、政治建设、文化建设等。要完成这两大基本任务，这就要求全国人民站稳立场，大家把意志统一起来，集中起来，提高自己的政策思想水平，随时随地认识国内外的环境及周围事物的变化，好好掌握政策，照政策办事。这就必须学习《实践论》。

自从我们新国家成立后，全国人民在全国范围内和全体规模上，用民主方法，来改造自己，成为新人。成千成万的工作干部和青年，都学习了《共同纲领》、《新民主主义论》、社会发展史、政治经济学和时事政策。毋庸讳言，有许

---

[*] 本文最初发表于 1951 年 6 月 5 日、19 日湖南大学校报《人民湖大》第 59、61 期，亦发表于《新建设》1951 年第 4 卷第 4 期，文章第三部分"《实践论》学习提纲"曾发表于 1951 年 8 月 14 日湖南大学校报《人民湖大》第 67 期。1951 年 7 月，生活・读书・新知三联书店将本文收入作者所著的《〈实践论〉解说》一书中出版。1978 年 4 月，生活・读书・新知三联书店在该书第 6 版中对包括本文在内的全书文字作了一些必要的删节，对有关引文作了校订。——编者注

多人的政治学习是有缺点的。最严重的缺点,是政治学习不曾改变他们自己的思想。有的思想虽然改变了,而对于实际问题的看法,却感到茫然。例如,关于电影《武训传》,曾有好些人称赞与歌颂,他们大都在读了批判武训的文章后,才明白武训这种彻头彻尾为反动统治者服务、被反动统治阶级所嘉奖的人,是不值得我们称赞和歌颂的。历史上的人物值得我们人民称赞和歌颂的,必须是反抗压迫阶级的革命领袖、保卫祖国的民族英雄,以及人民的科学家、文学家、艺术家和思想家;像武训那样的人,在今天应当是在劳动中被改造的人;他是社会的寄生虫,并不是"劳动人民";他是封建文化的狂热宣传者,并不曾为人民及其文化服务。电影《武训传》的作者,把武训其人其事捏造一番,歌颂为"大哉武训,至勇至仁",称赞他的"勤劳勇敢的、典型的中华民族的崇高品质",说"要学习他全心全意为人民服务的忘我精神",说"让我们把武训做榜样";此外还有人说"武训这个名字应该说是中国历史上伟大的劳动人民企图使本阶级从文化上翻身的一面旗帜"。像这样的称赞和歌颂,是不能承认或容忍的;否则"就是承认或者容忍污蔑农民革命斗争,污蔑中国历史,污蔑中国民族的反动宣传为正当的宣传"①。又如抗美援朝运动开始的时候,一般人对于崇美、亲美思想虽已相当克服,但有些人总觉得美国比中国强,物质文明好,仇美抗美的情绪高涨不起来,这也是政治学习未能联系自己思想实际的表现。为要克服这种缺点,就必须学习马克思列宁主义的认识论,即学习《实践论》,用《实践论》把自己头脑武装起来,提高对实际的认识,改造主观世界(自己头脑)和客观世界。

几百万参加革命建设工作的干部,在毛主席和共产党的领导下,在革命建设的实际斗争中,已经表现出空前伟大的成绩。然而,却不能说每个人都正确地领会了毛泽东思想。在我们干部中,有些犯了官僚主义的偏向,自己坐在办公室里订计划、制表格,以此为满足,而不深入群众,不去检查。有些人犯事务主义的毛病,对主管工作掌握不住中心,东抓一把西抓一把,整天忙忙碌碌,可说是辛辛苦苦的官僚主义。还有些人犯"左"倾急性病,也有些人犯右倾慢性病。无论哪种错误,对革命工作都会发生或大或小的损失;这些错误的根源,

---

① 《人民日报》社论:《应当重视电影〈武训传〉的讨论》。

基本上是主观主义。主观主义表现为两种：一种是教条主义，一种是经验主义。老干部容易犯经验主义的毛病，即不问时间、地点和条件，硬性套用自己的片面经验；新干部容易犯教条主义的毛病，只知死啃教条，满足于文字上的理解，不联系实际，不联系政策。为要克服这些错误，减少工作上的损失，就必须学习马克思列宁主义，学习毛主席的《实践论》，来提高理论水平，研究如何预防和医治教条主义和经验主义的毛病。大家都要学习，才能懂得正确的思想方法和工作方法。

科学、哲学和文艺工作者，也要学习《实践论》。在这伟大的新时代中，科学、文艺、哲学工作者，都能发挥了积极性和创造性；但部分地还存在着缺点。有些自然科学工作者，对发展工业、农业和国防建设不重视；有的则为科学而科学，为研究而研究。学社会科学的，有的思想落后于实际，不能用历史唯物论的观点，去认识和解释经济、政治、法律、文化、历史等问题；研究政治学的，还留恋于资产阶级的"民主"；研究法律的，还不能完全肃清旧法观点。根据《共同纲领》，自然科学工作者必须努力发展自然科学，以服务于祖国建设；社会科学工作者必须用历史唯物论观点，研究和解释历史、经济、政治、文化及国际事务。因此，不论自然科学工作者或社会科学工作者，都必须学习《实践论》，用马克思列宁主义的观点方法，去认真研究中国经济、政治、文化各方面的问题，创造出理论。这样创造出来的理论，才能与实际联系，才能为建设服务。

说到文艺工作者，有些作家的作品，还是用各种方式，掩饰其生活上的空虚；所描写的人物是虚构的、臆测的，因为他们没有深入工农群众中去体会生活，而是关在书房里写工农作品，自然创作不出好的东西，这是犯了公式化和教条主义的毛病。另外，还有些人仅是到工厂去看看，便自以为有了经验，便以此代替理论学习，而把这片面的经验夸大起来，这又是犯了经验主义的偏向。为要克服这些毛病，文艺工作者必须学习《实践论》，把《实践论》作为学习和工作的最高标准，从而能够更好地以实践为基础，创造出真正的人民的文学来。

最后，说到哲学工作者，也有不少缺点：对辩证唯物论的宣传不够，对资产阶级的烦琐哲学及各种反动学派没有做革命的批判的斗争；不能把这伟大时代丰富的革命经验用科学方法总结起来,去指导革命实践。我们必须避免空谈,好好学习《实践论》,用科学方法去考查革命建设中的重大问题。从感性认识提高到理性认识,对一切流派的唯心论做无情的斗争。

　　总之,如果我们能够深入地钻研《实践论》,把它的观点和方法,正确地运用到各方面去,新中国的学术界必能开辟新的一页。

二、怎样学习《实践论》?

　　《实践论》是论证理论与实践的统一的学说,它发展了马克思列宁主义的认识论;应用马克思列宁主义的理论,结合中国革命的具体实践,综合中国人民长期革命斗争的经验,对教条主义、经验主义、"左"右倾机会主义做坚决斗争,开辟了革命真理的斗争道路,把马克思列宁主义做了精辟的分析和光辉的补充。

　　《实践论》写于 1937 年,毛主席曾以这篇论文的观点在延安的抗日军事政治大学做过讲演。当时,离中国共产党的诞生有 16 年之久,毛主席总结了16 年的革命斗争经验,写出了《实践论》。共产党在 1921 年成立时,大家对马克思列宁主义还懂得少,还不能把马克思列宁主义的真理与中国革命的具体实践联系起来,因此犯了许多错误。譬如 1924—1927 年,共产党与国民党建立联合战线,为什么一个无产阶级的党要同资产阶级的党合作呢? 陈独秀不明白这个道理,他以为资产阶级革命应该由资产阶级来领导,无产阶级在革命成功时不过得着一些自由与权力;因而在同国民党的联合中,放弃了领导权,使革命遭受了不必要的损失,这是右倾机会主义的错误。那时,两湖有组织的农民达几千万人,他们迫切要求解放,毛主席到湖南调查了情况,主张放手发动农民群众,依靠贫农,在农村中建立农民政权和农民武装,把革命推向前进。但是由于当时的党是在陈独秀派领导下,仅于 1927 年在武汉开了个座谈会,请一个印度专家同国民党人研究,毫无结果;而对毛主席的正确主张则采取了压制手段,因而没有能够挽救当时的革命。到 1931—1934 年,"左"倾冒险主义在党内得了势,毛主席的意见不被采纳,以致造成了第五次反"围剿"的不利;当时,如果按照毛主席的意见办事,是不会这样的。毛泽东思想是在长期革命斗争中锻炼出来的,它是百战百胜的革命理论。

在 1937 年写了《实践论》,就是要提高党的理论水平,使党员能够运用马克思列宁主义的真理同中国革命的具体实践结合起来;而《实践论》本身,也正是在反教条主义经验主义,反"左"右倾机会主义的两条战线的斗争中锻炼出来的。

1950 年 12 月 19 日《实践论》又重新发表,其意义是非常重大的:因为现在是翻天覆地的时代,是历史的伟大转变时期,在这种情势之下,必须把我们全国人民的意志思想统一起来、集中起来,认清发展前途,才能胜利地建设社会主义;这也就是说,必须把毛泽东思想作为全国人民统一的意志,用马克思列宁主义的哲学,把头脑武装起来。这一次发表《实践论》,虽然距离第一次有 14 年之久,然而,它是一种具有永久性的真理;所以,现在全国人民必须用它来武装头脑,来搞好建设工作。

我们要怎样才能学好《实践论》呢? 我以为应当采取下列的方法:

第一,要端正学习的态度。我们学习《实践论》,首先要站稳工人阶级和革命人民的立场。《实践论》特别强调辩证唯物论的显著特点之一,是它的阶级性;它是为工人阶级与革命人民服务的,它是工人阶级与革命人民的实践的哲学。在阶级社会中,一切学说、文艺和哲学,都不能不贯穿着阶级性,即"各种思想无不打上阶级的烙印"。我们学习《实践论》,为要坚决站在工人阶级和革命人民的立场,就必须克服客观主义的态度。客观主义,是资产阶级哲学的一种倾向,一种虚伪的隐蔽的表现方法。资产阶级企图把本阶级的思想散布于工人阶级之中,来毒害、欺骗与分裂工农大众;他们否认理论的阶级性,宣布自己的理论是超阶级超党派的,是对于全世界人类都适用的。这样的客观主义,是歪曲现实的,是资产阶级理论的伪装。有些人受了客观主义思想的影响,当认识问题、分析问题时,不从工人阶级和革命人民的立场出发,自以为是超阶级、超党派的,完全以第三者或旁观者的姿态出现。他们还抱着做客思想或纯技术观点,对于空前未有的革命建设的新局面,他们熟视无睹,漠不关心,或者姑且站在旁边观望观望;他们对于抗美援朝运动、爱国主义生产竞赛、民主建政等一连串轰轰烈烈的运动,不感兴趣,或者把这些当作戏剧来看,这是客观主义的十足表现。我们要想学好《实践论》,必须反对客观主义的态度,坚决站在工人阶级和革命人民的立场,才能正确地认识客观世界,改造客观世界。

第二,要在实践中去学习。《实践论》强调辩证唯物论的另一显著的特点,是它的实践性。它强调"理论对于实践的依赖关系,理论的基础是实践,又转过来为实践服务"。知识从实践发生,并随实践的发展而发展;在实践中求得的知识,是为了用那些知识在实践中得到证明,并拿来指导实践,发展实践。所以"你要有知识,你就得参加变革现实的实践。你要知道梨子的滋味,你就得变革梨子,亲口吃一吃。你要知道原子的组织同性质,你就得实行物理学和化学的实验,变革原子的情况。你要知道革命的理论和方法,你就得参加革命"。例如科学是科学家在实践中得到的知识,我们学习它,必须在科学的实验中去学习,并且为了变革客观现实的实践而学习。同样,《实践论》是毛主席在领导人民革命的斗争中,运用马克思列宁主义结合中国革命的具体实践所锻炼出来的理论。我们学习它,必须在革命建设的具体工作中去学习,并且为搞好革命建设的工作而学习。这即是说,我们是为实践而学习《实践论》,不是为学习而学习《实践论》。最近有个朋友问我:"《真理报》社论说毛主席的《实践论》发展了马克思列宁主义的认识论,这所谓发展究竟是什么意思?"我说:"《实践论》是毛主席运用马克思列宁主义认识论的根本原理,总结了中国人民革命的经验,解决了半封建半殖民地人民革命实践中所发生的矛盾和问题,克服了教条主义和经验主义、右倾机会主义和'左'翼冒险主义的偏向,并把辩证唯物论的认识论做了系统的严密的分析和独立的光辉的补充;所以说《实践论》发展了马克思列宁主义的认识论。"在这里,所谓发展,是意味着它的延长、继续和补充,而这种延长、继续和补充,又必定符合于实践。倘若有人不是这样理解,而专在《实践论》中寻章摘句,或者企图发现哪些是马克思列宁主义认识论中所没有的东西,那便是钻牛角尖式的学习方法,那显然是用形而上学的学习方法来学习《实践论》,是为学习而学习,不是为实践而学习。我们必须克服这种为学习而学习的钻牛角尖式的方法,坚持为实践而学习的方法。我们要从《实践论》学习认识运动的唯物辩证法,来理解新国家的革命与建设的各种具体问题,以便很有效地从事于革命建设工作的实践。

第三,从实际出发,了解情况,掌握政策。《共同纲领》是全国人民共同努力以求其实现的纲领。中央人民政府所发布的政策,都是根据《共同纲领》,从广阔的实际出发来制定的。一切参加革命与建设的工作者的第一任务,就是了解情况与掌握政策,使政策能够有效地顺利地转化为实际。了解情况是认识世界,掌握政策是改造世界。要掌握政策,必先了解情况;要了解情况,必须从实际出发。从实际出发,是一切工作者最基本的工作方法。从实际出发,就是从感性认识的材料出发。所谓实际,就是千百万群众的实践的具体情况。任何工作者,必须调查与自己工作部门有关的一切实际的材料,吸取群众的意见和经验,调查各阶层的生动的生活状况,即是说要"详细地占有材料";然后根据这些材料,依据辩证的方法,进行思考,引出论理的结论。毛主席说:"我们要从国内外省内外县内外区内外的实际情况出发,从其中引出其固有的而不是臆造的规律性,即找出周围事变的内部联系,作为我们行动的向导。而要这样做,就须不凭主观想象,不凭一时的热情,不凭死的书本,而凭客观存在的事实。详细地占有材料,在马克思列宁主义一般原理的指导下,从这些材料中引出正确的结论。"①这即是说,一切工作者当执行政策时,必须从实际出发,从感性认识发展到理性认识,才能"按照实际情况决定工作方针",才能把政策转化为实际。倘若"离开了当时当地的实际情况,主观地决定自己的工作方针",这就犯了教条主义的偏向,结果必招致失败。

第四,总结经验。"使经验带上条理性、综合性,上升为理论",这也是学习《实践论》的方法之一。任何工作者,不仅要熟悉本岗位的工作情况及其发展趋势,而且要了解其他有关部门的工作情况及发展趋势。在工作过程中,要不断地总结工作经验,上升为理论,即使它由感性认识发展到理性认识。特别是哲学工作者,要总结我国革命和世界劳动人民革命的经验,总结社会主义建设的经验,还要吸取科学上的新发明和成就,借以丰富辩证唯物论的内容。但是经验的总结,必须"将丰富的感觉材料加以去粗取精、去伪存真、由此及彼、由表及里的改造制作工夫,造成概念和理论的系统",要在那些经验之中,发现问题、分析问题、解决问题,指出贯穿于那些经验之中的规律,作为工作的指南。像这样的总结,才是科学的总结。如果总结经验而不应用《实践论》中所

---

① 《改造我们的学习》。

说的方法,而只是"甲乙丙丁,开中药铺","不提出问题,不分析问题,不解决问题,不表示赞成什么,反对什么,说来说去还是一个中药铺,没有什么真切的内容"①,像这样总结经验的方法是形式主义的方法,还不能脱离经验主义的偏向。

第五,坚持真理,修正错误。千百万群众的实践活动的实际情况,是变化的、发展的,有时发展得很快。我们的思想必须与实际保持一致,才能指导实际,使实践向前发展。《实践论》指示我们:根据对于某一阶段的某一具体过程的认识所构成的思想、理论、计划或方案,把它应用于同一过程的实践,若能实现预想的目的,这一认识便是真理。但在实践中如果由于客观条件的限制,发现了前所未料的情况,"原定的思想、理论、计划、方案,部分地或全部地不合于实际,部分错了或全部错了的事,都是有的。许多时候需反复失败过多次,才能纠正错误的认识,才能到达于和客观过程的规律性相符合,因而才能够变主观的东西为客观的东西,即在实践中得到预想的结果"。这便是说,修正错误,得到真理,再坚持下去。所以按照实际情况决定工作方针,是最基本的工作方法。如果犯了错误,遭遇失败,就要吸取失败的教训,研究错误发生的原因,从失败中学习,从错误中学习,不因失败而灰心,不被错误所吓倒;再认识当时当地的实际情况,改正错误,就能够变失败为胜利。

思想要与实际相一致,才能促进实际的发展。一切工作者,对于新鲜事物要有敏锐的感觉,随时针对实际情况,改进自己的工作方针。如果实际情况早已向前发展而自己的思想还停顿在旧阶段,工作方针还是老一套,必然引起工作的失败。这种右倾机会主义的偏向,必须防止。但是思想远远超过于实际,脱离了当前千百万群众的实践,就会犯"左"倾冒险主义的错误,也应极力避免。

毛主席教导我们,做工作要实事求是地深入调查研究,按照具体的时间、地点、条件解决问题。我们新国家的建设事业,突飞猛进,日新月异,而且,各省区的经济与文化的发展水平也不一样,所以今年拟定的工作方针,到明年必有所改进。对于某一政策的执行,在条件欠缺的地方,仍需创造条件,才好推

① 《反对党八股》。

行政策。一切决定于时间、地点与条件。工作者只有学习《实践论》所指示的思想与实际一致的方法，才能很好地完成任务。

第六，自学与集体学习相结合。我们学习《实践论》的目的，是在于提高马克思列宁主义与毛泽东思想的理论水平。《实践论》是以说明认识世界进而改造世界为任务的科学理论。我们学习它，是学习怎样认识世界以及怎样改造世界的方法，学习怎样改造主观世界以及怎样改造客观世界的方法。所以学习的第一步，是学习怎样认识世界，怎样改造主观世界，即怎样改造自己的认识能力。这改造主观世界即改造自己的认识能力的问题，即是学习《实践论》来改造自己思想的问题。学习《实践论》，我们能否采取工人阶级的立场、唯物的观点、辩证的方法去理解一切实际问题？这就要采用自学与集体学习相结合的方法，因而运用批评与自我批评的武器。毛主席说过，批评与自我批评的方法，"是推动大家坚持真理、修正错误的很好的方法，是人民国家内全体革命人民进行自我教育和自我改造的唯一正确的方法"。例如，极力称赞并歌颂过武训的人们，都宣称自己是站在人民的立场，用历史唯物论的观点，评价了历史上的人物；但实际上完全相反。他们把武训这个行乞兴学的乞丐，误认为劳动人民，其实武训的本质是脱离劳动关系的、社会的寄生虫；把武训兴办所谓义学的事实，误认为穷人的文化翻身，而不知所谓义学本质上是为宣传封建文化服务。他们对于武训的这种认识，显然是浮面的、不正确的认识。后来思想战线上展开了关于电影《武训传》的讨论。由于批评与自我批评，思想上的混乱澄清了。批评与自我批评，是新社会发展的原动力，也是全国人民在思想上团结进步的原动力。

第七，学习马、恩、列、斯和毛主席的著作，加强对《实践论》的理解。首先，我们学习《实践论》，还需做有系统的理解的钻研。上面说过，《实践论》是毛泽东思想的一个基础，是科学的思想方法与工作方法的总结。《实践论》的基本原理，贯穿于毛主席的一切著作之中。《实践论》的每一句每一段话的道理，都可以在毛主席的著作中找到说明。我们熟读毛主席的其他著作，就可以体会毛主席在指导革命的过程中，如何发现问题、分析问题、解决问题；如何适应革命形势的变化，提出新的任务和计划，来指导革命的实践；如何纠正"左"右倾的偏向，使革命进行顺利而不致遭受损失。所以熟读毛主席的其他一切著作,更能帮助我们理解《实践论》。

其次,我们还要学习马、恩、列、斯的著作,来帮助我们对于《实践论》的理解。马克思和恩格斯是辩证唯物论的创始人。他们首先把阶级性与实践性作为辩证唯物论的基本观点,使唯物论从自然领域扩张于历史领域,形成无产阶级革命实践的哲学,因而创成理论与实践之统一的马克思主义。列宁和斯大林,发展了马克思主义,创造了帝国主义与无产阶级世界革命时代的马克思主义——列宁主义,把这一时代革命斗争、理论斗争以及科学上的新成就,总结于辩证唯物论,使哲学发展到列宁的阶段。我们如能够多读马、恩、列、斯的著作,就会知道《实践论》发展了马克思列宁主义认识论这一句话的真理。

特别是斯大林的《辩证唯物主义与历史唯物主义》这一著作,我们更应当熟读。因为《实践论》是辩证唯物论的认识论,涉及辩证唯物论与历史唯物论的全部内容,如唯物论与唯心论的区别、辩证唯物论与机械唯物论的区别,以及唯物辩证法的几个基本观点,都应用在《实践论》之中。《实践论》彻底发展了辩证唯物主义与历史唯物主义的原理。我们要懂得辩证法,懂得唯物论,懂得《实践论》如何应用唯物辩证法于历史实际与革命实际,就必须学习斯大林的《辩证唯物主义与历史唯物主义》这一经典著作。

还有《联共(布)党史简明教程》,是一部最好的马克思列宁主义教科书。学习《联共(布)党史简明教程》,就知道它是如何总结十月革命前后革命的经验与建设的经验,以及在一定革命情势之下提出与之相符合的革命的任务等,这很能帮助我们深刻地理解《实践论》。最后,中国近百年革命史和新民主主义革命史,也要用心研究,才能懂得毛主席是如何总结中国革命的经验,进一步了解《实践论》。

三、《实践论》学习提纲

为了大家便于学习《实践论》,特拟定一个学习提纲。这个提纲,完全根据《实践论》原文的次序,依其重点而提出的。

其一,《实践论》首先指出辩证唯物论的认识论是以实践为基础的;认识依赖于社会实践,依赖于生产与阶级斗争。

（1）人的社会实践是劳动,是生产,是阶级斗争,是政治生活,是科学的艺术的活动等;但生产活动是最基本的实践活动。

（2）人的认识主要是依赖于物质的生产活动,并伴随于生产活动的发展而发展。

（3）在阶级社会中,从生产的实践产生出阶级斗争的实践;阶级斗争的,即革命的知识,是在生产与阶级斗争中发生并发展的。

（4）在阶级社会中,一切学说、文艺与哲学,都贯穿着阶级性。

其二,人们的社会实践是人们对于外界认识的真理性的标准。

（1）人的认识正确地反映了客观事物的规律性,即主观符合于客观,便是真理。

（2）认识之是否真理,只有社会的实践能够给以证明。

（3）真理的标准,只能是社会的实践,此外别无标准。思想合于客观外界的规律性,在实践中就能得到预想的结果;如果不合,就会在实践中失败。

（4）实践性和阶级性是辩证唯物论的认识论的两个特点;正因为有这两个特点,所以辩证唯物论才成为无产阶级革命实践的哲学。

其三,认识的过程,是一个总的过程,包括由实践到理论及由理论到实践的过程。

（1）由实践到理论的过程,是由感性认识到理性认识的过程。在这一过程中,感性认识是认识的初级阶段,理性认识是认识的高级阶段。

（2）在感性阶段,人们只能认识各个事物之片面的、现象的外部联系;到了理性阶段,人们才能认识各个事物之全体的、本质的内部联系。

（3）从感性认识到理性认识,是经过抽象思维的结果,是认识过程中的突变。

（4）感性认识与理性认识,形成辩证的统一。两者互为条件,互相补充,互相发展,互相丰富其内容,绝不是各自独立的认识阶段。理性认识依赖于感性认识,感性认识有待于发展到理性认识;理性认识以感性认识为前提,感性认识以理性认识为归结。

（5）理性认识即论理认识或理论,是实践经验之科学的总结。

（6）唯理论否认感性认识而重视理性认识,经验论忽视理性认识而重视感性认识——都是主观主义。

（7）教条主义与唯物论的唯理论相像,经验主义与唯物论的经验论相像。

（8）由理论到实践的过程——由理性认识到实践的过程,也是一个突变。

（9）认识从实践始;经过实践得到理论的认识,仍需再回到实践中去。

（10）理论是否符合于客观的规律性,要把它应用于实践,看它能否达到预想的目的。

革命理论是重要的,"没有革命的理论,就不会有革命的运动"。但理论之所以重要,正因为它能指导革命运动;单有理论而无运动,那种理论就没有意义。

（11）理论与实践是在实践基础上统一的,"理论若不和革命实践联系起来,就会变成无对象的理论;同样,实践若不以革命理论为指南,就会变成盲目的实践"。

教条主义者和经验主义者都割裂了理论与实践的统一。

其四,认识的相对性与绝对性的问题,即相对真理与绝对真理的问题。

（1）认识是运动的、发展的。认识的运动和发展,伴随于客观过程的运动和发展。

认识某一具体过程所构成的思想、理论、计划或方案,如在同一过程的实践中实现了预想的目的,这一认识运动算是完成了。

但一定的思想、理论、计划或方案,全无改变地实现出来的事是很少的。有时由于客观情况的变化,局部改变或全部改变的事是常有的。如果能够适应于客观情况的变化而修改其思想、理论、计划或方案,就能够达到预想的目的。

（2）思想必须联系实际。

客观实际的过程,从一个阶段发展到另一个阶段时,符合于前一阶段的思想、理论、计划或方案,必须适应于后一阶段而有所改变。不能无条件地适用于后一阶段;否则就会变成右倾机会主义。但思想、理论、计划或方案如果远远超过于客观实际情况,或把仅在将来有现实可能性的理想,勉强地放在现时来做,就会变成"左"倾冒险主义。

（3）世界是完全可以认识的,绝对真理是存在的。

(4)真理的相对性与绝对性的关系——无数相对的真理之总合,就是绝对的真理。

(5)真理是一个发展的过程。

其五,改造客观世界,改造主观世界。

(1)认识世界以改造世界,在今天是共产党、工人阶级与革命人民的历史使命。

(2)改造自己主观的世界——改造自己的认识能力,改造主观世界同客观世界的关系。

(3)改造自己主观世界,在人民内部,就是改造思想——肃清落后的乃至反人民的思想,建立起革命的战斗的全心全意为人民服务的人生观。

(4)被改造的客观世界中,包括了一切反对改造的人们。他们的被改造,需要通过强迫的阶段——坚决镇压与劳动改造。

(5)世界改造与思想改造是一个长期过程。

(6)《实践论》是知行关系的唯物辩证法。

(原载 1978 年 4 月生活·读书·新知三联书店出版的

《〈实践论〉解说》,署名李达)

关于《实践论解说》的几点修正

（1952.1）

《实践论解说》出版以后，读者同志们曾经给我提了一些意见，现在我把那些意见综合起来，加上我自己的体会，作如下几点修正。

一、第 1 页——

"实践论——毛泽东思想的哲学基础"，其中"哲学"两字删去，改为：

"实践论——毛泽东思想的基础"

二、第 23 页第 2 行，第 27 页第 10、13 行——

"科学"二字之上①，均加添"社会"二字。

三、第 30 页第 3 行起——

"自从传说中的燧人氏发明用火，伏羲氏发明畜牧，神农氏发明耕种，制造耒耜，嫘祖发明养蚕以后，"均删去。

同页第 7 行——

"在历史上的传说时代，"删去。

同页第 10 行——

"以后还发明太阳历，"删去。

同页末行——

"从传说中的夏代奚仲作马车以后，"删去。

第 31 页第 5 行——

"四千年前，祝融发明用炭，"删去。

四、第 34 页第 9 行——

---

① 原书为竖排版，"'科学'二字之上"即"'科学'二字之前"，下同。——编者注

"这样"二字,改为"他们所采取"。

五、第 132 页第 2—6 行,即

"譬如说,这绝对的总体的过程……而现在则只能从已经到达的阶段逐步地攀登上去。"全删。

六、第 148 页第 9 行起至第 153 页末行止,全部删去。因为这一段说明,只是我个人的私见,不能代表原著的意见。并且其中所引"知之匪艰,行之维艰"两句,是《书经》上的话,不是孔子说的。孔子不曾谈到知行难易问题。

七、第 157 页第 3 行——从"武训传中所描写的武训"起,至第 13 行"后来的北洋军阀和蒋介石也都嘉奖他。"止,全部删去。因为这一段话,是在《人民日报》发表《武训历史调查记》以前写的,主要地参考了伪造的武训传记,所以弄错了,现在改写如下:

根据《武训历史调查记》,武训出身于贫农家庭,幼年曾随母亲讨过饭,因而养成了不劳而食的游民习惯。成年以后,他在李变征家只做了一年的轻微劳动,就已经感到厌倦,觉得"不如讨饭随自己的好"。因此,他拒绝了哥哥和母亲的劝阻,决心干乞丐的勾当,叛离了自己的阶级。一个身强力壮的青年,"腰有案板那样粗",行乞时怕人笑骂不肯施舍,他便装疯卖傻,打起兴学的招牌,作为行乞的手段。从此,他做起了流氓头子,把耍流氓手段弄到的钱财,大放其高利贷,居然成了大地主。他 51 岁的那一年,已积蓄了一万多吊钱的财产,却全无兴学之意,只因为小地主郭芬捐了一块地基给他兴学,而恶霸杨树坊也同他谈起兴学之事,他不得已才和杨树坊合办那所崇贤义塾。这正是所谓"刘备招亲,弄假成真"。但他却因此得到了满清政府的嘉奖(后来北洋军阀和蒋介石匪帮也嘉奖了他),终于以地主而兼充了统治阶级的一名小卒。

八、第 165 页第 6 行、第 176 页第 9 行——

"科学"二字之上,均加添"社会"二字。

以上几点修正,请持有此书的同志们照着修改。此外,本书如还有欠妥当的地方,仍望同志们给提意见。

(载 1952 年《学习》第 2 期,署名李达)

《矛盾论》——革命行动和科学研究的指南

（1953.4）

一、《矛盾论》——革命行动的指南

《矛盾论》是论证事物的矛盾法则，即对立统一法则的学说，是马克思主义的辩证法，是共产党的宇宙观。这个宇宙观，具备了严谨的科学的客观性，共产党人的主观能动性及其对于历史实际和革命实际的党性。这个宇宙观在社会领域中扩张起来，就显示出工人阶级对于特定社会之社会主义改造的道路。

《矛盾论》教导我们去认识人类社会发展的普遍规律，认识特定社会发展的特殊规律，并且根据这一规律去决定革命斗争过程的总目标和总路线，拟定革命斗争的战略和战术，为实现社会主义、共产主义而奋勇前进。

《矛盾论》是马克思列宁主义的普遍真理和中国革命的具体实践相结合的范本，它总结了中国人民革命的经验，丰富并发展了马克思主义的辩证法。

《矛盾论》主要地说明着矛盾的普遍性和矛盾的特殊性之辩证的关系。它在分析事物的矛盾法则时，先"分析矛盾的普遍性的问题，然后再着重地分析矛盾的特殊性的问题，最后仍归到矛盾的普遍性的问题"。《矛盾论》指出，马克思、恩格斯、列宁、斯大林等大师们，应用事物的矛盾法则，分析了历史上各种敌对社会的阶级矛盾的特殊性、资本主义和帝国主义时代各国的各种阶级矛盾的特殊性，暴露了社会发展的规律，即旧东西死亡和新东西产生的规律、资本主义死亡和社会主义产生的规律，因而创造了世界无产阶级社会主义革命的理论。这就是马克思列宁主义的普遍真理。这个普遍真理已由十月社会主义革命和苏联社会主义建设所证明，"矛盾的普遍性已经被很多人所承认",但是要把马克思列宁主义的普遍真理,拿来和各国革命的具体实践结合起来,那就必须分析各国的阶级矛盾的特殊性,才能定出正确的革命斗争的路线、战略和战术。可是"关于矛盾的特殊性的问题,则还有很多的同志,特别是教条主义者,弄不清楚"。矛盾的普遍性寓于矛盾的特殊性之中。一方面,没有矛盾的特殊性就没有矛盾的普遍性;另一方面,矛盾的特殊性被包摄于矛盾的普遍性之中,也不能离开矛盾的普遍性。所以研究了矛盾的普遍性,必须着重地分析矛盾的特殊性。正是这个矛盾的特殊性之研究,是共产党人革命斗争的路线、战略和战术的依据。

列宁说:"所有民族都要走向社会主义,这是必然的,但所有民族不是完全相同地走向社会主义,每一个民族在某种民主形式上,在某种无产阶级专政的形式上,在社会生活各方面的社会主义改造的某种速度上,都有其特点。"①他又说:"共产主义者的任务和在任何时候一样,也就是要善于把共产主义总的和基本的原则,应用到本国各阶级和各政党相互关系的特殊情况上去,应用到本国走向共产主义的客观发展中的特殊情况上去,这种特殊情况在各国是互不相同的,我们应该善于研究,探索和猜度这种特殊情况。"②由此可见,中国社会的矛盾的特殊性之研究,对于中国共产主义的运动,该具有何等重大而深刻的意义。

斯大林同志在 1925—1927 年的时间,针对着中国社会的特殊情况,对于中国革命的性质、前途和步骤,对于中国革命的力量、武装斗争和农民运动等,给了很多宝贵的正确的指示③。

毛泽东同志遵循了列宁、斯大林的指示,应用矛盾法则,客观地、全面地、深刻而具体地分析了中国社会之经济的、政治的、文化的和民族的各种特殊情况,分析了各种复杂的具体的矛盾和矛盾各方面的特点,指出了各种矛盾在其总体上的特殊性,即中国社会全部的特殊情况。基于这样的分析和研究,毛泽东同志确认中国社会是半殖民地半封建的社会,暴露了这个社会发展的规律,是经由新民主主义社会到达于社会主义社会,并根据这个规律,奠定了中国革

---

① 列宁:《论对马克思主义的讽刺画与帝国主义的经济主义》,载《列宁全集》俄文第 4 版,第 23 卷,第 58 页;转引自罗森塔尔:《发展即对立的斗争》。

② 《列宁文选》两卷集,莫斯科外国文书籍出版局中文版,第 2 卷,第 753 页。

③ 《列宁、斯大林论中国》。

命的总目标和总路线，即"中国共产党领导的整个中国革命运动，是包括民主主义革命和社会主义革命两个阶段在内的全部革命运动；这是两个性质不同的革命过程，只有完成了前一个革命过程才有可能去完成后一个革命过程。……而一切共产主义者的最后目的，则是在于力争社会主义社会和共产主义社会的最后的完成"①。中国革命的动力，是工人阶级、农民阶级、小资产阶级和民族资产阶级；中国革命的对象是帝国主义、封建主义和官僚资本主义；中国革命的任务，主要地就是打击这三个敌人，就是对外实行推翻帝国主义压迫的民族革命和对内实行推翻封建地主压迫的民主革命，而这两个任务是密切联系着的，如果不推翻其一个，就不能推翻其另一个。因此，在新民主主义革命的过程中，必须解决两个主要矛盾——中华民族和帝国主义的矛盾、人民大众和封建制度的矛盾，而解决这两个主要矛盾的方法，是"一个有纪律的有马、恩、列、斯的理论武装的采取自我批评方法的联系人民群众的党。一个由这样的党领导的军队。一个由这样的党领导的各革命阶层各革命派别的统一战线"。② 以上这一切解决中国革命问题的方法，都是根据于中国社会的矛盾特殊性的分析而决定的。

由于中国社会的矛盾的特殊性，所以中国革命虽是世界无产阶级社会主义革命的一部分，但它和资本主义国家的无产阶级革命不同。因为前者是工人阶级领导的反外国帝国主义的革命，而后者是无产阶级反本国帝国主义的革命。列宁分析俄国革命的发展，认为无产阶级民主主义革命和社会主义革命是一根链条的两个环节。中国的民主主义革命和社会主义革命，当然也是一样，但中国的民主主义革命要经过相当的准备时期才能转变为社会主义革命，不像俄国 1917 年的二月革命和十月革命那样直接地联系着，并且这两个革命之间的转变也不会像十月革命那样采取爆炸的形式。无产阶级革命只解决一个主要矛盾，即它和资产阶级的矛盾，中国革命要解决两个主要矛盾，敌人众多而势力庞大，革命任务特别繁重。再如用武装夺取政权，用战争解决问题，是革命的中心任务和最高形式，这是马克思列宁主义的原则。但中国共产

① 《毛泽东选集》第二卷，第 622 页。
② 《论人民民主专政》，第 19 页。

党执行这个原则的条件,则和资本主义各国无产阶级政党不同。"中国的特点是:不是一个独立的民主的国家,而是一个半殖民地半封建的国家;在内部没有民主制度,而受封建制度压迫;在外部没有民族独立,而受帝国主义压迫。因此,无议会可以利用,无组织工人举行罢工的合法权利。在这里,共产党的任务,基本地不是经过长期合法斗争以进入起义和战争,也不是先占城市后取乡村,而是走相反的道路。"①所以中国革命的主要斗争形式是战争,主要组织形式是军队。"在中国,离开了武装斗争,就没有无产阶级和共产党的地位,就不能完成任何的革命任务。"②再就统一战线说,在俄国,主要的是无产阶级和劳动农民的联盟,在中国,则是无产阶级、农民阶级、小资产阶级和民族资产阶级的联合。在资本主义国家,资产阶级是无产阶级革命的对象,而在中国,无产阶级却联合民族资产阶级成立革命统一战线,这主要的是由于新民主主义革命是反帝国主义反封建主义的革命,是无产阶级所领导的资产阶级性的民主革命。民族资产阶级基本上还没有掌握过政权,在政治上和经济上却受着帝国主义和封建主义的压迫,他们虽然具有革命性和软弱性的两面性,但对于反帝反封建的革命却是能够参加的,所以它也能成为革命的动力之一。

　　毛泽东同志对于中国革命的性质、革命的对象、革命的任务、革命的动力、革命的前途以及解决两个主要矛盾的方法——这一切英明正确的决定,完全是根据于中国社会的性质即中国社会的特殊情况、特殊的复杂的矛盾的分析而来的。这完全是符合于列宁的指示的。列宁说:各国共产党人,"要去正确运用共产主义的基本原则……使这些原则在局部方面能有正确的形式上的变动,使这些原则能正确适应于民族的和民族国家的特殊情形"③。毛泽东同志解决中国革命问题的方法,正是这样做的。

　　矛盾的特殊性之研究,对于革命发展的过程中各个发展阶段上的战略和战术之决定和改变,也是非常重要的。战略是规定革命阶级在某一阶段上的主要打击方向,并准备主要的和次要的后备力量,达到战略上的目的。战术是革命阶级在革命来潮或退潮时期,适应于革命形势的变化而规定的短时期的

---

① 《毛泽东选集》第二卷,第 506 页。
② 《毛泽东选集》第二卷,第 508 页。
③ 《列宁文选》两卷集,第 2 卷,第 755 页。

行动路线,适时地变更斗争形式和组织形式,更换口号,以服务于战略。所以某一阶段的战略和战术的规定,必须审慎而周详地估计到客观形势和主观力量,具体地分析这一阶段上变化了的各种矛盾的特殊性和各种矛盾双方的特点,在这些矛盾的总体上认识这一阶段上的特殊情况,从其中找出一种起着领导的、决定作用的主要矛盾,来用全力解决它。革命阶级找出这个阶段上的主要矛盾,就可以规定主要打击方向,制订革命力量的相当布置计划,因而能够规定为战略服务的战术。所以说,"对于矛盾的各种不平衡情况的研究,对于主要的矛盾和非主要的矛盾,主要的矛盾方面和非主要的矛盾方面的研究,成为革命政党正确地决定其政治上和军事上的战略战术方针的重要方法之一,是一切共产党人都应当注意的"。

新民主主义革命的过程,直到中华人民共和国成立之时为止,经历了4个时期(或4个阶段),虽然整个过程的革命的总战略是"武装的革命反对武装的反革命",即用武装斗争来打击帝国主义和封建主义,但在各个时期中由于特别突出的主要矛盾之不同,革命战争的锋芒有时指向封建主义,有时则指向帝国主义。我们可以说,每一个时期中的革命战略的目的,是解决一个主要矛盾,即集中打击一个强大的敌人。在第一次国内革命战争时期,人民大众和代表封建势力并勾结帝国主义的北洋军阀政府之间的矛盾成为主要矛盾,工人阶级所领导的革命战争的锋芒,是指向北洋封建军阀政府。准备力量的计划是和国民党成立统一战线,发动广大的农民阶级并争取小资产阶级和民族资产阶级(这是毛泽东同志在《中国社会各阶级的分析》和《湖南农民运动考察报告》中所指出的,并且事情正是这样发生了的,只因当时陈独秀派机会主义领导集团见不到此)。至于北伐战争爆发以前,五四运动到"五卅"运动那一时期的一切组织和斗争,是为了准备战争的,在战争爆发以后的革命军后方一切组织和斗争是直接地配合战争的,北洋军阀区域内的一切组织和斗争,是间接地配合战争的。在第二次国内革命战争时期,人民大众和蒋介石匪帮的国民党政府之间的矛盾成为主要的矛盾,革命战争的锋芒是指向国民党政府,工人阶级与农民阶级结成联盟,并实行土地革命。红色区域内部的一切组织和斗争是直接地配合战争的,红色区域外部的一切组织斗争,是间接地配合战争的。在抗日战争时期,中华民族和日本帝国主义之间的矛盾成为主要矛盾,民族革命战争的锋芒,是指向日本帝国主义,打败它,变半殖民地半封建的中国为独立的人民共和国。准备力量的计划是争取千百万群众进入抗日民族统一战线。为了战略上的目的,甚至不惜和敌人即国民党(和美英买办集团)联合成立统一战线,但同时保持独立自主,实行又联合又斗争的策略,而在斗争中则采取"有理、有利、有节"的原则。这一时期抗日军后方和敌军占领地的一切组织和斗争,也同样是直接或间接地配合战争的。同样,在第三次国内革命战争时期,人民大众和蒋介石匪帮政府之间的矛盾成为主要矛盾,革命战争的锋芒是指向蒋介石匪帮,革命力量的配备是组成各革命阶级、各民主党派和各民主爱国分子的最广大的革命统一战线。解放区和待解放区的一切组织和斗争,都是直接或间接地配合战争的。

毛主席对于革命的战略和战术的规定,完全是从中国矛盾的特殊性的全面研究出发,而又符合于共产主义的总的基本原则的。他严密而周详地分析了变化中的阶级矛盾,估计到具体的革命情势,确定革命的战略和战术,随时改变斗争的方式。在革命高潮时期,勇敢地领导人民大众冲击革命的敌人;在革命低潮时期,就迅速收集革命的力量,在敌人进攻面前,组织有秩序的退却和防御。当人民大众和封建制度的矛盾占居主要地位时,则团结国内各革命阶级和有革命性的政党成立统一战线,对封建制度做斗争;当中华民族和帝国主义的矛盾占居主要地位时,则尽可能地联合一切可能联合的阶级和政党(甚至原来是敌对的),成立统一战线,对帝国主义做斗争。统一战线成立时,则争取革命领导权;统一战线破裂时,则紧紧依靠广大的人民群众,对反革命派实行坚决的斗争。党的一切战略和战术的决定,都依据于矛盾在一定的时间、地点和条件下的特殊性,依据于共产主义的基本原则和革命的利益。列宁说:"要想战胜更强大的敌人,只有用最大的努力,同时必须最精细地、最留心地、最谨慎地、最巧妙地一方面利用敌人间的任何'裂痕'(哪怕是最小的裂痕),利用各国资产阶级间以及本国资产阶级各集团或各派别间的任何利害冲突;另一方面利用各种机会(哪怕是极小的机会)以获得人数众多的同盟者,尽管是暂时的、动摇的、不稳定的、靠不住的、有条件的同盟者。"①毛主席

① 《列宁文选》两卷集,第2卷,第735页。

在抗日战争时期和国内战争时期,对于政治的军事的战略战术的决定,是完全符合于列宁的指示的。

应用共产主义的基本原则,分析个别国家的阶级矛盾的特殊性,找出解决那些矛盾的具体方法,决定到达于社会主义的过渡形式,这是完全正确的。但若片面地强调阶级矛盾的特殊性,离开共产主义的基本原则,那便是错误的。所以,分析了矛盾的特殊性问题以后,必须回到矛盾的普遍性问题。矛盾的普遍性存在于矛盾的特殊性之中,两者是密切地联结着的。个别国家的阶级矛盾,有其特殊性的一面,也有其普遍性的一面,两者互相联结着。一个国家的阶级矛盾和其他许多国家的阶级矛盾,各自具有其特殊性;同时又皆具有普遍性,两者也是互相联结着。这些特殊性和普遍性,都联结于共产主义的基本原则、联结于工人阶级的革命斗争的国际原则。例如:工人阶级的国际团结、反帝国主义的不妥协的斗争、工人阶级在革命群众中的领导权、共产党的领导作用、工人阶级专政或人民民主专政、保证特定社会之社会主义的改造。这些原则,都体现于苏联的社会主义和共产主义建设的经验之中。所以,苏联的经验具有国际的意义,学习并利用苏联的先进经验,才能理解阶级矛盾的特殊性和普遍性的联结。因而,各国共产党的革命斗争的战略和战术,一方面固然要注意本国的特殊情况,另一方面又要贯彻无产阶级国际主义的精神。

毛主席在《论人民民主专政》中说:"到现在为止,中国人民已经取得的主要的和基本的经验,就是这两件事:(一)在国内,唤起民众。这就是团结工人阶级,农民阶级,小资产阶级和民族资产阶级,在工人阶级领导之下,结成国内的统一战线,并由此发展到建立工人阶级领导的以工农联盟为基础的人民民主专政的国家;(二)在国外,联合世界上以平等待我之民族及各国人民,共同奋斗。这就是联合苏联、联合各新民主国家、联合其他各国的无产阶级及广大人民,结成国际的统一战线。"①国内的统一战线表现着矛盾的特殊性,国际的统一战线表现着矛盾的普遍性。两个战线的联结,表现着特殊性和普遍性的联结。正因为这两个统一战线的联结,所以中国的革命能够达到胜利和巩固胜利。

----

① 《论人民民主专政》,第7—8页。

　　由马克思列宁主义到毛泽东思想,是由一般到特殊,而毛泽东思想又补充、丰富和发展了马克思列宁主义。

　　《矛盾论》正是马克思列宁主义的普遍真理与中国革命的具体实践相结合的范本。

二、《矛盾论》——科学研究的指南

　　《矛盾论》不但是革命行动的指南,并且是科学研究的指南。

　　《矛盾论》是马克思主义的辩证法。它是科学的宇宙观,又是科学的方法。它是关于自然、社会和思维的运动和发展的最一般的法则的科学。这运动和发展的最一般的法则,就是对立统一法则,即矛盾法则。这个最一般的法则,是自然、社会和思维本身中所固有的法则,而由辩证法在理论上归纳出来的,所以,它对于自然的运动和发展,对于社会的运动和发展,对于思维的运动和发展都是一律有效的。

　　马克思主义的辩证法,是人类一切生产斗争知识和阶级斗争知识的概括与总结,即是"自然知识和社会知识的概括和总结"[①]。它以自然科学和社会科学所提供的资料为根据,以历史发展的经验和实践为根据,正确地反映了客观的辩证法。所以,它所处理的一般的原理、范畴和法则,是各种自然科学和社会科学所处理的特殊的原理、概念和法则的普遍化。而各种特殊的原理、概念和法则是一般的原理、范畴和法则在各个特殊现象中的具体表现。正因为辩证法是自然科学和社会科学的概括与总结,所以它必然能够成为个别科学的方法。个别的自然科学和社会科学,只有完全接受马克思主义辩证法的指导,才能得到处理自然现象和社会现象的正确的方法,才能积极地、创造性地解决科学的任务,并使知识和实践相结合。

　　依据《矛盾论》的指示,人的认识物质,就是认识物质的一定的运动形式,因而每一门科学所研究的物质的运动形式,必然是特殊的运动形式,而任一特

────────────

　　① 《毛泽东选集》第三卷,第838页。又文内引号中的话未附注的,均见《矛盾论》原文。又关于自然科学的部分,参考了孔恩:《科学是一种社会意识形态》,载《学习译丛》第四辑。

殊运动形式中必然包含着本身特殊的矛盾。科学的任务,就是要暴露所研究的特殊运动形式中的特殊的矛盾发展的法则。所以,"科学研究的区分,就是根据科学对象所具有的特殊的矛盾性。因此,对于某一现象的领域所特有的某一种矛盾的研究,就构成某一门科学的对象。例如,数学中的正数和负数,机械学中的作用和反作用,物理学中的阴电和阳电,化学中的化分和化合,社会科学中的生产力和生产关系、阶级和阶级的互相斗争……都是因为具有特殊的矛盾和特殊的本质,才构成了不同的科学研究的对象"。由此可见,个别的自然科学和社会科学,都各自研究其特殊运动形式中的特殊矛盾发展法则,即新东西发生和旧东西死亡的法则。马克思主义的辩证法之贯穿于各种自然科学和社会科学而成为科学研究的指导,这是非常明显的。

依据《矛盾论》的指示,个别科学研究其特殊对象的方法,首先要从实际出发,详细地占有材料,然后进行具体的分析,即分析材料中的具体的矛盾。单纯的事物只有一对矛盾,复杂的事物则有多对的矛盾。我们要分析事物全过程中的各种矛盾和矛盾的各方面,并从其中找出一对根本矛盾,追求这根本矛盾在全过程中的自始至终的运动,追求它在全过程的某一发展阶段上的变化以及其他许多矛盾在这一阶段上的消长情况,并分析那些矛盾的各个方面。特别重要的是找寻各个发展阶段上的主要矛盾,即能够规定或影响其他矛盾的存在和发展的主要矛盾,并且还要分析这主要矛盾的两个方面及其互相转化的必然性。因为只要能够解决这个主要矛盾,其他许多矛盾都可以随同解决;并且这主要矛盾的主要方面是决定事物的性质的东西。主要矛盾的新生的一方面如果取得支配地位,事物的性质便由新生的一方面所规定,而旧事物就转变为新事物。新事物发生以后,就开始新的矛盾的发展过程。这样的分析过程,同时伴随着综合过程。我们要了解全过程中的矛盾在其总体上的特殊性,要了解各发展阶段的矛盾在其总体上的特殊性,要了解新东西发生和旧东西灭亡的必然性,必须是一面进行分析,一面进行综合。用一句话说,在关于对象的认识过程的各个阶段上;同时分析地综合地起作用。这分析与综合的统一过程,即是由感性认识到理性认识的过程。

依据《矛盾论》的指示,分析与综合的统一过程,必须结合归纳与演绎的统一过程。归纳即是"由特殊到一般",演绎即是"由一般到特殊"。由特殊到一般和由一般到特殊这两个过程是互相联结的,即归纳与演绎是统一的。而归纳与演绎的统一,又隶属于分析与综合的统一。归纳是人们把所认识的许多事物的特殊的本质概括起来,认识诸种事物的共同的本质。这是由特殊到一般的过程。人们根据所已经认识的这种共同的本质,进行研究那些尚未研究或者尚未深入地研究过的各种具体事物,找出其特殊的本质,就可以补充、丰富和发展这种共同的本质的认识。这是由一般到特殊的过程。但我们当要概括所已经认识的许多事物的特殊的本质,而归纳出诸种事物的共同的本质时,如果不先进行具体的分析,那样的归纳必然是粗枝大叶,流于肤浅,也绝不能认识诸种事物的共同的本质。同样,当我们要根据那种共同的本质的认识去演绎到新的事物时,如果对于那个新事物不进行具体的分析,那样的演绎就会抓不住新事物的本质,而变为独断。所以,归纳与演绎必须隶属具体的分析。分析是与综合相结合的,因而归纳与演绎就成为综合的因素。

由于与具体的分析相结合,归纳与演绎的每一次循环,"都可能使人类的认识提高一步,使人类的认识不断地深化"。科学是不断地通过克服某种科学原理与新冒出来的具体事物之间的矛盾而发展的。正因为旧原理与新事物之间有矛盾,科学便为了克服这类矛盾,展开了新东西与旧东西之间的斗争。于是一切不符合于新的客观实际的东西则被抛弃,而符合于新的客观实际的东西则被保存和发展。所以,科学本身的发展,也是遵从着矛盾法则的。

我们的科学工作者,正在响应着毛主席的号召,都在努力学习着苏联的先进的科学和技术,这是科学界的新气象。但是,苏联的科学和技术何以能够成为先进的而站在世界科学界的最高峰? 我们必须弄明白这一点,然后才能好好地学习它。

苏联的科学和技术所以能够成为先进的,是由于社会主义使得科学从资本的奴役状态中解放出来,而苏联的科学家又能够剔除资产阶级学者所掺入科学中的主观的歪曲与伪造,保存其合乎客观真理的积极成果,并且使它向前发展。因此,苏联的科学变为人民的科学、为人民利益服务的科学,并与共产主义的建设密切地联系着。

资产阶级的社会科学,是拥护自己阶级利益的说教,充满自己阶级的偏见。它在与封建阶级的神学做斗争的时候,虽然起过进步的作用,并且也曾发现过历史上的阶级斗争和经济学中的价值规律,但它从未曾暴露过社会发展的根本法则,因而从未曾成为真正的科学理论。特别是在马克思主义诞生以后,资产阶级的社会科学,为了反对马克思主义,拥护资本主义的剥削制度,就掩蔽社会的阶级矛盾,由改良主义的学说而转变为法西斯主义的学说了。苏联的马克思主义社会科学界对于过去资产阶级社会科学所取的态度,是指斥它的唯心论的反动的、非科学的理论,只汲取其中积累下来的事实材料,利用其个别的部分的结论,批判地加以改造,并坚决地向整个资产阶级社会科学进行斗争。苏联的科学家发展着马克思主义的社会科学,反映出人类社会的发展法则,并利用这些法则进行着共产主义的建设。

至于自然科学,原是没有阶级性的,但阶级对于自然科学却不是漠不关心的。在帝国主义国家,垄断资本把自然科学弄得残破不全,一些重要科学部门处于停滞状态,而另一些部门却向着残杀人类的方向猛烈发展。物理学被用来制造原子弹,化学被用来制造毒气弹,机械学被用来制造新武器,细菌学被用来制造细菌弹。美国科学研究的经费,有70%以上用在海陆空军方面,许多自然科学家被华尔街老板们所雇佣,专门研究杀人武器。垄断资本奴役自然科学家,使自然科学向着巩固其统治和增加其最大限度利润的方向发展。还有,自然科学虽没有阶级性,而自然科学家则是有阶级性的。属于资产阶级的自然科学家,决不忘记自己阶级的利益,他们在哲学观点上是拥护唯心论和僧侣主义的,当把客观事实和规律做哲学性的结论时,就必然反映出自己阶级的利害。他们之中,甚至有的故意和唯物辩证法作对,往往把科学的经验材料做主观的歪曲,企图攻击唯物论(如马赫派把电子的发现曲解为物质的消灭),还有故意把唯心论学说掺杂于自然科学之中,歪曲经验材料,为僧侣主义洞开门户。

苏维埃社会主义国家成立以后,立即把自然科学从资本的枷锁下解放出来,使它变为人民的科学,并且大力推动科学的发展与繁荣。苏维埃的自然科学家受着马克思列宁主义的教育,在唯物辩证法的基础上,剔除某些资产阶级的自然科学家所掺杂于科学中的主观的歪曲,如量子力学中的唯心论,物理学中的唯能论,化学中的共振论、中介论,生物学中的魏斯曼主义、社会达尔文主义,并与之做毫不妥协的斗争。同时,苏维埃的自然科学家,坚决依靠过去自然科学的成就,利用过去科学所积累起来的经验材料及其所暴露的符合于客观实际的自然法则,向前发展其基本的内容,在唯物辩证法的基础上,使自然科学更趋于繁荣和发展。因此,苏维埃自然科学表现了惊人的成绩,如巴甫洛夫的生理学说,米丘林的生物学说,勒柏辛斯卡娅的细胞学说等,都是伟大的新成就。① 至于科学工作者对苏联工业、企业方面所做的合理化的建议和发明,更是不可数计。

现在,苏维埃的社会科学和自然科学,同样是反映不以人们的意志为转移的自然现象和社会现象的法则,并利用这些法则,为共产主义建设服务。但马克思主义的社会科学是有工人阶级的党性的,这党性是和严谨的科学性结合着。

由此可见,我们的科学工作者要学习苏联的先进科学和技术,首先要坚决地站在人民的立场,把一切科学转变为人民的科学,为人民服务的科学,为新民主主义建设、社会主义建设服务的科学。同时,我们必须像苏联科学家那样,学习马克思列宁主义,把自己的头脑武装起来,在唯物辩证法的基础上,批判地处理过去科学上的成就,汲取那些为实践所证明的合乎客观实际的东西,把它保存起来,并加以发展,剔除那些为实践所不能证明的不符合于客观实际的东西,加以批判,并与之斗争。

上面说过,资产阶级的社会科学并不能算是科学,它从不曾暴露过社会发展的根本规律,并且是拥护剥削制度和压迫无产阶级的说教。我们只有学习马克思主义这种真正的社会科学,才能了解社会发展的根本法则、资本主义死亡和社会主义代兴的法则,才能了解社会之社会主义改造的途径。我们对于资产阶级社会科学所要汲取的东西,至多只是它所收集的实际材料和个别部分的结论,并且对于那些实际材料和个别部分的结论,还必须做辩证法的研究和改造,使适合于我们的目的。同时,对于资产阶级社会科学的反动倾向,我们必须坚持自己的路线,同它进行不妥协的斗争。

我们对于自然科学的态度,和对于资产阶级社会科学的态度,当然是不同

---

① 作者在此段论述中对所列举的自然科学实例的评价是不妥当的,后来作者改正了自己的观点。——编者注

的。自然科学是人类许多世代积累下来的知识,多少精确地反映着客观的自然现象的联系和法则的。至于由旧的统治阶级带进自然科学中的主观的曲解,那并不能算是科学。我们对于过去的自然科学,只有在唯物辩证法的基础上做一番去粗取精、去伪存真的功夫,保存其积极的成果,发展其基本的内容,使为人民利益服务。但我们自然科学家本身,必须克服过去所接受的资产阶级的偏见,即唯心论与形而上学的偏见。有的自然科学家觉得自己所研究的对象是客观的自然现象,便自诩为唯物论者,但到了做一般性的结论时,便不免杂有主观的见解,或者以偏概全,结果变成了唯心论者。有的化学教授,把主观主义的共振论当作新颖的学说广为传播。许多生物学教授,在米丘林学说未介绍到中国来以前,把魏斯曼、摩尔根的学说,即《矛盾论》所指斥的庸俗进化论,当作金科玉律向学生讲授。地理学教授,把环境决定论,即《矛盾论》所指斥的外因论当作唯物论,宣传地理环境是社会发展的原因。实际上,这只是机械唯物论的见解,仍属于形而上学。还有,教条主义在科学家之间也颇为流行,有的是为科学而科学,不与实际相联系;有的是照着教科书在实验室中去实验,自以为联系了实际,实则是和现社会的生产的实践完全脱节。所有这些偏向,如果不在唯物辩证法的基础上彻底地加以克服,我们就不能把自然科学推向前进。

我们的自然科学家已经提出了"科学联系生产"的口号,这是很正确的。这是理论联系实际的最好方法。自然科学原是生产斗争的知识,它直接与生产相联系,它是从生产发生的,又积极地影响于生产。生产的发展促进科学的发展,反之,科学的发展又助长生产的发展。科学与生产的相互作用,正是促进科学发展的原因。苏维埃科学所以能有今日这样伟大的成就,主要地是由于科学和社会主义生产密切地联系着,这是大家所熟知的。目前我国有些科学研究机关已经和企业部门取得联系与合作,并且作出了不少的贡献,这已经为科学的发展开辟了一条广阔的道路。科学家如能够与直接生产者发生联系,必能对生产技术的改进方面,提供出许多合理化的建议;同时,直接生产者也必能把新的经验提供给科学家,让科学家把这些经验总结起来,提高成理论,推广出去。科学与生产的这样的联系,一定能够促进科学的发展与繁荣。

批评和自我批评的方法,是促进科学的基本方法之一。批评和自我批评的方法,是从矛盾论即辩证法产生的。批评是互提意见,展开争论,可以说是互相矛盾;自我批评是自己对自己的斗争,可以说是自相矛盾。这两者都以客观真理为根据。真理愈辩而愈明。科学家们只有展开批评和自我批评,才能克服旧的观点和作风,树立新的观点和作风;才能肃清过去科学中旧的残滓,发展科学中新的内容;才能正确地阐明自然规律和社会规律,并利用这些规律去改造自然和社会,为国家大规模的建设服务。只有这样,科学才能不断地向前发展。倘若科学家们缺乏批评和自我批评的精神,或者互相标榜,或者自以为是,科学就必将停滞不前。正如斯大林所说:"谁都承认,如果没有不同意见的争论,没有自由的批评,任何科学都是不可能发展,不可能进步的。"

(原载 1953 年《新建设》杂志社出版的《学习〈矛盾论〉》
第 2 辑,署名李达)

怎样学习《矛盾论》？[*]

（1953.11）

《矛盾论》和《实践论》一样,同是毛泽东思想的基础,是无产阶级政党的宇宙观,是革命行动和科学研究的指南,是思想方法和工作方法的统一。这两篇杰出的著作,都是为了纠正党内教条主义和经验主义的偏向,提高党员的马克思列宁主义的水平而作的。在革命与建设任务异常繁重的今天,我们千百万党与非党的工作干部,以及愿意站在工人阶级立场的知识分子,在学习了《实践论》之后,进一步来学习《矛盾论》,以提高思想水平,克服教条主义和经验主义的偏向,掌握正确的认识问题和处理问题的方法,就必然能够胜任自己所担负的工作,避免或减少错误,有效地为国家的建设事业和社会主义的前途而奋斗。

关于怎样学习《矛盾论》的问题,我想提出下列几点意见,供初学《矛盾论》的同志们参考。

一、联系《实践论》来学习《矛盾论》

《矛盾论》与《实践论》具有同一性。《实践论》是马克思主义的认识论,《矛盾论》是马克思主义的辩证法。根据列宁的指示,辩证法也就是认识论。为什么呢？因为辩证法的对象是自然,社会和人类思维发展的一般法则,而思维的发展法则就是自然和社会的发展法则的反映;认识论的对象则是认识的

---

   [*] 本文是 1953 年 10 月 26 日李达在中南财经学院为武汉市高校教师所作的报告,同年 10 月 30 日又以基本相同的内容为武汉大学全体教师作了一次报告,由陶德麟记录整理。——编者注

发展法则,而认识的发展法则也是自然和社会的发展法则的反映。二者的对象是同一的。其次,辩证法和认识论都是从知识的历史的见地去研究客观与主观的发展之同一的内容与联系的,二者同是人类知识的历史的总结和结论。因此,列宁说:"辩证法也即是(黑格尔及)马克思主义的认识论"。又说:"和其他一切科学领域一样,在认识论上,也要作辩证法的考察。"又说:"依照马克思的理解,以及据黑格尔看来,辩证法本身就包含有现今所称呼的认识论,这个认识论同样应当用历史眼光去观察自己的对象,研究并归纳认识的起源和发展,从不认识进到认识的过程。"①由此可见,辩证法和认识论具有同一性。这也就是说,《矛盾论》和《实践论》是具有同一性的。

虽然如此,《矛盾论》和《实践论》却是从不同的方面来说明唯物辩证法的根本原理的。

《实践论》是从认识论上说明马克思主义是理论与实践的统一的。首先,它说明认识对于实践的依赖关系,实践是人们对于外界认识的真理性的标准;其次,它说明认识的感性阶段与理性阶段的辩证关系,认识的感性阶段有待于发展到理性阶段,认识有待于深化,指出教条主义者和经验主义者的根本错误在于分裂了理论与实践的这种辩证关系;再次,它还说明理论必须联系实际,指出右倾和"左"倾机会主义者的错误根源是理论脱离了实际,离开了具体历史;最后,它又说明改造客观世界和改造主观世界的双重任务及二者间的关系。这些就是《实践论》的基本内容。

至于《矛盾论》的基本内容,则是《实践论》中所没有详细讲到的。我们知道,认识的基本规律,乃是由片面到全面,由现象到本质,由外部联系到内部联系。如毛主席所说:"认识的真正任务在于经过感觉而到达于思维,到达于逐步了解客观事物的内部矛盾,了解这一过程和那一过程间的内部联系,即到达于论理的认识。""要完全地反映整个的事物,反映事物的本质,反映事物的内部规律性,就必须经过思考作用,将丰富的感觉材料加以去粗取精、去伪存真、由此及彼、由表及里的改造制作工夫,完成概念和理论的系统,就必须从感性

---

① 《卡尔·马克思》。

认识跃进到理论认识。"①这是认识发生的实际过程,也是认识的唯一科学的方法,这种唯一科学的方法,就是辩证的方法。因为所谓事物的内部联系,就是事物内部矛盾的联系;所谓事物发展的过程,就是事物的矛盾发展的过程;事物发展之所以显现出阶段性,就是矛盾变化的反映。因此,《矛盾论》和《实践论》具有不可分离的有机联系。只有联系《矛盾论》的基本内容,才能彻底了解《实践论》;同时,也只有联系《实践论》的基本内容,才能真正了解《矛盾论》。

二、端正立场和处理问题的态度

唯物辩证法是无产阶级党的世界观,是无产阶级进行革命斗争时的精神武器。因此,只有无产阶级才能掌握唯物辩证法,要真正懂得唯物辩证法,真正懂得《矛盾论》,就必须首先站在无产阶级立场。毛主席在《反对党八股》一文中指示说:"什么叫问题? 问题就是事物的矛盾,那里有没有解决的矛盾,那里就有问题。既有问题,你总得赞成一方面,反对另一方面,你就得把问题提出来。"矛盾总是有两个方面的——正确的方面和不正确的方面,新生的方面和垂死的方面。你不是站在这一方面,就是站在那一方面,所以我们的立场和处理问题的态度是十分要紧的。研究问题时,我们的态度应该是完全客观的,不能掺杂一点主观性,只有这样才能确切地反映客观实际,正确地把握事物的矛盾。但是,当问题已经研究清楚,矛盾已经暴露,结论已经作出,因而在必须动手解决矛盾的时候,我们的态度就应该是主观的,这就是说,要发挥主观能动性,站在正确的、新生的方面,去反对不正确的、垂死的方面。这样认识问题,处理问题,才对工人阶级有利,这就是党性。如果立场是正确的,认识是客观的,问题就能够胜利地得到解决。不正确的认识必然会导致错误,但只要立场是正确的;就必然会为了党和工人阶级的利益而努力改正自己的错误,而其错误也确实可以在实践中加以纠正。但如果研究问题的态度是主观的,而解决问题的态度却是"客观"的,则不仅是错误,而且是丧失立场了。1927 年

---

① 　毛泽东:《实践论》。

大革命时代的右倾机会主义者陈独秀,认为当时的民主革命应由资产阶级来领导,党和无产阶级只应该"帮助"资产阶级进行民主革命,从中得着些"民主"、"自由",这就是完全丧失立场的谬论,而陈独秀本人后来也由此走上了与托洛茨基分子结合进行反党活动的反革命道路。

毛主席在《矛盾论》中教导说:"研究问题,忌带主观性、片面性和表面性。"这就是说,我们研究问题的时候,要注意客观性、全面性和深入性,这是正确地认识问题所必须遵循的法则。

无产阶级的阶级利益要求彻底的科学性,对于世界本来面目的任何歪曲都不符合于无产阶级的利益,因此无产阶级的党性与科学性是完全一致的。只有从客观事物的内部矛盾出发,才能正确地认识事物。教条主义者则不是从客观事物的内部矛盾出发,而是从抽象的理论出发,把主观想象的矛盾强加于客观事物之上,妄定解决矛盾的方法,因此是无法避免失败的命运的。

为要避免观察问题的片面性,就必须严格遵守毛主席的"详细占有材料"的指示,充分地、全面地搜集与问题有关的一切材料。列宁说:"要真正地认识对象,就必须把握和研究它的一切方面,一切联系和'媒介'。我们决不会完全地做到这一点,可是要求全面性,将使我们防止错误,防止僵化。"①矛盾是对立的两面,必须同时了解双方,才算全面。《孙子兵法》上说:"知己知彼,百战不殆。"确是解决矛盾的至理名言。虽然事实上不可能做到绝对的全面,但为了避免错误,就应该尽可能地力求全面。片面的结果只能是错误,只能是有害于革命。例如当1924年到1927年间我们党和国民党成立统一战线的时候,右倾机会主义者实行了"一切联合,否认斗争"的错误政策;十年内战时,"左"倾机会主义者又实行了"一切斗争,否认联合"的错误政策。二者都使革命受到很大的损失,而两种错误又都是片面地看问题的结果。又如目前某些工作中的"单打一"的偏向,把"中心"当作"唯一"的偏向,也是片面地看问题的结果。

为要避免观察问题的表面性,就要不为事物的表面现象所拘泥、所迷惑,而要深入事物的本质。马克思在《资本论》中对商品的分析乃是深入本质的最好的典范。他从商品的使用价值和交换价值的矛盾出发;逐步深入地分析

①　转引自毛泽东:《矛盾论》。

到具体劳动和抽象劳动的矛盾、私人劳动和社会劳动的矛盾,最后他找出了资本主义社会的根本矛盾——生产的社会性和占有的私人性之间的矛盾,他从普遍的存在中找出了理论,这种理论是从商品的实际发展中分析得来的。教条主义者看问题就不是这样,他们不去精细地研究矛盾的总体和各方面的特点,而是"仅仅站在那里远远地望一望,粗枝大叶地看到一点矛盾的形相,就想动手去解决矛盾(答复问题、解决纠纷、处理工作、指挥战争)。这样的做法,没有不出乱子的"。① 例如在第二次国内革命战争时期,一些犯"左"倾错误的同志就只看到革命与反革命的尖锐的矛盾,却看不到国民党反革命统治内部的矛盾,因而错误地主张"一切打倒";又如在抗日战争时期,一些犯右倾错误的同志只看到共产党及其军事力量的暂时的弱小和国民党的表面上的强大,就错误地主张"一切经过统一战线"(实际上是经过蒋介石和阎锡山)。这些都是表面地考察问题因而造成错误、危害革命的实例。

三、具体的分析与综合

必须对事物作具体的分析与综合,这是马克思主义者区别于教条主义者的重要标志之一。毛主席在《反对党八股》中所指出的提出问题和解决问题的方法,就是具体的分析和综合的基本规则。他说:"什么叫问题? 问题就是事物的矛盾。那里有没有解决的矛盾,那里就有问题。既有问题,你总得赞成一方面,反对另一方面,你就得把问题提出来。提出问题,首先就要对问题即矛盾的两个基本方面加以大略的调查和研究,才能懂得矛盾的性质是什么,这就是发现问题的过程。大略的调查和研究,可以发现问题,提出问题,但是还不能解决问题。要解决问题,还须做系统的周密的调查工作和研究工作,这就是分析的过程。提出问题也要分析,不然,对着模糊杂乱的一大堆事物的现象,你就不能知道问题即矛盾的所在。"由此可见,对于所提出的问题必须实行系统的周密的分析。才能发现基于基本的两个矛盾侧面所发生与发展着的许多次要的矛盾侧面,才能明了问题的全貌,因而才能做综合工作,才能很好地解决问题。

---

① 毛泽东:《矛盾论》。

在分析的过程中,还要运用归纳和演绎的方法,而两者又是不可分离的。马克思主义是循着特殊到普遍,普遍到特殊,再由特殊到普遍的规律,循环往复以至无穷地向前发展的。例如,毛主席把马克思主义的普遍真理在中国的特殊环境中作了创造性的运用,不但解决了中国革命的实际问题,同时也丰富了和发展了马克思主义。毛泽东思想就是马克思主义在中国特殊社会中的发展,是中国化的马克思主义,它对于世界各国的革命运动,特别是对于殖民地半殖民地国家的革命运动,是具有巨大的指导作用的。又如,毛主席所创导的"从群众中来,到群众中去"的领导方法,也是这一原理的具体运用:从许多个别指导中形成一般意见(从特殊到普遍),又拿这一般意见到许多个别单位中去考验(从普遍到特殊),然后集中新的经验、做成新的指示去普遍地指导群众(又从特殊到普遍),这样每一次循环,只要是确实按照科学方法去做的,就是比较地进到了高一级,就是一个进步,一个提高。我们不论分析问题,处理问题,都要严格遵循这样的科学方法去做。

四、链与环的关系——抓住中心环节

一个比较庞大、复杂的事物,总是包含着许多矛盾的,在一定的发展阶段上,这许多矛盾中必有一对矛盾是主要的;而每一对矛盾,在一定的发展阶段上,又有其主要的方面。我们的任务就在于抓住主要矛盾,抓住主要的矛盾方面。因为事物的性质,是由主要矛盾的主要方面规定的,它又规定着和影响着其他许多次要矛盾的发展。抓住了主要矛盾,抓住了它的主要方面,就算基本上抓住了问题的实质。例如就我国现阶段的形势来说,外部的主要矛盾是中华民族与帝国主义特别是美帝国主义的矛盾,内部的主要矛盾则是社会主义与资本主义的矛盾,解决这些矛盾的方法,就体现在党的政策之中。我们常常提到中心工作。什么叫中心工作? 中心工作就是为了解决主要矛盾而做的工作。我们的国家在解放四年来进行了一系列的斗争——抗美援朝、土地改革、镇压反革命、争取财政经济情况的根本好转、"三反"、"五反"等等,这些斗争都是为了解决当时的主要矛盾而作的,都是当时的中心工作。

解决矛盾的方法,必须根据不同质的矛盾用不同的方法来解决的原则,不能千篇一律地死套公式。例如我国在目前过渡时期的主要矛盾是社会主义与资本主义的矛盾,而第一个五年计划的基本任务中所规定的"首先集中主要力量发展重工业,以建立国家工业化和国防现代化的基础;相应地培养建设人才,发展交通运输业、轻工业、农业和扩大商业;有步骤地促进农业和手工业的合作化和进行对私营工商业的改造"。就是解决这一矛盾的方法,这种方法与苏联当时解决社会主义与资本主义的矛盾的方法是显然不同的。至于大规模的经济建设任务与生产资料之间的矛盾,则用重点地发展重工业的方法来解决;建设计划与干部数量和质量之间的矛盾,则用加强学校工作,培养建设人才的方法来解决。对于个人来说,也有主要矛盾,也有中心工作,也要用不同的方法来解决不同的矛盾;例如无产阶级思想与资产阶级思想的矛盾,用思想改造的办法来解决;祖国需要与个人能力的矛盾,用加强学习的方法来解决。只有抓住中心环节,才能把整个链条拖向一个总的方向。不仅要掌握现在,而且要预见将来。但抓住中心不等于放弃其他,"中心"不等于"唯一",这是做任何工作的同志必须了解的。

五、不仅要学习《矛盾论》的本文,
而且要学习其他有关的知识

如果我们仅看《矛盾论》的本文(《实践论》也是一样),不作比较广泛的研究,是不能真正了解《矛盾论》的精神实质的。首先,必须把哲学上的一些基本概念——存在、意识、唯物论、唯心论、物质、运动、时间、空间、本质、现象、必然性、偶然性等等——弄清楚,必须具备一些基本的哲学知识。其次,还要学习政治经济学,学习历史,学习时事政策,学习祖国建设事业的报道等等,对自己还不熟悉的东西,不要用公式乱套。此外,还要注意紧密结合《毛泽东选集》和斯大林的著作,基础较好的同志还可以进一步结合马克思、恩格斯、列宁的著作,进行钻研,这样,在相当广博的理论知识的基础上,我们会对《矛盾论》的精神实质理解得更为深刻的。

(原载 1953 年 11 月 4 日武汉大学校报《新武大》第 99 期,署名李达)

《矛盾论解说》中一个重要的更正*

（1955.3）

我在《矛盾论解说》(三联书店版,第 307 页第 3 行至第 308 页第 5 行,原载《新建设》1953 年 1 月号第 25 页下栏第 29 行至第 26 页上栏第 9 行)中,为了说明对抗性矛盾或非对抗性矛盾的转变,我举了工人阶级与资产阶级的矛盾的例子,这完全是错误的。因为工人阶级和资产阶级的矛盾,从始到终是对抗性的矛盾。只有在消灭了资本主义的剥削制度时,这个对抗性的矛盾才能消灭。但是消灭资本主义的剥削制度,即消灭这个对抗性的矛盾的步骤和方法,则因各国政治经济的具体状况的差异而有所不同。在资本主义国家中,工人阶级要消灭资本主义的剥削制度,是经过推翻资产阶级专政和建立工人阶级专政来实现的。至于我国现在的政治经济状况是和资本主义国家完全不同的。我国已经建立了工人阶级领导的人民民主专政。我国已经建成了领导着国民经济的社会主义国营经济,而资本主义经济则已处于被领导的地位。同时我国工人阶级和民族资产阶级还存在着联盟的关系。所以在我国消灭资本

---

* 本文亦发表于《哲学研究》1955 年第 1 期、1955 年 3 月 19 日武汉大学校报《新武大》第146 期。《哲学研究》1955 年第 1 期发表这篇文章时,文首刊有李达致《哲学研究》编辑部的信。信的内容如下:

哲学研究编辑部:

寄来舒炜光同志的《中国过渡时期的渐进性飞跃》一文,其中有一段对于《矛盾论解说》中的一个地方作了批判,我认为是正确的。

去年,我就《矛盾论解说》的某些地方作了修改,只因该书尚未重版,所以那些修改了的处所不能及时向读者更正。舒炜光同志批判该书的地方,正是我已经修改了的地方。希望把我寄上的《〈矛盾论解说〉中一个重要的更正》登载出来。

李达　3 月 11 日
——编者注

主义的剥削制度,可以依靠现在这样的国家机关和社会力量,逐步地对资本主义经济进行社会主义改造。这样的改造,将经过一个相当长的时间,并通过各种不同形式的国家资本主义来逐步实现。我国《宪法》第 10 条规定:"国家对资本主义工商业采取利用、限制和改造的政策。国家通过国家行政机关的管理、国营经济的领导和工人群众的监督,利用资本主义工商业的有利于国计民生的积极作用,限制它们的不利于国计民生的消极作用,鼓励和指导它们转变为各种不同形式的国家资本主义经济,逐步以全民所有制代替资本家所有制。"这就是在我国消灭资本主义的剥削制度即消灭工人阶级和资产阶级的对抗性矛盾的步骤和方法。当然,在对资本主义经济进行社会主义改造的过程中,阶级斗争是复杂和尖锐的。国家实行的限制和改造与来自资方的反限制和反改造,就是阶级斗争的表现。"由限制资本主义剥削到消灭资本主义剥削,不可能设想没有复杂的斗争,但可以通过国家行政机关的管理、国营经济的领导和工人群众的监督,用和平的斗争方式来达到目的。"(刘少奇:《关于中华人民共和国宪法草案的报告》)

因此,《矛盾论解说》第 307 页第 3 行(《新建设》1953 年 1 月号第 25 页下栏第 29 行)"在某种特殊的情况下"一句起到第 308 页第 5 行(第 26 页上栏第 9 行)为止,应全部删去,改写如下:

为什么说:"根据事物的具体发展,有些矛盾是由原来还非对抗性的,而发展成为对抗性的;也有些矛盾则由原来是对抗性的,而发展成为非对抗性的"呢?这可以举例来说明。例如,在原始公社时代,最初是没有脑力劳动和体力劳动的区别的,公社的成员个个都兼做体力劳动和脑力劳动。随着生产事业的发展,公社的成员就委托少数人(如长老等)多做一点脑力劳动(如管理和安排生产之类),开始有了脑力劳动和体力劳动的区别,当时少数做脑力劳动的人们仍然要做一些体力劳动,他们从公社生产物中所得的份额,和其他人员是同等的。但随着社会的向前发展,由于私有财产的形成和主奴阶级的分化,脑力劳动和体力劳动的矛盾就变成对抗性的矛盾了。因为从这个时候起,从事于脑力劳动的人们,就免除了物质的生产的劳动,仰赖于体力劳动者所生产的生活资料来生活,他们专属于剥削阶级(奴隶主、地主、资产阶级)了。我们可以说,脑力劳动和体力劳动的矛盾的对抗性的经济基础,是人对人的剥削制度,在剥削制度存在的阶级社会中,这个矛盾总是对抗性的。但是随着资本主义和剥削制度的消灭,脑力劳动和体力劳动的矛盾,便由原来是对抗性的而发展成为非对抗性的。这种转变在苏联已经实现了。又如,城市和乡村间的矛盾,在资本主义社会中是对抗性的矛盾。"这个对立的经济基础,是资本主义制度下工业、商业、信贷制度的整个发展进程使乡村遭受城市剥削,使农民遭受剥夺,使大多数农村人口遭受破产。因此,资本主义制度下的城市和乡村间的对立,应该看作是利益上的对立。"①但是"随着资本主义和剥削制度的消灭,随着社会主义制度的巩固,而城市和乡村利益的对立、工业和农业的对立也必定消失。"(同前)这样的转变,在苏联也已经实现了。

此外,《矛盾论解说》中还有好几处作了修改,该书重版时,当改排付印。

(原载1955年《新建设》4月号,署名李达)

---

① 斯大林:《苏联社会主义经济问题》,人民出版社,第22页。